本书由教育部人文社会科学研究项目（18YJCZH176）资助

"一带一路"沿线重点省份交通基础设施对经济增长的空间溢出效应分析

王 伟 ◎ 著

Research on the Spatial Spillover Effect Analysis of Transportation Infrastructure on Economic Growth in Key Provinces in China along the Belt and Road

图书在版编目（CIP）数据

"一带一路"沿线重点省份交通基础设施对经济增长的空间溢出效应分析/王伟著.—北京：经济管理出版社，2021.5

ISBN 978-7-5096-7985-2

Ⅰ.①— … Ⅱ.①王… Ⅲ.①交通运输建设—基础设施建设—影响—区域经济—经济增长—研究—中国 Ⅳ.①F127

中国版本图书馆 CIP 数据核字（2021）第 091059 号

组稿编辑：王格格
责任编辑：王格格　白　毅
责任印制：赵亚荣
责任校对：王淑卿

出版发行：经济管理出版社
（北京市海淀区北蜂窝 8 号中雅大厦 A 座 11 层　100038）
网　　址：www.E-mp.com.cn
电　　话：（010）51915602
印　　刷：唐山昊达印刷有限公司
经　　销：新华书店
开　　本：720mm×1000mm/16
印　　张：14
字　　数：221 千字
版　　次：2021 年 5 月第 1 版　2021 年 5 月第 1 次印刷
书　　号：ISBN 978-7-5096-7985-2
定　　价：98.00 元

·版权所有　翻印必究·

凡购本社图书，如有印装错误，由本社读者服务部负责调换。
联系地址：北京阜外月坛北小街 2 号
电话：（010）68022974　邮编：100836

前　言

交通是兴国之要、强国之基。我国交通基础设施建设取得了巨大成就，铁路、公路、民航、水运等各类设施建设规模不断扩大，建设水平显著提升，已经形成纵横交错的国家综合运输通道网络，成为名副其实的世界交通大国。交通基础设施建设是区域经济发展过程中的先导性、基础性和保障性产业，其设施规模与区域经济发展水平间存在着直接的相关关系。交通基础设施建设体系的完善，可以加快各地区之间经济要素的流通速度，有利于缩小区域经济差异，推进区域经济迅速增长。

在全球经济增长乏力、亚洲部分地区经济持续低迷的背景下，2013年9月我国提出"一带一路"倡议，交通基础设施的互联互通作为经济发展的重要前提和基础，是"一带一路"建设的优先领域和重要着眼点。国内"一带一路"沿线省份为抓住战略机遇、谋取自身跨越式发展，都在不断加强交通基础设施建设，为经济发展创造更加便利的条件。但由于各省份省情及发展阶段的差异，交通基础设施在沿线重点省份发挥的作用不尽相同，有必要从理论上分析交通基础设施的溢出效应，研究交通基础设施与区域经济之间的影响，准确把握两者之间的作用机理和经济规律，这将有利于推进"一带一路"沿线重点省份交通基础设施的建设与社会经济的协调发展，对于支撑实现"一带一路"沿线重点省份愿景也具有重要的指导意义。

本书以"一带一路"沿线重点省份为研究对象，从统计学和空间计量经济学双重维度，梳理了其区域经济、绿色经济和外贸经济的发展水平，研究了交通基础设施对区域经济、绿色经济和外贸经济发展的重要影响差异，其主要结论有：

（1）"一带一路"沿线重点省份交通基础设施与经济增长存在长期的相关性，空间因素存在于交通基础设施与经济增长的关系中。分析"一带一路"沿线重点省份相关统计数据发现，区域经济、绿色经济均具有较强的空间相关性。自"一带一路"倡议提出后，各省份积极开展对外贸易合作，2015年之后的外贸经济数据具有较明显的空间相关性。从"一带一路"沿线重点省份有关年份的莫兰指数散点图可以看出，四个分区均呈现出较大的空间集聚差异性，东南沿海五省区区域经济、绿色经济和外贸经济均发展水平较高，呈现"高-高"集聚状态；向北开放四省区、西北五省区、西南三省区中的大部分省份区域经济和外贸经济发展水平相对较低，相对较高的污染和能耗导致绿色经济发展水平也较低，呈现出"低-低"集聚状态。

（2）"一带一路"沿线重点省份公路、铁路和航空基础设施均会对区域经济发展产生显著影响。在未考虑空间溢出效应的情况下，完善公路、铁路和航空交通网络可以提升运输水平，从而对区域经济发展产生促进作用。从空间溢出效应来看，发展区域经济不仅要重视本省份的各因素的影响，还要重视相邻省份和经济差距较小的周边省份对本省份区域经济发展所产生的影响。航空架次、铁路货运、城镇化因素会产生正向溢出效应，说明周边省份可以受益于本省份加强航空网络建设、提升铁路货运水平所带来的运输成本降低和经贸往来增加，以及受益于本省份不断推进城镇化进程所带来的内需扩大，从而促进区域经济增长。

（3）"一带一路"沿线重点省份交通基础设施会对绿色经济发展产生显著影响。在不考虑空间相关性时，资本投入、铁路密度和人力资本均具有1%的显著性，说明三个因素对绿色经济发展均产生显著影响。从空间溢出效应来看，地理距离和经济距离空间权重矩阵的计算结果在考虑滞后项时，其显著性更强，说明各解释变量对绿色经济的影响更易产生滞后性，使各变量带来的影响容易被忽视。相比公路运输，铁路和航空运输对绿色经济的促进作用更加明显，"一带一路"重点省份应积极进行运输结构的调整，鼓励提升铁路和航空运输的比重。

（4）"一带一路"沿线重点省份交通基础设施会对外贸经济发展产生显著

影响。在不考虑空间相关性的情况下，资本投入、劳动力投入、铁路和航空建设以及公路货运对外贸经济发展均产生显著的影响。"一带一路"沿线重点省份的对外开放程度对外贸经济发展十分重要，各省份应在"一带一路"倡议稳步推进的同时积极制定相关政策加大对外开放程度，鼓励外贸合作。从空间溢出效应来看，资本投入、劳动投入、地区经济发展和对外开放程度对外贸经济的发展具有促进作用。国内生产总值的直接效应和间接效应都具有1%的显著性正向影响，说明经济规模与外贸经济紧密关联，经济规模扩大能够促进外贸经济增长。

本书的创新之处在于从空间溢出效应视角实证分析"一带一路"国内重点省份交通基础设施对区域经济、绿色经济和外贸经济影响的差异，并提出了促进"一带一路"国内重点省份区域经济、绿色经济和外贸经济发展的对策和建议。

本书由王伟老师与研究团队成员、所指导的研究生共同合作完成。北方民族大学研究生刘洁，兰州交通大学巩亮，深圳百腾物流有限公司罗威鹏，银川市公路管理处马国峰，宁夏国土空间规划研究中心臧卫强，北方民族大学研究生田沁雪、胡倩、刘文霞参与撰写。北方民族大学研究生闫锐、王文娟、魏云娇，本科生张丽欣参与本书的数据整理。

在本书编写过程中，参阅了大量的国内外文献、教材和专著，在此谨向相关作者表示最诚挚的谢意。

限于编著者的水平和时间方面的原因，编写过程中难免存在不足、疏漏与错误，恳请同行专家和读者对本书提出宝贵建议，以使我们在今后能够不断对之加以完善。

王 伟

2021年3月16日于宁夏银川

目 录

1 绪 论 ·· 1
  1.1 研究背景 ·· 1
  1.2 研究意义 ·· 2
  1.3 国内外文献综述 ·· 3
    1.3.1 交通基础设施对区域经济的影响 ······················ 3
    1.3.2 交通基础设施对绿色经济的影响 ······················ 8
    1.3.3 交通基础设施对外贸经济的影响 ···················· 10
  1.4 研究内容 ·· 13
  1.5 技术路线 ·· 14
  1.6 研究方法 ·· 16
  1.7 创新点 ·· 17

2 基本概念与基础理论 ·· 19
  2.1 交通基础设施概述 ··· 19
    2.1.1 交通基础设施概念 ·· 19
    2.1.2 交通基础设施的网络特征 ······························· 20
    2.1.3 交通基础设施的空间溢出特征 ························ 21
  2.2 区位理论 ·· 21
    2.2.1 农业区位论 ·· 22

```
2.2.2  工业区位论 ································································· 22
2.2.3  中心地理论 ································································· 23
2.3  经济增长理论 ····································································· 24
2.3.1  新古典增长理论 ························································· 24
2.3.2  内生增长理论 ····························································· 25
2.4  新经济地理理论（NEG 理论） ············································ 25
2.5  空间相关性 ········································································ 26

3  交通基础设施对区域经济增长的影响机理分析 ······························ 28
3.1  一般效应分析 ····································································· 29
3.1.1  直接经济增长效应 ····················································· 29
3.1.2  乘数效应 ··································································· 30
3.2  空间效应分析 ····································································· 31
3.2.1  网络效应 ··································································· 31
3.2.2  溢出效应 ··································································· 31
3.3  区域经济空间效应分析 ························································ 33
3.4  绿色经济空间效应分析 ························································ 35
3.5  外贸经济空间效应分析 ························································ 36

4  "一带一路"沿线重点省份交通基础设施现状研究 ························ 38
4.1  研究范围界定 ····································································· 39
4.2  公路交通基础设施建设发展现状 ·········································· 40
4.2.1  西北五省区分区公路发展现状比较 ···························· 40
4.2.2  向北开放四省区公路发展现状比较 ···························· 42
4.2.3  东南沿海五省市公路发展现状比较 ···························· 44
4.2.4  西南三省区市公路发展现状比较 ······························· 46
4.2.5  四个分区公路发展现状比较 ······································ 48
4.3  铁路交通基础设施发展现状 ················································ 50
4.3.1  西北五省区铁路发展现状分析 ·································· 50
```

####### 4.3.2 向北开放四省区铁路发展现状比较 51
####### 4.3.3 东南沿海五省市铁路发展现状比较 52
####### 4.3.4 西南三省区市铁路发展现状比较 53
####### 4.3.5 四个分区铁路发展现状比较 54
4.4 民用航空交通基础设施发展现状 55
####### 4.4.1 西北五省区民用航空发展现状比较 55
####### 4.4.2 向北开放四省区民用航空发展现状比较 57
####### 4.4.3 东南沿海五省市民用航空发展现状比较 58
####### 4.4.4 西南三省区市民用航空发展现状比较 59
####### 4.4.5 四个分区民用航空发展现状比较 60

5 "一带一路"沿线重点省份交通基础设施对区域经济的影响 61
5.1 "一带一路"沿线重点省份区域经济发展现状分析 61
####### 5.1.1 社会经济指标 61
####### 5.1.2 西北五省区区域经济发展对比 62
####### 5.1.3 向北开放四省区区域经济发展对比 66
####### 5.1.4 东南沿海五省市区域经济发展对比 70
####### 5.1.5 西南三省区市区域经济发展对比 74
####### 5.1.6 四个分区区域经济发展对比 77
5.2 指标设定与模型选择 81
####### 5.2.1 数据说明 81
####### 5.2.2 分析步骤 82
####### 5.2.3 模型选择 83
####### 5.2.4 数据的描述性统计 84
5.3 交通基础设施对区域经济影响的实证研究 85
####### 5.3.1 相关性分析 85
####### 5.3.2 多重共线性分析 87
####### 5.3.3 基于多重线性回归的实证结果分析 90

"一带一路"沿线重点省份交通基础设施对经济增长的空间溢出效应分析

6 "一带一路"沿线重点省份交通基础设施对区域经济增长的空间溢出效应分析 …… 93

6.1 变量选取和描述性统计 …… 93
6.1.1 数据说明 …… 93
6.1.2 变量选取 …… 94
6.1.3 变量的描述性统计 …… 96
6.1.4 分析的步骤 …… 97

6.2 交通基础设施对区域经济增长的空间溢出效应研究 …… 98
6.2.1 模型构建 …… 98
6.2.2 空间权重矩阵的选择 …… 101

6.3 "一带一路"沿线重点省份区域经济发展空间相关性研究 …… 102
6.3.1 全局空间相关性度量及结果分析 …… 103
6.3.2 局部空间相关性度量及结果分析 …… 105

6.4 交通基础设施对区域经济空间溢出效应的实证研究 …… 108
6.4.1 多重共线性检验 …… 108
6.4.2 空间计量模型的选择 …… 110
6.4.3 基于空间杜宾模型的实证分析 …… 112

7 "一带一路"沿线重点省份交通基础设施对绿色经济的影响研究 …… 119

7.1 "一带一路"沿线重点省份绿色经济的现状分析 …… 119
7.1.1 绿色经济指标 …… 120
7.1.2 西北五省区绿色经济发展现状比较分析 …… 122
7.1.3 向北开放四省区绿色经济发展现状比较 …… 125
7.1.4 东南沿海五省市绿色经济发展现状比较 …… 128
7.1.5 西南三省区市绿色经济发展现状比较 …… 130
7.1.6 四个分区绿色经济发展现状比较 …… 133

7.2 变量选取与描述性统计 …… 136
7.2.1 数据说明 …… 136
7.2.2 变量选取 …… 136

          7.2.3 数据说明及描述性统计 ………………………………………… 138
    7.3 "一带一路"沿线重点省份绿色经济发展空间相关性研究 …… 139
          7.3.1 全局空间相关性度量结果分析 ………………………………… 139
          7.3.2 局部空间相关性度量结果分析 ………………………………… 141
    7.4 交通基础设施对绿色经济空间溢出效应的实证研究 ………… 143
          7.4.1 多重共线性检验 ………………………………………………… 143
          7.4.2 空间计量模型的选择 …………………………………………… 145
          7.4.3 基于SDM模型的实证结果分析 ………………………………… 146

8 "一带一路"沿线重点省份交通基础设施对外贸经济的影响研究 …… 152
    8.1 "一带一路"沿线重点省份外贸经济发展现状分析 …………… 152
          8.1.1 外贸经济指标 …………………………………………………… 153
          8.1.2 西北五省区外贸经济发展现状比较分析 ……………………… 153
          8.1.3 向北开放四省区外贸经济发展现状比较 ……………………… 157
          8.1.4 东南沿海五省市外贸经济发展现状比较 ……………………… 161
          8.1.5 西南三省区市外贸经济发展现状比较 ………………………… 165
          8.1.6 四个分区外贸经济发展现状比较 ……………………………… 169
    8.2 指标变量选择与描述性统计 ……………………………………… 173
          8.2.1 数据说明 ………………………………………………………… 173
          8.2.2 变量选择 ………………………………………………………… 174
          8.2.3 描述性统计 ……………………………………………………… 175
    8.3 "一带一路"沿线重点省份外贸经济发展空间相关性研究 …… 176
          8.3.1 全局空间相关性度量及结果分析 ……………………………… 176
          8.3.2 局部空间相关性度量及结果分析 ……………………………… 178
    8.4 交通基础设施对外贸经济空间溢出效应的实证研究 ………… 180
          8.4.1 多重共线性 ……………………………………………………… 180
          8.4.2 空间计量模型的选择 …………………………………………… 182
          8.4.3 基于SDM模型的实证分析 ……………………………………… 183

9 研究结论和对策建议 ····· 189
9.1 研究结论 ····· 189
9.2 政策建议 ····· 192
9.2.1 正确看待交通基础设施建设与经济增长之间的关系，因地施策、持续发力确保政策的有效性 ····· 192
9.2.2 实施交通基础设施适度超前发展策略，加大交通基础设施的投资力度 ····· 192
9.2.3 实施交通基础设施区域协调发展策略，加快补齐交通基础设施短板 ····· 193
9.2.4 强化交通基础设施的正向空间溢出效应，推动经济持续快速协调健康发展 ····· 194
9.2.5 积极制定和实施绿色战略，将推进绿色经济发展作为可持续发展的重要举措 ····· 195
9.2.6 加快劳动力素质的提升，促进绿色经济和外贸经济高质量发展 ····· 196
9.2.7 加强发展战略对接和政策沟通，推进"一带一路"沿线省份的协同联动发展 ····· 196
9.3 研究展望 ····· 197

参考文献 ····· 198

附 录 ····· 208

1 绪 论

1.1 研究背景

我国交通基础设施建设取得了巨大成就，铁路、公路、民航、水运等各类设施建设规模不断扩大，建设水平显著提升，已形成纵横交错的国家综合运输通道网络，交通基础设施对国民经济和国家重大战略的支撑能力不断增强，我国已成为名副其实的世界交通大国。但我国交通基础设施在地区平衡性、可持续性、外向通道建设、多式联运发展水平、管理体制机制等领域还面临一些问题和挑战，距世界交通强国还有一定距离。党的十九大提出了建设交通强国的宏伟目标，着力构建与交通强国相适应的框架体系。我国将在新时代奋力开启建设交通强国的新征程。

理论和实践证明，适度超前的交通基础设施建设是我国推进经济持续高速发展的基本经验。交通基础设施的改善能够降低交通运输成本，实现地区经济发展的合理分工与协作，保证资本、技术、人才、信息等经济发展所需要的基本要素畅通流动。同时，交通基础设施建设投资为区域经济注入大量资本，可引起数倍于投资的国民经济收入的增加。

在全球经济增长乏力、亚洲部分地区经济持续低迷的背景下，2013 年 9 月我国提出"一带一路"倡议，交通基础设施的互联互通作为经济发展的重要前提和基础，是"一带一路"建设的优先领域和重要着眼点。而推进"一带一路"建设的核心重在构建起两大新格局[1]：从国际角度看，就是构建全方位区域合作新格局。自"一带一路"倡议实施以来，沿线国家的互联互通得到进一步深化，新增了许多交通基建项目。从国内角度来看，就是构建全方位对外开放新格局。国内"一带一路"沿线省份为抓住战略机遇、谋取自身跨越式发展，都在不断加强交通基础设施建设，为经济发展创造更加便利的条件。但由于各个省份发展阶段的差异，交通基础设施在沿线重点省份发挥的作用不相同。目前，学者们在交通基础设施对社会经济的影响方面做了大量的研究，从全国范围或者单个省份数据的实证分析得出了很多建设性的意见和建议。但是"一带一路"沿线重点省份人口结构、交通基础设施建设情况、经济发展程度、政策等诸多特征和问题都与现有研究对象不同，针对"一带一路"沿线重点省份，从溢出效应角度分析交通基础设施建设对区域经济、绿色经济和外贸经济的影响的研究还不多见。因此，本书以"一带一路"沿线重点省份为研究对象，梳理分析交通基础设施建设和社会经济发展现状，通过构建区域经济影响、绿色经济影响和外贸经济影响的空间计量模型，从溢出效应角度对交通基础设施建设对区域经济、绿色经济和外贸经济的影响进行研究。该研究有利于"一带一路"沿线重点省份交通基础设施的建设与社会经济的协调发展，对于推进"一带一路"沿线重点省份交通基础设施互联互通，支撑实现"一带一路"沿线重点省份的愿景具有重要的指导意义。

1.2 研究意义

本书聚焦于"一带一路"重点省份交通基础设施的网络效应和空间效应，分析交通基础设施建设与经济发展之间的作用机理，通过构建经济影响模型、空间溢出模型、绿色经济影响模型和外贸经济影响模型，研究"一带一路"重点省份交通基础设施建设和区域经济发展的相互影响规律，有助于"一带一路"重点省份科学地制定交通基础设施发展战略，从顶层设计层面引导交通基础设施建设有序发展。

（1）理论意义。本书将交通基础设施的网络效应和空间效应与区域经济增长中的一般效应、空间溢出效应、绿色发展效应和外贸发展效应进行结合，系统地分析交通基础设施建设与区域经济增长、绿色经济增长和外贸经济增长之间的关系，有助于进一步探究交通基础设施建设与区域经济增长的相互影响机理，为"一带一路"重点省份交通基础设施建设与区域经济协调发展提供理论指引和支撑。

（2）现实意义。"一带一路"建设是在我国构建全方位开放新格局、深度融入世界经济体系背景下提出的重大倡议，旨在促进经济要素有序自由流动、资源高效配置和市场深度融合。交通基础设施联通则是"一带一路"建设的优先领域，能够有效促进经济要素流动。基于"一带一路"重点省份交通基础设施建设与区域经济的影响机理，构建交通基础设施与区域经济、绿色经济和外贸经济的相互作用测度模型，分析相互影响规律，有助于指导"一带一路"重点省份交通基础设施建设补齐短板，进而促进区域经济的绿色可持续发展。

1.3　国内外文献综述

1.3.1　交通基础设施对区域经济的影响

自20世纪开始，国外学者们从理论视角研究基础设施与经济增长之间的关系，如Rodan（1943）、Adler（1959）等认为基础设施作为社会发展的先行资本应当优先发展，通过基础设施的建设带动其他产业的发展[2-3]。随着经济学理论的发展，经济学家们通过理论和经济模型证明了基础设施对经济增长的作用，如Romer（1986）、Lucas（1999）等通过内生经济增长模型推导出基础设施存量对经济发展具有长期的正向影响作用[4-5]。Aschauer（1989）通过实证研究证明基础设施投资的减少是美国20世纪70年代生产率下降的重要原因[6]。90年代之后，学者们开始通过生产函数模型在理论和实证方面研究交通基础设施对经济发展的影响。

国外众多学者通过实证分析得出基础设施对经济增长呈正向作用的结论。①运用向量自回归模型（Vector Autoregression Model，VAR）分析基础设施对经济增长的影响。该方法不仅可以用脉冲响应分析短期影响，还可以用格兰杰因果关系判断两者之间的因果关系。如Christodoulakis（1993）发现公共资本对制造业产出具有单向的格兰杰因果关系[7]。Sturm（2016）利用荷兰61年数据发现基础设施投资与经济增长之间的格兰杰因果关系，前者对后者为正向影响，而后者对前者为负向影响[8]。Pereira（1999）通过分析美国40年基础设施与经济发展数据，发现基础设施资本只有在长期时间下才能对经济和产业具有明显的生产效应[9]。Womp（2005）总结前人的研究成果发现多数文献都支持基础设施对经济增长呈正向作用的结论[10]。关于交通基础设施对经济发展的直接影响，向量自回归法以有限数目的当期变量对变量自身和其他变量的滞后值进行回归，主要根据数据内在特征来研究基础设施和经济增长间的长期均衡关系，当样本数量较小时可能会导致检验结果出现偏差，同时当样本数据为跨国数据容易导致异质性问题。②运用经济增长模型分析基础设施对经济增长的影响。Easterly（1993）首次利用经济增长模型研究了基础设施对人均GDP的影响[11]。Maudos（1996）基于西班牙的相关数据通过实证分析发现，公共资本对人均收入增长水平的提高存在着显著的推动作用[12]。Demurger（2001）则运用最小二乘估计法（Least Square Estimation，LSE）验证了基础设施对经济增长的促进作用[13]。经济增长模型可以在研究基础设施对经济的影响的同时将经济增长自身的影响考虑在内，由此也出现双重内生性问题，研究结果可能存在更大误差。后续研究考虑通过工具变量解决双重内生性问题，但工具变量在研究过程中大多没有被清晰解释，因此关于工具变量的具体内容及有效性有待商榷。③基于经典生产函数研究基础设施对经济的产出弹性。关于产出弹性的系数并未有统一的研究定论，Aschauer（1989）研究发现交通基础设施对生产率的产出弹性系数高达0.4~0.65。在此基础上，Munnell（1990）利用美国40年数据研究发现基础设施的产出弹性为0.34~0.41，对美国劳动生产率有显著提高作用[14]。Pradhan（2013）通过对印度41年相关数据进行研究发现,在不同区域交通基础设施对经济增长的贡献水平不同,如交通基础设施对较为发达区域的产出弹性约为0.17,而对欠发达区域的产出弹性仅为0.05。在生产函数模型中,时间序列数据产生如此高的产出弹性,使许多学者对研究中的误差提出质疑,相关分析研究逐渐转向面板数据。Canning(1999)对57个国家31年短面板数据进行研究发现,虽然高速公路等基础设施对经济增长具有促进作用,但其产出弹性仅在0.028~0.114波动[15]。Chandra(2000)研究发现面板数据下的基础设施改善对经济增长并不会产生显著的影响[16]。运用生产函数进行相关研究时,早期使用时间序列数据具有较大产出弹性,后期使用面板数据产出弹性较小甚至不具有显著性,究其原因,一方面可能是数据结构所产生的较大误差;另一方面可能是由于忽略了基础设施空间溢出效应导致结果偏差。④利用生产效率模型研究基础设施对经济增长的空间溢出效应。国外学者对空间溢出效应的研究关注得比较早,Holtz-Eakin(1995)首次通过建立空间权重矩阵将邻近区域基础设施相关变量引入模型中进行研究[17]。Boarnet(1998)定义了不同经济意义下的空间权重矩阵,并利用美国加州各县20年面板数据研究发现,公路基础设施存在显著负向溢出效应[18]。内生经济增长理论认为,作为中间投入的基础设施在经济运行过程中可以起到降低生产成本、提高劳动生产率、深化劳动分工等作用。部分学者将内生经济增长理论与生产函数模型相结合研究基础设施对经济增长的空间溢出效应。Hulten(2004)通过构建相关模型实证分析美国、印度和西班牙交通基础设施的空间溢出效应[19]。Cohen(2010)基于空间溢出效应利用美国1996年48个州的截面数据研究交通基础设施的生产率增长效应[20]。

  国内学者对基础设施对经济增长影响的研究相对较晚,前期主要从基础设施对经济产生的直接拉动作用角度进行研究。马拴友(2000)基于生产函数模型研究国内公共资本对私人部门经济增长的影响,发现国内公共资本的产出弹性可以达到0.55,说明其对私人部门经济增长具有很强的外部性促进作用[21]。学者们在国外研究基础上,以内生经济增长理论作为基础理论并结合相关模型方法对基础设施对经济增长的影响开展研究。娄洪(2004)通过拉姆齐动态经济增长模型揭示了公共基础设施资本与经济长期增长之间的影响机制[22]。张海星(2004)将生产函数模型和向量自回归(VAR)模型结合,通过协整检验和格兰杰因果关系检验研究发现，物资、人力和技术三种公共基础设施投资对经济增长具有正向推动效应[23]。郭庆旺（2006）基于VAR模型利用我国24年数据进行研究，发现基础设施投资对经济增长具有较强的长期正向影响[24]。踪家峰（2006）采用我国29个省市17年面板数据研究基础设施对经济增长的推动作用，并通过增长差距的分解来分析区域差异性[25]。王任飞（2007）在VAR模型的基础上利用向量误差修正模型（VECM）研究国内基础设施与总产出之间的关系，通过协整检验和格兰杰因果检验发现基础设施与经济发展具有长期均衡关系，且前者对后者的促进作用处于主导地位[26]。刘生龙（2010，2011）通过对28个省市21年的面板数据进行研究发现，交通基础设施对经济增长具有正向促进作用且对区域经济发展差距产生影响[27]，并将引力模型和边界效应模型结合，通过对2008年省际货物运输周转量的截面数据的研究发现，交通基础设施对我国经济一体化具有正向影响[28]。

在学术界对交通基础设施对经济发展具有正向促进作用基本得到一致认同的基础上，近几年，研究方向开始偏向于区域间经济发展差异和环境因素等方面。徐瑾（2019）通过将我国31个省份13年面板数据采用双向固定效应模型进行研究发现交通基础设施对中西部地区经济发展促进作用要强于东部地区[29]。陈杰（2020）通过联立方程模型研究交通基础设施建设、环境污染和地区经济增长之间的关系，发现交通基础设施对经济增长的促进效应具有地区差异，同时还会加剧环境恶化，因此要对交通基础设施建设进行合理布局从而在促进经济发展的同时减少对环境的影响[30]。

交通基础设施对经济增长的直接作用体现在带动本地区经济增长上，而间接作用表现在通过一系列的影响因素对周边地区经济产生影响或利用周边地区的交通基础设施建设福利带动本地区经济发展上，这就是交通基础设施建设的溢出效应。由于溢出效应涉及空间相关性，因此学者们大多基于空间计量经济学研究交通基础设施的空间溢出效应。空间计量经济学是在传统计量经济学发展的基础上，考虑地理因素，将空间权重、变量间的空间相关性纳入研究范围，弥补了传统经济学不考虑空间因素而产生的误差影响。胡鞍钢等（2009）首次利用空间计量模型通过我国省际面板数据对交通运输投资对经济的促进作用进行了溢出效应研究[31]。随着空间计量经济理论的不断完善，不同空间计量模型被应用到交通基础设施对经济发展的溢出效应的研究上。刘秉镰（2010）分别利用空间误差模型和空间滞后模型基于我国省际面板数据进行研究，发现交通基础设施对全要素生产率具有正向促进作用，且其溢出效应远大于直接效应[32]。张学良（2012）运用空间滞后模型对我国17年的省际面板数据进行研究后发现，交通基础设施对区域经济增长具有非常显著的空间溢出效应，且周边交通基础设施发展大多会对本地经济增长产生正向溢出效应[33]。叶昌友（2013）分别运用空间误差模型和空间滞后模型对我国14年的省际面板数据研究发现，铁路和公路会对经济增长产生明显的带动作用，且公路等级越低产生的带动作用越小[34]。王雨飞（2016）运用我国10年市际面板数据通过空间误差模型研究高速铁路对区域经济的溢出效应[35]。郭晓黎（2017）运用我国2000年、2007年和2014年省际截面数据通过空间滞后模型研究发现，交通基础设施对区域经济具有空间溢出效应，但交通基础设施不是区域经济的主要驱动要素，仅对其增长起到协同发展的作用[36]。刘奇洪（2017）运用我国16年省际面板数据通过空间滞后模型实证分析，得出交通基础设施对区域经济发展具有促进作用，但其促进作用并不是区域经济发展的主要原因[37]。随着研究的不断深入，越来越多的学者将交通基础设施建设对经济发展影响的研究焦点放在经济带或省级区域上。王磊（2018）运用长江经济带10年数据通过空间杜宾模型研究验证了交通基础设施对长江经济带经济增长的空间溢出效应[38]。马卫（2018）运用丝绸之路经济带沿线国家面板数据通过空间杜宾模型研究验证了交通基础设施对区域经济的促进作用，并从3个层级和3种空间矩阵分别对溢出效应进行分解[39]。

虽然国内外学者均通过构建相关空间计量经济模型对其空间溢出效应进行研究，但前期主要采用误差模型和滞后模型分别进行计量研究，由于选取的变量、空间权重矩阵和研究范围等因素存在差异，因此得到的研究结果也各不相同。由于空间杜宾模型同时包含滞后影响和误差影响，近几年得到相关领域学者广泛关注。从现有研究成果来看，总体上都能够得到交通基础设施建设对区域经济增长存在正向影响的一致结论，同时，相关研究关注点主要集中在投资、公路建设和铁路建设方面，而对于航空的影响基本很少涉及。本书从"一带一路"倡议视角研究交通基础设施对区域经济的影响，将"一带一路"

沿线省份交通基础设施作为研究对象，研究其对区域经济发展的影响和空间溢出效应。

1.3.2 交通基础设施对绿色经济的影响

"绿色经济"一词最早由英国经济学家 Pierce 提出，并将其定义为"自然环境和人类自身能够承受的、不因人类盲目追求经济增长而导致生态危机与社会分裂，不因自然资源耗竭而致使经济不可持续发展的经济发展模式"[40]。联合国环境规划署（United Nations Environment Programme，UNEP）2007 年在《国内外新能源专业人才培养方案对比与分析》报告中将其定义为"重视人与自然的可持续发展、能够创造高薪体面工作的经济"，2011 年在《绿色经济报告》中将其修正为"一种可以提高社会公平和人类福祉，同时显著降低环境风险与生态稀缺的经济"。之后学界对绿色经济的定义不断进行外延和丰富。关于绿色经济的测度方面的研究也较丰富，如经合组织（OECD）提出的 DP-SIR 评价体系，UNEP 提出的环境、经济及社会三系统模型，Robert Repletion 提出的"净国内生产指标"等。Vogtlander（2002）建立了用生态成本比上价值比率的"EVR 模型"，将比值作为生态效率指标从而对产品或服务的可持续性进行测度[41]。Vazquez（2014）认为绿色增长状态是绿色经济与发展中国家之间的连接桥梁，并对绿色增长状态的要素进行研究[42]。Kim（2014）基于 OECD 的 DPSIR 评价体系对 30 个国家的绿色增长进行评估，结果显示应当提高生产与消费的环保性和经济性从而实现可持续发展[43]。De Serres（2016）通过构建经济进步指数将缓解气候变化和减少空气污染的相关政策实施所导致的货币成本和健康效益考虑在影响因素中[44]。Sueyoshi（2017）基于数据包络分析法（Data Envelopment Analysis，DEA）研究生态技术创新的有效性及其对可持续发展的影响[45]。Soundarrajan（2016）通过研究绿色金融在印度可持续发展中的应用验证绿色金融在绿色理论中的可行性[46]。

国内学者结合中国经济发展的实际情况对绿色经济相关问题进行研究。方时姣（2010）认为能源经济的生态革命是发展低碳经济的关键，而低碳经济的实现是绿色经济发展理论的内容之一[47]。胡鞍钢（2014）从功能、机制和发展战略三个角度对绿色发展进行系统分析,并构建绿色发展"三圈模型"[48]。赵领娣(2016)通过非期望产出的 SBM 模型对我国 17 年省际绿色发展效率进行测算,并在梳理人力资本和产业结构对绿色发展效率作用机制的基础上,研究两者对绿色发展效率的影响[49]。部分学者在传统全要素生产率(TFP)框架内加入资源和环境要素,在测算过程中通过加入非期望产出,得到绿色全要素生产率(GTFP),从经济效率角度开展相关研究。目前"绿色"指标还无统一标准和规范且污染物的测算相对复杂,因此测算过程差异性较大。黄森(2014)认为可以基于曼奎斯特—卢恩伯格(Malmquist-Luenberger)指数将环境污染作为非期望产出,从而建立环境约束下的交通基础设施全要素生产率[50]。孔静静(2018)研究发现交通基础设施与自然生态存在负向关系,提高交通基础设施能力应以空气质量控制为导向,而不局限于关注里程数的增加[51]。张治栋(2020)通过我国 12 年省际面板数据研究不同类型的环境规制和产业集聚对绿色经济效率的影响[52]。曹靖(2020)将粤港澳大湾区各城市作为研究对象,研究创新投入对绿色经济效率的影响[53]。徐海成(2020)基于国内 14 年省际面板数据通过门槛模型研究交通基础设施对绿色全要素生产率的门槛效应[54]。孟望生(2020)基于黄河流域沿线 9 省区 12 年面板数据通过回归模型研究认为环境规制和产业结构高级化能够提升绿色经济效率[55]。李毅(2020)通过对能源绩效和环境绩效进行加权定义绿色经济绩效指标,并将其作为绿色经济发展水平的指代变量研究环境规制对绿色经济发展的影响[56]。李苏(2020)基于我国国情构建绿色经济发展(GEP)指标体系,并通过熵权法计算 31 个省的绿色经济发展指数,研究各省包容性绿色增长情况[57]。刘金全(2020)用碳排放值与地区生产总值(GDP)的比值作为相对绿色 GDP,并将其作为绿色经济发展水平的指代变量研究创新和产业结构升级对绿色经济发展水平的关联效应[58]。

从国内外现有研究可以看出,学者对绿色经济的发展已经进行了多角度的研究和探索,并且取得了较多研究成果,但在我国提出"一带一路"倡议的新背景、新机遇下,现有文献针对交通基础设施对绿色经济影响的研究尚显不足。相关研究大多从经济效率角度进行研究,如使用绿色全要素生产率进行研究,但有关绿色全要素生产率的度量变量还没有形成权威的论断、判断和度量体系,因此其科学性仍有待考量。交通基础设施与绿色生态之间的博弈是一场持久战，单从经济效率的角度进行研究弱化了交通基础设施产生的环境污染对绿色经济的影响，且研究成果中大多基于直接影响进行分析，针对溢出效应的研究相对较少，近年来相关研究有向面板数据和空间溢出效应分析发展的趋势，因此针对交通基础设施对绿色经济发展溢出效应进行研究是很有必要的。

1.3.3 交通基础设施对外贸经济的影响

交通基础设施的建设完善可以降低运输成本和提高要素流动便利性。在外贸经济的发展中，交通基础设施一方面通过降低运输成本进而降低进出口贸易的总成本从而影响对外贸易的发展，另一方面可以使双多边贸易的合作发展更加便捷和迅速，从而提高外贸经济的发展水平。无论从哪一方面来看，学界对交通基础设施对外贸经济发展影响的研究基本形成统一认识，即发展交通基础设施可以提高交通的互联互通性从而对双边贸易乃至多边贸易的发展形成推动作用。

国外对基础设施建设对外贸经济的影响的研究相对较早，Limao（2001）提出完善交通基础设施可以通过降低运输成本对双边贸易的贸易流量产生影响，同时还通过实证进一步说明外贸经济发展较差的国家很大程度上是受到交通基础设施不足的影响[59]。Wilson（2003）考虑港口设施影响并构建贸易便利化指标体系，通过实证分析发现加强贸易便利程度可以对国家间外贸发展起到明显推动作用[60]。Inmaculada（2005）将运输成本设置为内生变量并基于引力模型实证研究拉丁美洲国家与欧盟的贸易往来，研究发现贸易量与运输成本之间具有负相关关系[61]。Shepherd（2007）基于引力模型研究发现公路交通基础设施建设对外贸发展的促进作用超过了关税和其他外贸发展相关条件[62]。Edwards（2008）通过使用2005年117个国家的基础设施质量截面数据，研究发现交通基础设施发展滞后会增加外贸成本而减少外贸收益，进而对一个国家外贸出口相关政策产生影响[63]。Behrens（2011）研究发现相对完善的交通基础设施网络和较高质量的交通基础设施可以提高一个国家在国际中的外贸竞争力[64]。Bensassi（2015）研究发现提升货物配送相关指标可以对外贸出口起到积极推动作用[65]。

国内交通基础设施对外贸经济影响的研究相对较晚。"一带一路"倡议的提出为我国外贸发展提供了新的机遇，也带来了新的挑战，交通基础设施作为外贸经济发展的必要基础条件之一逐渐得到关注。①运用贸易引力模型研究交通基础设施对外贸经济发展的影响。何敏（2015）研究中国和东盟国家的 9 年面板数据，发现交通基础设施互联互通可以明显提高中国和东盟的双边贸易效率，从而促进中国和东盟各国的外贸经济发展[66]。杜军（2016）研究东盟主要国家 8 年面板数据，发现港口交通基础设施对水产品外贸发展具有显著促进作用[67]。罗翊烜（2017）通过主成分分析法对"一带一路"沿线 17 个亚洲国家贸易便利化水平进行分析，发现通过改善交通基础设施从而缩小距离成本可以对我国对外直接贸易产生促进作用[68]。崔岩（2017）认为"一带一路"沿线国家不同交通基础设施的改善均可以对我国出口贸易起到促进作用，同时，提升沿线经济走廊交通基础设施质量可以提升我国出口贸易水平[69]。刘昭洁（2018）基于中国农产品、工业品和中间品出口流量的 10 年面板数据，研究发现贸易便利化水平提升对工业品和中间品的出口贸易具有显著推动作用，但对农产品出口贸易的影响相对要小[70]。张鹏飞（2018）研究发现在"一带一路"沿线亚洲国家中，中低等收入水平国家比高收入水平国家更加注重对外交通基础设施水平[71]。胡再勇（2019）研究发现"一带一路"沿线国家之间的交通基础设施对双边贸易发展起到推动作用，但不同基础设施类型对进口和出口贸易的影响作用均不一样[72]。胡晓丹（2019）通过"一带一路"沿线 71 个国家（地区）16 年面板数据研究发现"一带一路"沿线国家（地区）通过参与交通基础设施建设可以降低双边贸易成本，进而提升沿线地区外贸经济效率[73]。②运用面板数据模型研究交通基础设施对外贸经济发展的影响。汪来喜（2015）研究我国 20 年省际面板数据，发现公路和铁路交通基础设施对我国不同地区出口的影响各不相同，东部地区铁路和公路对出口均有促进作用，中部地区铁路对出口有促进作用而公路并不显著，西部地区公路对出口有显著促进作用而铁路反而对出口有所抑制[74]。白重恩（2018）研究我国 10 年的国道主干线县级面板数据，发现国道主干线连接地区可以通过降低交通成本提高出口额增长率，同时发现这种效应大小受到地理环境的影响[75]。王晓娟（2019）通过我国 20 年省际面板数据研究发现交通基础设施促进进口贸易发展的同时对内陆省份的影响相对更大[76]。徐俊（2020）研究"一带一路"沿线国家 12 年面板数据，发现东道国提升交通基础设施质量可以显著促进双边贸易的合作，对于不同交通基础设施对双边贸易的影响方面，港口影响最大，航空影响最小，铁路的影响具有滞后性[77]。③基于全球贸易分析（GTAP）模型研究交通基础设施对外贸经济发展的影响。许娇（2016）模拟了"一带一路"六大经济走廊交通基础设施建设对外贸的影响，结果证明交通基础设施互联互通可以有效提高贸易便利化水平，从而促进相关国家进出口贸易、GDP和贸易结构等方面的发展[78]。崔琦（2020）研究交通基础设施对中国与东盟国家外贸的影响，发现交通基础设施互联互通通过削减外贸过程总的时间成本促进外贸经济的发展，同时在中国与东盟国家的三条陆路通道中，东线通道对中国外贸推动作用最强[79]。张艳艳（2018）通过研究中国与"一带一路"64个国家21年面板数据，发现我国出口对象国家的交通基础设施对我国出口具有积极影响，中等收入国家改善交通基础设施会促进我国出口贸易发展[80]。郑腾飞（2019）从微观角度运用出口决策模型研究发现，交通基础设施对中西部地区企业出口的促进作用要大于东部地区企业[81]。朱博恩（2019）基于可计算的一般均衡模型（CGE）模拟分析了丝绸之路经济带沿线国家交通基础设施的经济效应，研究发现加强交通基础设施互联互通对丝绸之路经济带沿线国家的外贸经济发展具有促进作用，但同时也会对贸易逆差产生扩大影响[82]。刘晴（2020）基于新经济地理冰山运输成本理论和异质性企业贸易模型从微观视角研究交通基础设施对企业内销与出口之间替代关系的影响，发现交通基础设施水平提升可以增强沿海企业的这种替代关系，但对内陆企业来说则会减弱这种替代关系[83]。

从以上相关研究成果可以看出，国外学者对交通基础设施对外贸经济的影响研究相对较早，取得了较为丰富的研究成果，交通基础设施的建设和完善可以推动外贸经济的发展。国内相关研究主要集中在"一带一路"倡议提出后，在此背景下各省份相继加快发展外贸经济引发了学界对我国外贸经济发展的关注。总体来说，无论从贸易成本降低角度出发，还是从贸易便利化提升角度出发，相关研究基本都通过引入交通基础设施相关变量研究其对外贸经济的影响。但目前的研究仍然需要完善：其一是现有研究大多使用单一变量进行交通基础设施的水平测度，而对于交通运输情况、多种交通方式的影响的研究相对较少；其二是基于引力模型等贸易模型和面板数据模型等回归模型进行研究，研究结果均为交通基础设施对外贸发展具有直接影响。外贸经济作为经济发展的一个组成部分，研究交通基础设施对外贸经济的溢出效应是非常有必要的，可以对我国区域间外贸经济发展不平衡给出相关建议，还可以对欠发达地区如何利用溢出效应进行自我发展给出相关建议。

1.4 研究内容

本书以"一带一路"重点省份作为研究对象，全面梳理了交通基础设施与社会经济一般效应、区域溢出效应、绿色发展效应和外贸发展效应的相关研究，构建空间计量经济模型，对比分析交通基础设施对经济的影响程度，揭示区域经济、绿色经济和外贸经济发展的机制和特征。本书具体的研究内容如下：

（1）交通基础设施对区域经济增长的影响机理研究。交通基础设施是社会经济发展的先行资本，在经济发展中起着无法替代的作用。随着"一带一路"的不断扩展和基础设施互联互通的不断推进，研究交通基础设施与经济发展相互作用机理，可以为后续构建交通基础设施与区域经济、绿色经济和外贸经济的影响分析模型提供理论基础。

（2）"一带一路"沿线重点省份社会经济发展和交通基础设施建设现状分析。本书从 GDP、人口、产业结构、空间布局等视角对"一带一路"重点省份的社会经济发展现状进行梳理，从铁路、公路和水运的运营里程和交通空间布局等方面对"一带一路"重点省份的交通基础设施建设现状进行梳理，构建"一带一路"重点省份社会经济和交通基础设施面板数据，对现状数据进行对比分析。

（3）"一带一路"沿线重点省份交通基础设施建设对区域经济发展的影响研究。本书分别从"一带一路"沿线重点省份交通基础设施建设相关指标入手，构建交通基础设施建设对社会经济发展影响模型，实证分析交通基础设施建设对区域经济增长的影响。再者，采用柯布—道格拉斯（C-D）生产函数作为研究的基本模型，将"一带一路"沿线重点省份交通基础设施作为一个投入要素纳入生产函数中，建立多因素面板回归模型，引入邻接矩阵、地理距离矩阵和经济距离矩阵构建空间计量模型，并通过模型的相关检验来确定最终的空间计量模型，分析交通基础设施对区域经济增长的空间溢出效应。

（4）"一带一路"沿线重点省份交通基础设施建设对绿色经济增长的影响分析。本书选取单位地区生产总值能耗、环境污染治理总投资占GDP比重和相对绿色GDP等指标分析"一带一路"沿线重点省份绿色经济发展水平。以相对绿色GDP作为绿色经济发展的指代变量，将其作为被解释变量构建"一带一路"沿线重点省份交通基础设施建设对绿色经济影响的空间计量模型，实证分析"一带一路"沿线重点省份交通基础设施对绿色经济发展的影响程度，并提出促进绿色经济发展的对策和建议。

（5）"一带一路"沿线重点省份交通基础设施建设对外贸经济增长的影响分析。本书选取对外贸易值、对外贸易依存度、旅游服务贸易和外资依存度等指标分析"一带一路"沿线重点省份外贸经济发展水平。以外贸进出口总额衡量外贸经济水平，将其作为被解释变量构建"一带一路"沿线重点省份交通基础设施建设对外贸经济的空间计量模型，实证分析"一带一路"沿线重点省份交通基础设施建设对外贸经济增长的影响程度，并提出促进外贸经济发展的对策和建议。

1.5 技术路线

本书对"一带一路"沿线重点省份交通基础设施建设对社会经济发展的影响进行理论分析、现状对比分析和实证检验。首先，从理论层面对交通基础设施建设对社会经济发展的影响机理进行分析和总结。其次，通过收集整理"一带一路"沿线重点省份交通基础设施建设和经济发展的相关数据，从区域经济发展水平、绿色经济发展水平和外贸经济发展水平对比分析了各省份和各区域的经济特征。再次，运用描述性统计法、探索性空间数据分析法、空间计量经济模型实证分析了交通基础设施建设分别对区域经济增长、绿色经济增长和外贸经济增长的影响。最后，针对定量分析结果，提出促进"一带一路"沿线重点省份社会经济发展的对策和建议，以期为未来"一带一路"沿线重点省份区域经济发展和交通基础设施建设提供理论指导。具体研究步骤见图1-1。

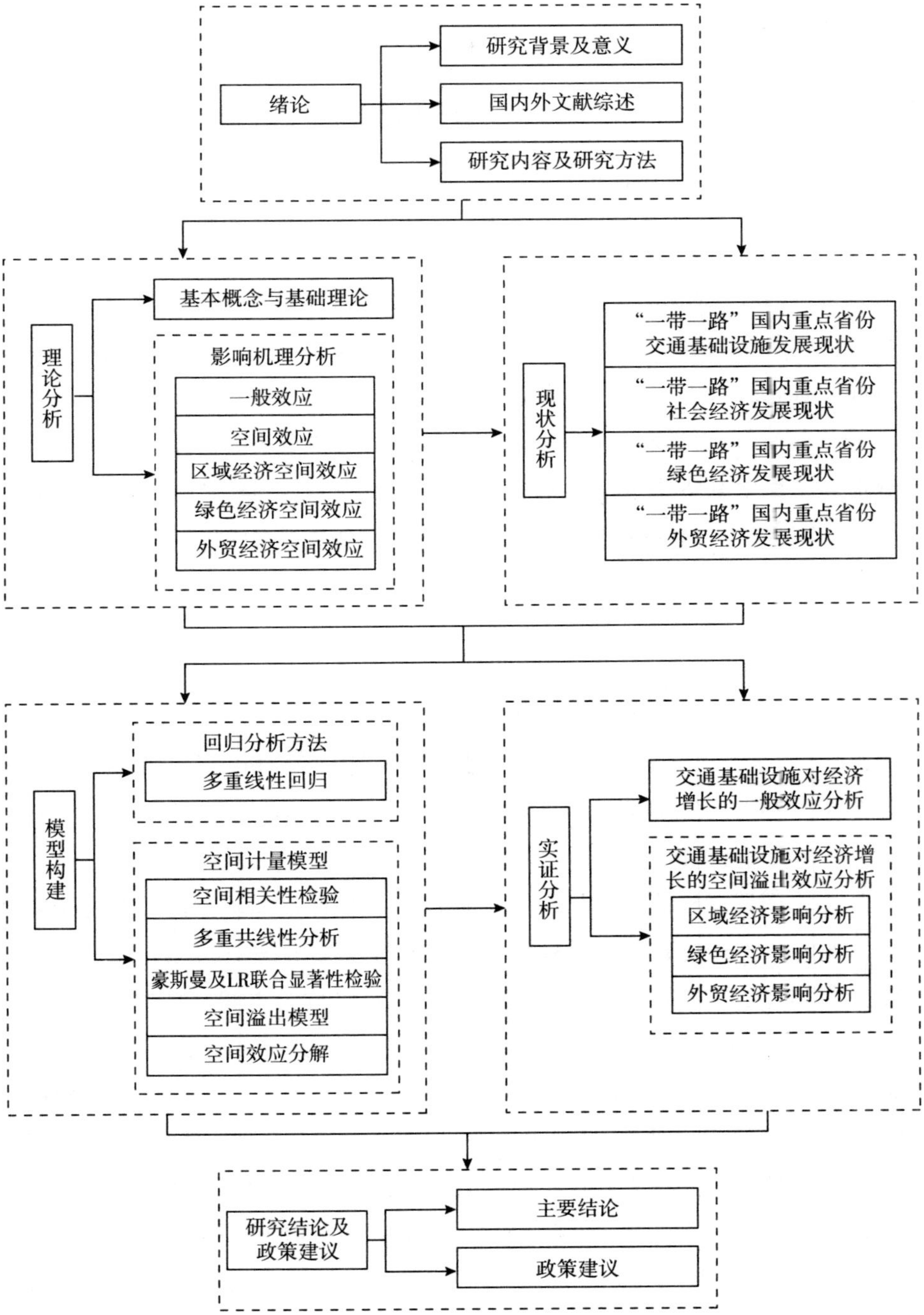
绪论
研究背景及意义
国内外文献综述
研究内容及研究方法
理论分析
基本概念与基础理论
影响机理分析
一般效应
空间效应
区域经济空间效应
绿色经济空间效应
外贸经济空间效应
现状分析
“一带一路”国内重点省份交通基础设施发展现状
“一带一路”国内重点省份社会经济发展现状
“一带一路”国内重点省份绿色经济发展现状
“一带一路”国内重点省份外贸经济发展现状
模型构建
回归分析方法
多重线性回归
空间计量模型
空间相关性检验
多重共线性分析
豪斯曼及LR联合显著性检验
空间溢出模型
空间效应分解
实证分析
交通基础设施对经济增长的一般效应分析
交通基础设施对经济增长的空间溢出效应分析
区域经济影响分析
绿色经济影响分析
外贸经济影响分析
研究结论及政策建议
主要结论
政策建议

图 1-1 技术路线图

1.6 研究方法

（1）文献分析与资料调查法。本书归纳梳理了交通基础设施建设对区域经济，特别是绿色经济和外贸经济增长影响的最新研究进展，为"一带一路"沿线重点省份交通基础设施建设对区域经济、绿色经济、外贸经济增长的影响等方面的研究提供了一定的理论支持。

（2）探索性空间数据分析法。本书在选取"一带一路"沿线重点省份区域经济、绿色经济和外贸经济发展水平指标的基础上，运用探索性空间数据分析法即全局Moran's指数和局部Moran's指数，检验"一带一路"沿线重点省份区域经济、绿色经济和外贸经济发展水平在空间上是否存在显著的空间相关性，为空间计量模型的构建奠定基础。

（3）回归分析。在统计学中，回归分析（Regression Analysis）指的是确定两种或两种以上变量间相互依赖的定量关系的一种统计分析方法。回归分析按照因变量的多少，可分为简单回归分析和多重回归分析。本书中选取交通基础设施建设情况、交通客货运情况以及人力资本等自变量，建立回归分析模型，分析自变量和因变量的相关程度。

（4）空间计量经济模型。空间计量经济学是计量经济学的一个分支，研究的是如何在横截面数据和面板数据的回归模型中处理空间相互作用（空间自相关）和空间结构（空间不均匀性），目前已经成为空间经济学及其相关学科的重要学科基础。本书结合"一带一路"沿线重点省份的经济和交通基础数据，通过空间相关性检验，设定空间计量经济模型，进行参数估计及检验，并进行结果分析。

（5）实证研究分析法。本书构建空间计量经济模型，利用2005~2018年"一带一路"沿线重点省份交通基础设施面板数据，实证分析其对区域经济、绿色经济和外贸经济的影响及溢出效应，并进行溢出效应分解，分析不同交通基础设施建设对区域经济、绿色经济和外贸经济发展的影响。

1.7 创新点

本书以"一带一路"沿线重点省份为研究对象,基于空间溢出效应构建空间计量经济模型分析交通基础设施对区域经济、绿色经济和外贸经济的影响,研究创新点主要体现在以下几方面:

(1)本书研究"一带一路"沿线重点省份交通基础设施对区域经济、绿色经济和外贸经济的影响,研究视角较新。现有研究大多是从全国范围或省级范围对单一经济发展相关问题进行研究,深入地从空间溢出效益出发实证分析"一带一路"沿线重点省份交通基础设施对区域经济、绿色经济和外贸经济影响的研究还不多见。

(2)本书验证了"一带一路"沿线重点省份交通基础设施对经济发展的空间相关性。通过构建邻接矩阵、地理距离矩阵和经济距离矩阵,运用全局莫兰指数和局部莫兰指数分析区域经济、绿色经济和外贸经济的空间自相关性,验证了"一带一路"沿线重点省份交通基础设施对经济发展具有较强的空间相关性。

(3)本书构建交通基础设施的综合指标体系研究交通基础设施对经济发展的影响。在指标选取上,本书构建交通基础设施的综合指标体系研究交通基础设施对区域经济、绿色经济和外贸经济的影响。熵权法能够较为客观地确定评价问题中的指标权重,运用该方法计算环境污染综合指数,确定相对绿色GDP的值。

(4)本书通过实证分析提出了"一带一路"沿线重点省份交通基础设施对区域经济、绿色经济和外贸经济的发展作用的现实路径。从实证结果看,交通基础设施的不同变量对区域经济、外贸经济和绿色经济的影响各不相同。在区域经济发展上,增加投资、扩大就业人数可以推动资金密集型产业和劳动密集型产业进步;提升公路货运和铁路客、货运水平,可以加速区域间要素流动,使资源、技术和劳动等要素得到更加合理的配置;航空建设水平提升推动了第三产业发展促进产业结构优化升级，从而推动区域经济现代化发展水平得到进一步提升。现阶段，提升铁路密度会使周边地区的集聚效应和虹吸效应更加明显，对本地区域经济产生不利影响。在绿色经济发展上，铁路货运量和航空客运量在提升运输效率的同时产生相对较小的环境污染，对运输结构的优化调整具有积极推动作用，使不同客运方式得到协调，为绿色经济发展提供助力。增加公路密度、铁路密度和航空架次会加剧对环境的污染，同时对周边地区产生较强的扩散效应，加剧周边地区环境污染，不利于绿色经济水平的提升。在外贸经济发展上，增加外贸投资直接推动外贸经济的增长；铁路客运在降低运输成本的同时带动第三产业的发展；扩大对外开放程度为外贸经济提供良好的交流合作环境，从而促进外贸经济发展。就业人数增加产生负面影响，一方面说明就业结构有待进一步优化；另一方面说明劳动要素的流出加剧了人才缺失和"用工荒"问题。"一带一路"沿线重点省份外贸经济发展不平衡，公路、铁路密度和航空架次的增加会使"虹吸效应"加剧，加剧发展不平衡现象，抑制外贸经济发展。

2 基本概念与基础理论

2.1 交通基础设施概述

2.1.1 交通基础设施概念

基础设施的概念最早在北约组织评定国家军事实力时提出，后来这一概念在被逐渐发展运用到经济生活和社会再生产理论研究中才得以丰富。发展经济学家罗森斯坦·罗丹（Rosenstem Rodan，1943）认为基础设施是社会的先行资本，是经济发展的基础，是工业化过程中的关键因素。舒尔茨（Schultz，1962）把基础设施分为两类：一类是人文基础设施，主要包括教育培训、卫生保健等；另一类是核心基础设施，包括用来增加物质资本和土地的生产力的电力、交通等。斯蒂格利茨（Stiglitz，1992）认为基础设施是社会存在发展的根本条件，具有规模经济和外部性特点，包括通信、能源、交通等经济基础设施和政治、法律体制、制度、经济体制。世界银行（World Bank）在 1994 年公布的《世界发展报告》中提出，基础设施是国家社会管理资本，是企业生产和个人生活不可或缺的条件，基础设施发展程度决定人民生活水平和生活质量，其包括"经济基础设施"和"社会基础设施"。国内学者钱佳俊（1981）

将"基础结构"概念引进国内,把基础结构作为国民经济的一个重要组成部分,放到社会经济计划中进行统筹安排,以保证国民经济各部门按比例地协调发展,并强调应将基础设施作为一个系统并和其他对象相独立,分别加以研究。高新才将广义基础设施分为制度性基础设施和物质性基础设施两类[84]。刘育红(2012)进一步深入界定了广义基础设施概念,认为物质性基础设施有生产性、非生产性的基础设施之分,影响着生产要素的可利用性;制度性基础设施对生产要素利用效率产生影响,包括政治制度、政策制度等上层建筑等[85]。周亚雄(2013)基于新经济地理学中有关交易成本的考虑,将基础设施界定为能促进经济增长、降低交易成本的设施,涵盖制度、教育、金融、电力、交通在内的广义基础设施[86]。结合国内外学者对于基础设施的定义,本书认为基础设施是指为社会生产和居民生活提供公共服务的物质工程设施及用于保证国家或地区社会经济活动正常进行的公共服务系统,不仅包括交通、邮电、水电煤气等公共设施,而且包括教育、科技、卫生、文体、环保等社会性设施。

交通基础设施是基础设施的一个子集。学者们通常从两个角度阐释交通基础设施:一是侧重交通基础设施功能性,从交通运输组成的视角把交通基础设施看作是交通运输系统的组成部分;二是侧重交通基础设施的经济性,从基础设施的角度将交通基础设施看成是基础设施的一个组成部分。本书强调交通基础设施的经济性,认为交通基础设施是由政府为经济发展提供运输服务兼具排他性和非竞争性的公共物品,具有网络性和空间溢出性,将其界定在生产性基础设施范畴内,主要包括交通服务系统、运输线路、运输场站及附属设施等。

2.1.2 交通基础设施的网络特征

网络是由节点及相互之间作用而形成的结构,依靠节点间的联系发挥作用。交通基础设施只有形成网络,才能具有更高的可达性,进而发挥更大的网络效应,交通基础设施属于一种典型的网络基础设施,具有非常明显的网络效应。交通基础设施的网络性有利于促进生产要素在区域之间流动,随着交通基础设施网络的不断发展,其所提供服务的平均成本有逐渐降低的趋势,并且其所提供服务的有效性会逐渐增强[87]。

随着我国交通基础设施网络化建设的不断推进，区域间的交通运输成本不断降低，交通运输服务的质量也不断提高，交通基础设施网络效应在社会经济，特别是旅游经济、绿色经济和外贸经济发展中的作用越来越重要。

2.1.3 交通基础设施的空间溢出特征

随着全球经济一体化发展，区域之间的互动愈加频繁，区域内部利益将给外部区域带来一定程度的影响。这种区域利益不能完全内部化，内部区域给外部区域带来的影响，最终也会影响到区域自身的发展，就是空间溢出效应[88]。

交通基础设施是为社会产品的运输和居民的出行提供交通服务的基础设施，其网络效应会强化区域内部各地之间的经济联系与地理联系，加快生产要素在区域内部的流通速度与效率，使得经济活动的扩散和聚集都加快，进而加深区域内部各产业专业化水平、促进分工与聚集经济，并最终形成空间溢出效应。

交通基础设施的空间溢出效应分为空间溢出正效应和负效应，二者的区别在于空间溢出的区域位置与其他区域位置的空间相关关系。当生产要素主要向发达区域流动时，交通基础设施对落后的区域就会产生负的空间溢出效应；当生产要素主要向落后区域流动时，交通基础设施对落后地区就有正的空间溢出效应。

2.2 区位理论

区位是人类活动（人类行为）所占有的场所，区位理论是人类活动空间分布及相互关系的学说，具体来说是研究人类经济行为的空间区位选择及空间区内经济活动优化组合的理论。区位理论包括杜能的农业区位论、韦伯的工业区位论、廖什和克里斯泰勒的中心地理论。

2.2.1 农业区位论

德国农业经济学家约翰·冯·杜能于1826年出版了《孤立国同农业和国民经济之关系》一书,首次系统地阐述了农业区位理论的思想。农业区位论是解决农业生产的区位选择问题的理论,适用于特定的生产力水平和社会条件。在杜能理论假设下,价格和需求是外生的,收益是固定常数,运费随着距离增加而增加,距离近,运费低,利润就高;距离远,运费高,利润就低。杜能理论从运输费用视角阐释企业区位选择,是最小费用论。也就是企业在选择区位时唯一考虑因素就是生产费用或如何把生产成本降到最低。

由于现代交通运输、罐头制造和冷藏技术的迅速发展,运费大幅度下降,市场距离在决定土地利用方式中日益成为次要因素,而土壤、地形、气候等自然条件以及技术经济条件的地区差别对农业的影响,往往比市场距离更加显著。这就是说,由于近代技术和经济的发展,杜能学说的直接适用范围已大大缩小,只在交通不发达的一些城市郊区,尚能见到市场距离对土地利用方式或集约程度的显著影响。

和杜能试图解释大范围地区宏观的农业区位不同,现代的农业区位论者更多地注意研究具体农场的"农业决策"。在一些农业经济学者看来,一个农场的生产类型即它的生产专业化方向不过是代表一个农场主决策过程的最终结果,由若干个具有类似生产类型的农场所组成的土地利用区域不过是各个农场主按照他们自己的条件所做出的若干种决策的混合物;解释和论证一定的农场生产类型的区位,必须研究农业决策。影响农业决策过程的因素,不仅有各种社会经济因素、技术因素、自然因素,而且有农场主的行为因素,如个人业务知识、经验、偏好以及冒险精神等。通过农业决策论的研究,不仅可以论证解释已有的农业区位,而且还可能预测它的变化。

2.2.2 工业区位论

德国著名工业布局学者阿尔弗雷德·韦伯于1909年发表的《论工业区

位》一书首次系统地论述了工业区位理论。他认为，运输成本和工资是决定工业区位的主要因素。

受当时工业革命后近代企业初步发展的影响，韦伯在工业区位理论中提出运费、劳动费、集聚与分散是主要考虑的因子。因此，假定已知原料供给地的地理分布；已知产品的消费地与规模；劳动力存在于多数的已知地点，不能移动；各地的劳动成本是固定的，在这种劳动花费水平下可以得到劳动力的无限供应。在这三种假定下进行研究，他得出运费、劳动力成本以及集聚指向是工业的结论。韦伯的理论为工业区位理论建立了完整的理论体系，但是这种静态的、孤立的、抽象的分析具有十分苛刻的条件，因此在1924年，美国经济学家弗兰克·弗特尔提出"贸易边界区位理论"。他认为，贸易区的边界是由该区产品的单位生产成本和单位运输成本之和决定的。20世纪40年代末，美国学者胡佛·伊萨德提出了工业区位的多种成本因素综合分析的理论，从德国经济学家 A. 廖施1940年出版的《经济的空间秩序》一书开始，该理论发展为多因素对比研究的各种学派的动态区位论。工业区位论从一开始考虑简单的因素发展到考虑宏观的全国范围的国民生产总值和国民收入的增长率，资本形成特征和投资率、失业率和通货膨胀等的地区差异，以及环境经济、生态平衡等。

2.2.3 中心地理论

中心地理论是由德国地理学家克里斯泰勒（W. Christaller）在1933年在其著作《南德的中心地》中所提出的。其思想受杜能和韦伯的影响，他指出中心点是区域内向其周围地域居民提供各种商品的中心居民点，中心性是一个中心地对周围地区的影响程度，用"高""低""强""弱"等描述。商品销售范围是消费者为获取商品和服务所希望通达的最远路程。在一个规模小、人口密度和居民收入都很低的中心地，每个单位面积内的商品销售量和服务需求水平也低，不同规模中心地需求门槛和销售范围也不同。伯吉斯（Burgess）指出城市的发展规模一般不会发生变化，但是当一个城市随着自身人口发展和外来人口数量的不断增长，一旦城市人口规模超过城市所能容纳极限时，会使城市向外围区域扩展，与城市毗邻的外环被吸入城市内部，入侵栉邻外环地带,使农业区变成工业区,改变土地原有生产粮食的用途。墨菲(Murphy)和万斯(Vance)对伯吉斯的同心圆理论中地价、中心商务区(CBD)、交通便捷性、土地功能布局进行了较深入的研究,指出地价峰值区是中心商务区最明显的特点。卡特(Carter)、赫伯特(Herbert)进一步提出中心商务建筑面积指数比率(CBI)的概念。总体而言,克氏的中心地理论是地理学由传统的区域个性描述走向对空间规律和法则探讨的直接推动原因,是现代地理学发展的基础,促进了地理学的计量革命,并对地理学在系统分析方法上做出了贡献,极大地推动了城市地理、城市规划和区域规划等研究工作的发展。

2.3 经济增长理论

1928年以前是经济增长理论的奠基阶段,这一阶段的增长理论称之为古典增长理论。1928年以后是经济增长理论的成熟阶段,这一阶段的增长理论包括新古典增长理论和内生增长理论。

2.3.1 新古典增长理论

新古典增长理论主要是指美国经济学家罗伯特·默顿·索洛(Robert Merton Solow)所提出的经济增长理论。索洛以柯布—道格拉斯生产函数为基础,推导出一个新的增长模型。这个模型假定:第一,资本与产出比率是可变的,资本和劳动可以互相替代;第二,市场是完全竞争的,价格机制发挥主要调节作用;第三,不考虑技术进步,技术变化不影响资本与产出比率,因而规模收益不变。索洛模型通过引入市场机制和改变资本与产出比率为常数的假定,发展了哈罗德—多马模型,但索洛仍然没把技术进步作为重要因素纳入模型中,这是一个重大缺陷,因为技术进步在促进经济增长中的重要作用是现实中一个明显的事实。1960年,索洛和米德对该模型进行补充,在原有模型中引入了技术进步和时间因素,修正后的模型被称为"索洛—米德模型",也就是我们所说的新古典增长模型，该模型所阐述的增长理论被称为新古典增长理论。

2.3.2 内生增长理论

内生增长理论是产生于20世纪80年代中期的一个西方宏观经济理论分支，其核心思想是认为经济能够不依赖外力推动实现持续增长，内生的技术进步是保证经济持续增长的决定因素。强调不完全竞争和收益递增，重视贸易和增长的关系，以技术和劳动的总量表示生产函数，认为技术进步有正的外部性，社会从技术进步中获益。1988年卢卡斯在克鲁格曼模型的基础上加以改变，增加人力资本。1991年阿尔文·扬用不同的模型证明克鲁格曼和卢卡斯模型的正确性，他认为生产潜力来源于新发明且通过边干边学得到实现，边干边学和新发明是技术进步的根本性因素，但边干边学过程会导致收益递减，必须有持续的新发明使边干边学延续。斯托齐指出厂商在生产中积累降低损耗的知识，这些知识量的积累促使商品生产成本逐步降低，边干边学是经济增长的动因，商品质量的提高是经济增长的表象。斯托齐根据阿罗边干边学理论建立了一个完全竞争条件下的内生增长模型，认为边干边学体现一个创造性破坏过程，随着时间推移，劣质商品被淘汰，消费者偏好优质商品。

卢卡斯认为向别人学习能获取人力资本的溢出效应。卢卡斯考察人力资本对生产的内部效应和外部效应以及人力资本积累的问题，寻找长期消费总额的极大化。罗默把阿罗的内生技术进步对经济增长的影响思想往前推进一步，他对传统增长理论提出质疑并提出边际生产率递增的设想，论证新知识产出收益递减、产品产出收益递增、外部性与竞争性均衡是一致的。罗默用知识溢出效应假设论证人均产出增长率与投入开发的人力资本成正比。

2.4 新经济地理理论（NEG理论）

新经济地理理论（简称为NEG理论）是继"新产业组织理论""新贸易

理论""新增长理论"之后最新的经济理论前沿，是20世纪90年代由保罗·克鲁格曼在《收益递增与经济地理》发表的观点。传统的区域经济理论主要建立在新古典经济学基础之上，通过无差异空间、无运输成本等严格假定，提出相应的区位理论、区域增长理论等。新经济地理理论是将运输成本纳入理论分析框架之中，因为运输成本的减少会引发聚集经济、外部性、规模经济等问题，把这些要素融入企业区位选择、区域经济增长及其收敛与发散性问题中，就会得出不同于传统区域经济理论的观点。NEG理论的核心是"核心—外围"模型。在这个模型中，处于中心或核心的是制造业地区，外围是农业地区，区位因素取决于规模经济和交通成本的相互影响。假设工业生产具有报酬递增的特点，而农业生产的规模报酬不变，那么随着时间的推移，工业生产活动将趋向于空间集聚。在资源不可流动的假设下，生产总是聚集在最大的市场，从而使得运输成本最小并取得递增报酬。但需要注意的是，经济地理集中的形成是某种力量积累的历史过程。中心外围理论的意义在于它可以预测一个经济体中经济地理模式的渐进化过程：当初始状态时，一个国家的地理区位可能有某种优势，它对另一地区的特定厂商具有一定的吸引力，并导致这些厂商生产区位发生改变，一旦某个区位形成行业的地理集中，则该地区的聚集经济就会迅速发展，并获得地区垄断竞争优势。

2.5 空间相关性

空间相关性，也称空间依赖性，是指不同区域的事物和现象在空间上的互相依赖、互相制约、互相影响和互相作用，是事物和现象本身所固有的空间经济属性，是地理空间现象和空间过程的本质属性。空间依赖可以定义为观测值和区位之间的依赖性。当相邻区域特征变量的高值与高值聚集在一起，低值与低值聚集在一起，则为正的空间自相关；反之，当相邻区域特征变量取值与本区域变量取值为高低相邻则为负的空间自相关；若特征变量为高值与低值完全随机分布，则不存在空间自相关。空间相关性是进行空间计量的前提，若存在空间自相关，则要采用空间计量模型进行研究；若不存在空间自相关，则表明不必考虑空间因素。

区域经济具有明显的开放性，因为区域经济系统之间存在着广泛的商品贸易技术扩散和要素流动等各种经济联系，所以区域之间广泛存在着溢出反馈关联效应。同时，区域之间的空间溢出效应对相邻区域的经济增长也存在着显著的贡献，正向的空间溢出效应会促进本地区的经济发展，也可能会带动其他地区发展，负向的空间溢出效应会造成周边地区也承担起非正向的经济外部性，从而造成区域之间的经济恶性循环。

3 交通基础设施对区域经济增长的影响机理分析

交通运输业是人类社会赖以生存和发展的基石,是区域经济发展过程中的先导性、基础性和保障性产业,其设施规模与区域经济发展水平间存在着直接的相关关系。经济增长会增加各类资金投入、技术创新、劳动力等要素流动的需求,引起对交通基础设施的投资需求的增加,也为交通基础设施的新建、扩建与更新改造提供必要的资金技术支持;反之,交通基础设施的改善又会对经济发展产生反馈效应,降低运输成本,促使经济活动产生集聚与扩散作用。交通基础设施在短期内通过乘数效应促进经济增长,表现为交通基础设施对经济增长的一般效应。交通基础设施在长期内通过资本存量促进经济增长,表现为空间溢出效应。交通基础设施建设将会直接改善区域交通条件,使区域交通网络和运输系统效率更高,实现更佳的经济质量,表现为绿色发展效应。交通运输基础设施建设会降低运输成本,加快要素流动速度,从而对经济活动的区位决策产生影响,并进而影响进出口贸易,表现为交通基础设施的外贸贡献效应。

交通基础设施投资与区域经济增长的关系一直是理论与实践的焦点问题。本章将从一般效应、空间溢出效应两个方面来分析交通基础设施对区域经济增长的影响机理。

3　交通基础设施对区域经济增长的影响机理分析

3.1　一般效应分析

交通基础设施可以产生较广泛的产业关联效应,增加交通基础设施的投资必然会带动相关产业产出的增加,交通基础设施对区域经济增长产生直接的拉动作用,即直接经济增长效应。交通基础设施的投资通过乘数作用直接刺激国民经济的增长,即交通基础设施投资的乘数效应。

3.1.1　直接经济增长效应

在宏观经济学中,将国民生产总值(GDP)定义为在某一既定时期一个国家内生产的所有最终物品与劳务的市场价值。一般来说,区域经济增长用国内生产总值表示,使用支出法表示的 GDP 公式如下:

$$GDP = C + I + G + (X - M) \tag{3-1}$$

式中,C 是居民消费;I 是投资;G 是政府开支;X 是出口;M 是进口。国内生产总值等于居民消费、投资、政府开支和净出口($X-M$)的总和,这是一个恒等式。式中交通基础设施发展属于投资 I 里的一部分,从以上等式可以得出:一定比例的交通基础设施投资会带来一定比例国内生产总值数量的增长。

表 3-1 列出了 2005～2018 年交通基础设施固定资产投资规模与 GDP 增长情况,通过对比分析可知,作为投资之一的交通运输和仓储邮政业的固定资产投资在增加的同时,GDP 也在增加,且倍数相差不大;而在交通运输和仓储邮政业的固定资产投资的增长速度呈减慢趋势的同时,GDP 的增长速度也呈下降趋势,由此说明了交通基础设施的建设对经济增长具有直接经济增长效应。

表 3-1　交通基础设施固定资产投资规模与 GDP 增长情况对比

年份	交通运输、仓储邮政业（万亿元）	GDP（万亿元）	GDP 增长率（％）
2005	0.96	18.73	11.4
2010	3.01	41.22	10.6
2015	4.92	68.60	6.9
2018	6.38	90.03	6.6

资料来源：《中国统计年鉴》。

3.1.2　乘数效应

凯恩斯的投资乘数理论是指在一定的边际消费倾向下，新增加的一定量的投资经过一定时间后，可导致收入与就业量数倍的增加，或导致出现数倍于投资量的 GDP，用公式概括如下：

$$K = \frac{1}{1-b} \text{ 或 } \Delta Y = \frac{\Delta I}{1-b} \quad (3-2)$$

式中，b 为边际消费倾向，ΔY 为收入改变量，ΔI 为投资支出改变量。

交通基础设施投资乘数效应和其他产业部门增加一定数量的投资引发国民收入倍增的乘数效应类似。交通基础设施投资增加，引起建材市场需求增加；对应的资本生产和就业、收入增加，建材需求增加引起相关产业资本需求增加，从而引起这些部门就业需求增加，引起其他行业需求增加。例如电器、食品、餐饮、旅游、服装、医疗等部门需求增加，促使消费部门和生产服务部门扩大，从而引起消费品和服务部门的就业和收入增长。可见，资本品、消费品、服务部门生产和收入的扩大，能够引起这些部门增加投资，从而使国民经济倍数增长。

值得注意的是，交通基础设施发挥乘数作用的同时有可能对其他私人投资产生"挤出效应"。所谓挤出效应指在相对平衡的市场上，由于供应、需求有新的增加，导致部分资金被从原来预支中挤出，流入到新的商品中，这是政府支出增加引起私人消费或投资降低的效果。当交通基础设施投资增加时，货币需求增加，而货币供给不变，导致利率可能上升，贷款成本加大，私人投资成本上升,利润下降,为更好规避风险,私人不得不减少投资,从而引起其他投资受到抑制,引起"挤出效应"[89]。

3.2 空间效应分析

交通基础设施具有准公共产品属性,在地理上具有网络性,在经济上具有外部性。从长期来看,扩大交通基础设施投资存量和规模,提高区域的可达性和生产要素的流动性,区域经济联系更加紧密,最终形成产业集聚效应。

3.2.1 网络效应

交通基础设施具有网络性的特征,与经济发展之间存在着密切联系。交通基础设施的网络性是指在运输业规模经济的作用下,运输业总产出不断扩大导致平均运输成本不断下降。其有利于促进生产要素在区域间流动,从而导致经济活动的集聚和扩散,具体表现在以下两个方面:

(1) 交通基础设施投资能够提升自身服务系统结构和功能的完善,对区域经济稳定性产生积极影响。在高效的交通基础设施支撑下,具有初始要素优势的区域会不断积聚、增强和扩散,从而使产业集聚和扩散,推动形成优势互补高质量发展的区域经济。随着时间的推移,优势区域向落后区域逐步梯度转移产业,良好的交通基础设施成为产业承接区域竞争的必备条件。

(2) 交通基础设施投资能够提升区域交通系统,增强区域经济系统开放程度。交通基础设施的完善程度能缩短地理空间距离,降低运输成本,提高运输效率。成熟的交通基础设施建设会提高区域的可达性,为消费者提供更多的出行选择,为企业提供更多的运输途径,区域间的联系也越便利。

3.2.2 溢出效应

溢出效应是指一个组织在进行某项活动时,不仅会产生活动所预期的效果,而且会对组织之外的人或社会产生影响。交通基础设施的改善能够提高区域间的可达性,加快资源要素、产品、劳动力在区域间流动,加速区域间经济的聚集和扩散,产生空间溢出效应。

空间溢出是一个有关区域联系的话题。交通基础设施的空间溢出效应是指由于本地区的交通基础设施的改善而引起邻近地区经济量变动的程度。交通基础设施的空间溢出效应主要产生于两个方面[90]:一是交通基础设施的改善,增强交通基础设施网络性,将会降低区域间运输成本,扩大市场规模,产生市场规模效应;二是运输成本逐渐降低,将促进区域间的产业聚集或扩散,产生产业聚集或者扩散效应。

交通基础设施的空间溢出效应分为正溢出效应和负溢出效应。交通基础设施的改善,可以提高区域间的可达性,促使本地区经济优势带动周边区域的发展,对区域之间经济交流和发展更有利,产生正的空间溢出效应;交通基础设施所产生的经济和产业聚集,能够促进邻近区域的资源流动至本区域,造成周边区域的经济衰退,产生负的空间溢出效应。溢出效应逻辑如图3-1所示。

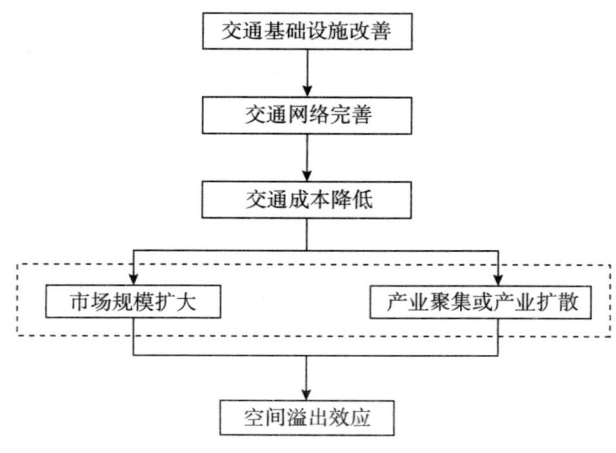

图3-1 溢出效应逻辑

3.3 区域经济空间效应分析

区域经济（地区经济），指国民经济中分属于各行政区域的部分，其形成归因于劳动地域分工，即在长期社会经济活动过程中，受到历史、地理、政治、经济等多方面因素的作用，一些联系紧密的区域逐渐形成了经济区。经济增长指较长时间内国家人均产出水平的持续增加，因此，区域经济增长可以定义为较长时间内经济区域人均产出水平的持续增加。地理学第一定律（Tobler，1970）表明，任何事物与其他的事物之间都是相互关联的，越邻近的事物相关性越强。从区域经济角度来说，在开放经济的社会发展过程中，各区域之间必然会产生相互作用关系，距离较近的区域更容易进行生产要素和产品的流动与交换，进而产品的价格和供给就会趋于相同，联系比距离较远区域就会更加紧密，由此区域经济就会具有空间依赖性。

交通基础设施的建设和完善，可以促使交通面积的扩展和密度的增加，从而提升交通可达性和交通便捷性，其产生的溢出效应大致可以从三个方面对区域经济发展产生影响：首先，可以降低交通运输成本，从而促使人口向交通更加完善的区域流动；其次，交通便捷程度提升使跨区域消费成为可能，从而使市场规模得到扩张；最后，交通便利会吸引生产要素流入，从而推动生产专业化进程，进而提升生产效率。以上影响可以促使经济发展较好的区域得到进一步发展，即产生正向空间溢出效应，但从反方向来看，也使经济发展相对落后的区域受到抑制，即负向空间溢出效应。可以看出，对于经济发展较好区域，交通基础设施的溢出效应会推动区域经济发展，同时，区域经济发展又对交通提出更高的要求，进而通过制定相关政策反向促进交通基础设施的进一步发展，而经济发展相对落后区域为了摆脱抑制作用（虹吸效应），也会通过制定宏观政策推动其交通基础设施建设，即产生区域经济对交通基础设施的反馈影响。区域经济空间效应如图3-2所示。

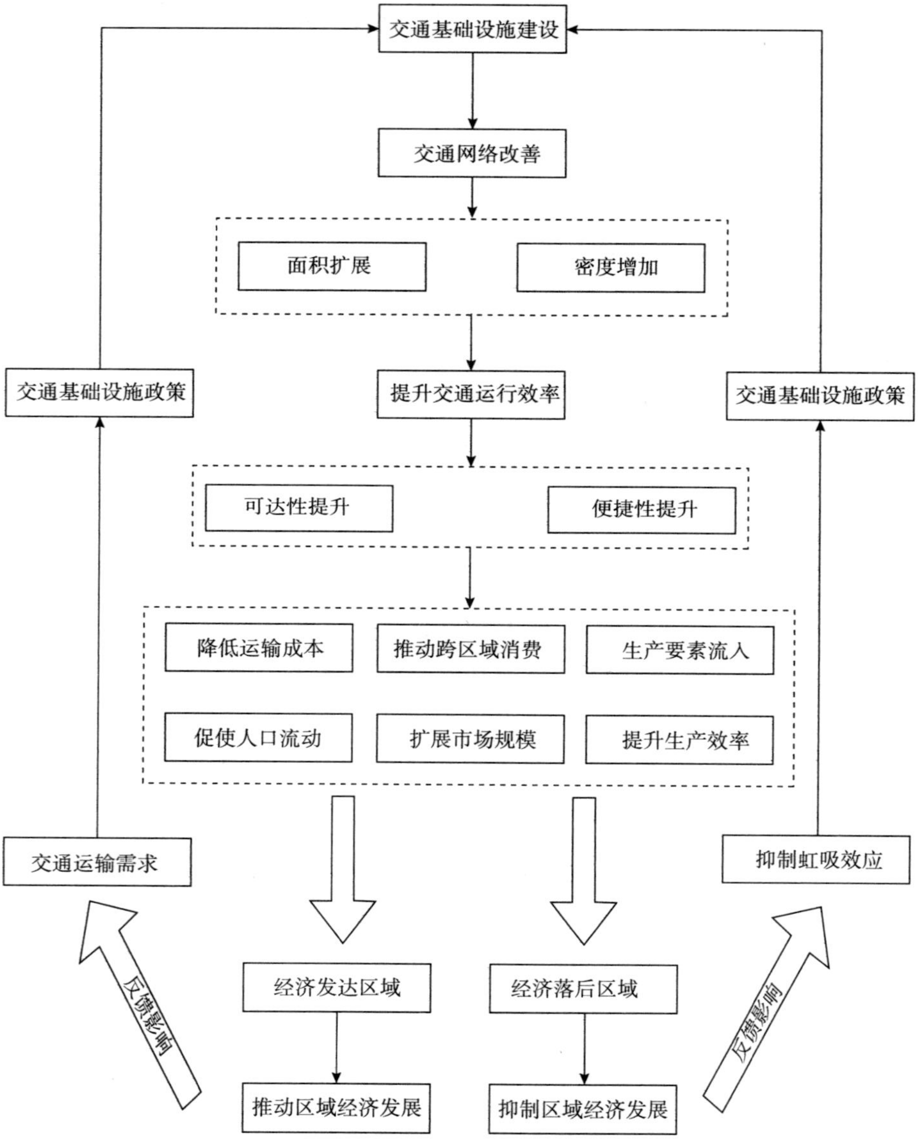

图 3-2 区域经济空间效应

3.4 绿色经济空间效应分析

20世纪中后期发达国家在第三世界国家开展了一系列基于生态学和环境科学基本理论的农业生产技术改革活动，被称为"绿色革命"，视为绿色经济的萌芽。绿色经济的概念最早源于"二战"时期的可持续发展思想，1989年由英国环境经济学家皮尔斯在《绿色经济蓝图》一书中首次正式提出，主张从社会和生态环境条件出发，建立一种"可承受的经济"，即在自然环境和人类社会可承受的范围内发展经济。绿色经济核心思想是经济与环境之间的协调性。绿色经济的发展不会造成自然资源枯竭或生态危机，不会盲目追求生产率的提高，而是建立一种可持续发展的经济方式[91]。绿色经济发展水平是在经济发展水平基础上基于可持续发展提出的，GDP是衡量经济发展水平的主要指标之一，因此绿色GDP成为了衡量绿色经济发展水平的主要指标之一。绿色GDP是指一个国家或地区在考虑了自然资源（主要包括土地、森林、矿产、水和海洋）与环境因素（包括生态环境、自然环境、人文环境等）影响之后经济活动的最终成果。

交通基础设施建设将扩大要素和资源在区域间的流通，并提高区域间的运输效率，对绿色经济发展水平的提高产生积极影响，主要包括以下方面：一是地区生产总值的增长，在传统经济的基础上大力发展绿色经济，地区生产总值的稳步提升是绿色经济增长的经济基础；二是加大技术创新和投入，扩展产品的应用范围和领域，从产品供应到市场需求全产业链节能减排，这是绿色经济增长的动力保障；三是运输网络的完善，交通运输是各类生产要素的传输媒介，人流、物流和信息流在区域间流动，增加运输需求，降低运输成本，从而实现资源配置的优化，提升可达性，从而促进绿色经济增长；四是市场规模，交通基础设施最直接的影响是通过扩散和集聚效应，改变市场规模，促进区域间的专业化生产，以此促进绿色经济增长。具体如图3-3所示。

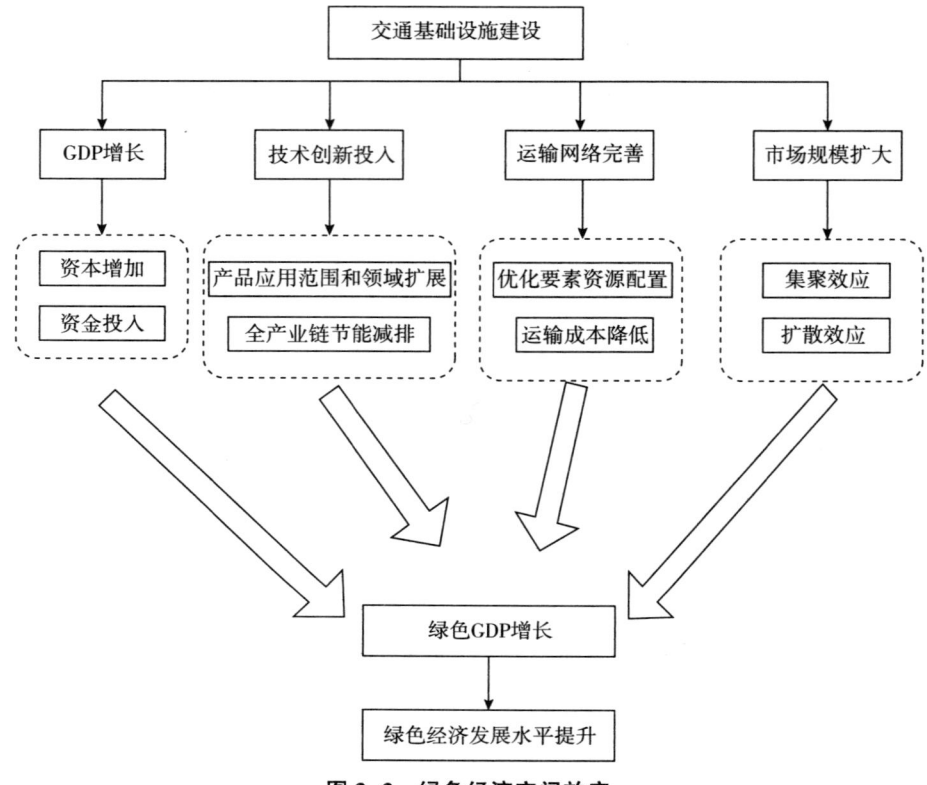

图 3-3 绿色经济空间效应

3.5 外贸经济空间效应分析

为推进实施"一带一路"重大倡议，国家发展改革委、外交部、商务部联合发布《推进共建丝绸之路经济带和 21 世纪海上丝绸之路的愿景与行动》，指出要把基础设施互联互通作为"一带一路"建设的优先领域，尤其需要抓住交通基础设施的关键通道、关键节点和重点工程建设，努力提升道路通达水平和航空基础设施水平，加快推动口岸基础设施和港口合作项目建设，实现国际运输陆、水、空联运通道的畅通便捷，交通基础设施的互联互通能够降低运输成本,有效促进各经济体的经贸合作水平,实现国际贸易便利化。外贸经济溢出效应如图3-4所示。

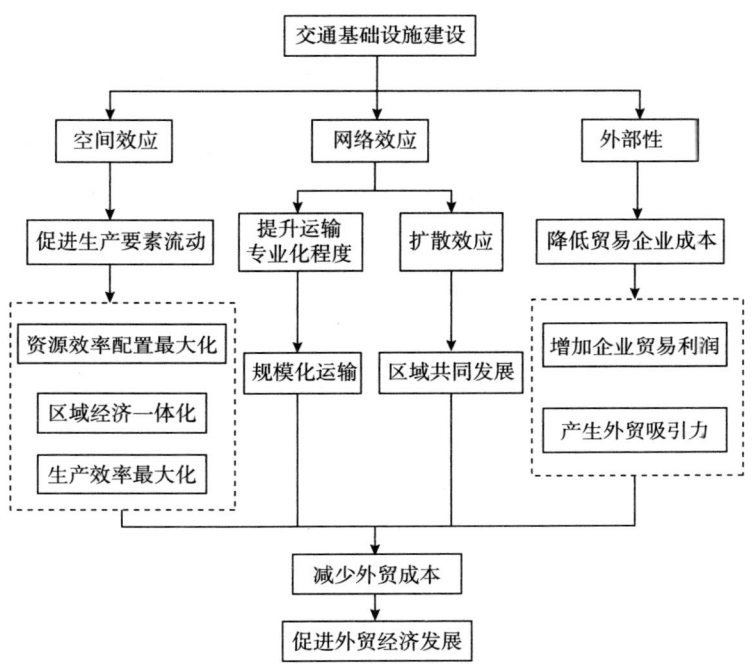

图3-4 外贸经济空间效应

4 "一带一路"沿线重点省份交通基础设施现状研究

公路运输是承担近距离客运和近距离小批次货运的首选运输方式。公路建设对省内外各城市的连接和客货集散起到了重要的纽带作用，通过公路运输，一方面可以提升旅客出行和货物运输的便利程度，另一方面能够降低流通领域总支出和国民经济体系运转总成本，从而提高国民经济系统运转效率。铁路运输是承担远距离客运和远距离大批次货运的首选运输方式。铁路作为中长途运输的大型货运和客运运输工具，一直是我国交通运输不可或缺的重要力量，其客货运周转量远高于公路、航空和水运，铁路运输凭借运量较大、成本较低、安全程度较高等优点，成为交通运输的重要方式，很大程度上影响着城市间的空间经济活动，也为社会经济的发展创造先决条件。铁路的发展不仅使相关产业链得以延伸，还有助于优化综合交通运输网络，促进国家的现代化进程，构建区域发展的新模式。特别是近几年我国高速铁路建设，使得城市之间的可达性和经济联系强度得到大幅度提升，城市之间互相影响的程度也更高。民用航空运输是承担远距离客运和远距离小批次货运的首选运输方式。民用航空对地区经济和社会发展具有重要的作用，它是地区经济发展水平的重要体现之一。与公路和铁路运输方式相比，民用航空极大地缩短了旅客的出行时间和空间距离，提高了客货运的效率和地区之间的通达度。

4 "一带一路"沿线重点省份交通基础设施现状研究

4.1 研究范围界定

2013年国家主席习近平分别于9月和10月提出"新丝绸之路经济带"和"21世纪海上丝绸之路"（简称"一带一路"）倡议，该倡议将我国与沿线有关国家联系在一起，依靠既有的双、多边机制和区域合作平台，从政治、经济和文化等多个角度共同打造利益共同体、命运共同体和责任共同体。在"一带一路"倡议的推动下，近年来中国与沿线国家的经济交流和合作机制日益完善，最终实现经济共同发展。

本研究以"一带一路"沿线重点省份为研究对象，从交通基础设施建设的角度出发分析其对社会经济、空间溢出经济、绿色经济和外贸经济的影响。"一带一路"沿线重点省份涉及18个省市自治区，由于查到的西藏自治区的相关数据缺失过多，本研究对除西藏以外的17个省、自治区和直辖市（后文中统称为17个省份）进行系统研究，它们分别为宁夏回族自治区、陕西省、甘肃省、青海省、新疆维吾尔自治区、内蒙古自治区、黑龙江省、吉林省、辽宁省、上海市、浙江省、福建省、广东省、海南省、广西壮族自治区、重庆市和云南省。17个省份的经济发展水平各不相同，结合地理分布情况，将17个省份划分为四个分区：西北五省份分区（包括宁夏回族自治区、陕西省、甘肃省、青海省和新疆维吾尔自治区）、向北开放四省份分区（包括内蒙古自治区、黑龙江省、吉林省和辽宁省）、东南沿海五省份分区（包括上海市、浙江省、福建省、广东省和海南省）和西南三省份分区（包括广西壮族自治区、重庆市和云南省）。下文将对四个分区的公路、铁路和航空基础设施现状进行对比分析。

4.2 公路交通基础设施发展现状

公路交通是国民经济的基础产业和服务性行业之一,是交通运输体系的重要组成部分。本文在选取四个分区的公路交通基础设施分析指标时,考虑到17个省份的面积差距较大且短期内变化不大,直接采用等级公路里程指标进行分析将会产生较大偏差,因此综合考虑等级公路里程与总人口两个因素,将等级公路里程与总人口的比值定义为等级公路密度指标进行对比分析,这样更加合理,更能体现出交通基础设施的发展现状。再者,考虑到高速公路对一个地区经济发展起到了非常重要的作用,研究中将高速公路密度也作为分析指标进行比较。

4.2.1 西北五省区公路发展现状比较

2013年"一带一路"倡议提出将西北五省区打造为面向中亚、南亚、西亚国家的通道、商贸物流枢纽、重要产业和人文交流基地,同时发挥新疆独特的区位优势和向西开放重要窗口作用,将其打造为丝绸之路经济带核心区。

"十二五"规划的实施,西北地区进一步强化路网衔接,打通省际"断头路",建设了一系列重大公路干线和国际运输通道,公路客货运量稳步增长,公路建设对经济产生了极大的推动作用。在"十三五"期间,西北地区把交通基础设施建设继续放在首要位置,抓好重大建设项目,加大对公路建设的投资规模,进一步提高了公路建设对经济的带动作用。

从图4-1可以看出,五省区等级公路密度存在比较显著的差异。青海的等级公路密度由2005年的49.72千米/万人增加到2018年的116.42千米/万人,等级公路增长速度较快。新疆的等级公路密度与西北五省份等级公路密度平均水平相当,由2005年的35.62千米/万人增加到2018年的62.12千米/万人。与青海相比,新疆的等级公路增长速度明显呈现平缓的趋势。宁夏、陕西

4 "一带一路"沿线重点省份交通基础设施现状研究

和甘肃的等级公路密度相差不大,都比西北五省份等级公路密度平均水平要低。从整体趋势上分析,五省区的等级公路密度在2005~2018年基本都呈增长态势。除青海省外,其他省区的密度增长在2012年之后都有所放缓,究其原因主要是国家高速公路、国省道网络的加密和"瓶颈"路段的建设趋缓。从西北五省区看,青海高速公路建设滞后,促使"十二五"时期青海等级公路密度快速增长,而其他省份等级公路密度增长速度放缓。

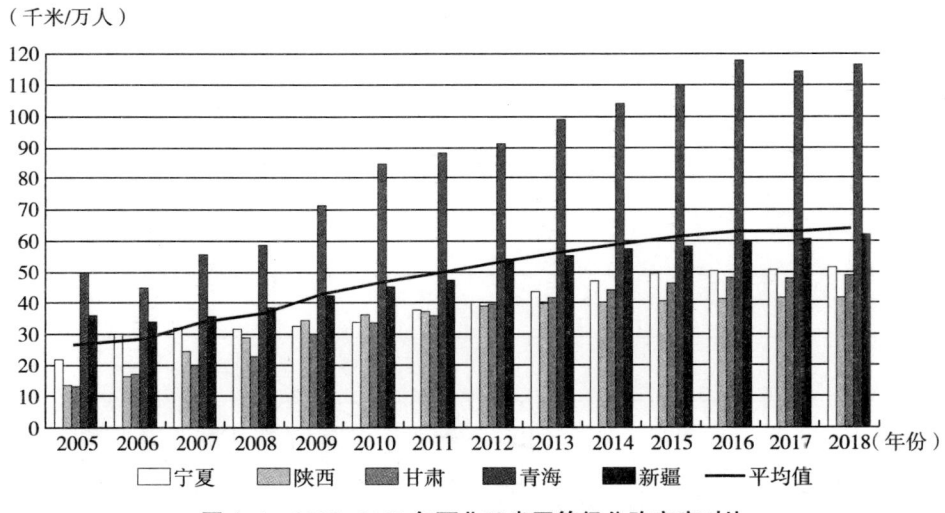

图4-1 2005~2018年西北五省区等级公路密度对比

从图4-2可以看出,青海省高速公路密度变化趋势可以分为三个阶段:2005~2010年高速公路建设低速增长、2011~2013年的加速增长以及2014年以后的跨越式快速增长。14年间由2005年的0.37千米/万人增加到2018年的5.47千米/万人,增长幅度较大,主要原因是青海位于西部地区的中间地带,是向西开放的必经之路,无论是进出疆、出入藏通道的建设,还是公路网东西、南北方向的联通,都要经过青海省,所以随着"一带一路"倡议的推进,青海的公路建设速度不断加快。2005~2015年,宁夏的高速公路密度比西北五省区平均水平高,说明在2015年之前宁夏的高速公路建设步伐走在西部地区的前列,随着青海省的跨越式增长,2015年以后宁夏的高速公路密度低于西北五省区平均水平。从西北五省区高速公路密度均值的增长趋势来看,其增长速度逐渐加快。2006~2010年我国处于经济发展的"十一五"时期,发展规划提出"国道主干线和西部开发省际通道建设全面完成,高速公路里程将超过2万千米",高速公路密度平稳增长;2011~2015年我国处于经济发展的"十二五"时期,发展规划提出"西部高速公路将比2011年总量增加一倍",高速公路密度加速增长。2016~2018年我国处于经济发展的"十三五"时期,发展规划提出"农村公路建设、高速公路建设和国、省干线公路建设将重点向中西部地区倾斜",高速公路密度高速增长。

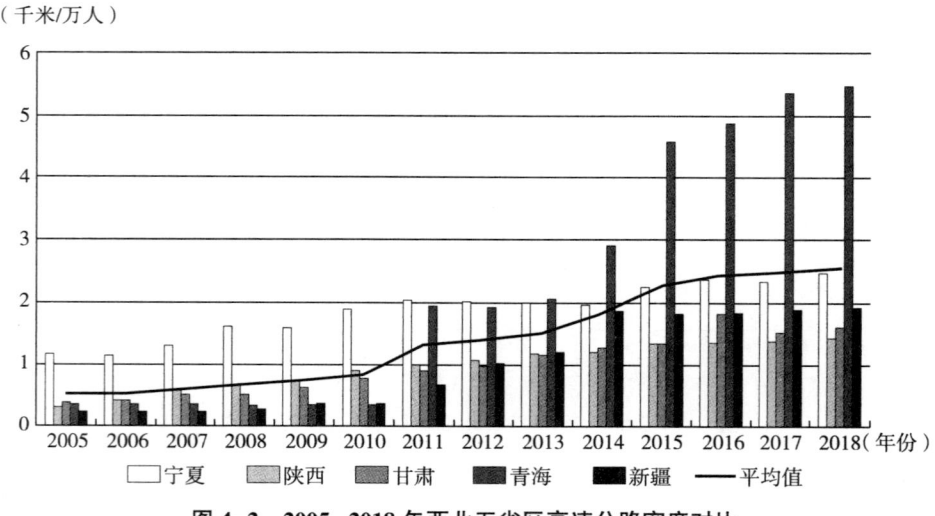

图4-2　2005~2018年西北五省区高速公路密度对比

4.2.2　向北开放四省区公路发展现状比较

向北开放四省区是指内蒙古和传统的东北三省,也称为东北四省区。2010年东北地区提出了推进区域经济一体化的发展格局,统筹考虑出海通道、入关通道、运煤通道和国际通道建设,加快形成东北地区综合交通运输体系。2013年,"一带一路"倡议提出将东北四省区作为联通俄罗斯、蒙古及俄罗斯远东

4 "一带一路"沿线重点省份交通基础设施现状研究

地区的重要向北开放窗口。东北四省区作为"一带一路"北部重点区域,对其公路建设情况进行分析是很有必要的。

从图4-3可以看出,向北开放四省分区的等级公路密度都逐年增长。内蒙古14年间的等级公路密度由29.50千米/万人增加到77.19千米/万人,其增长趋势明显快于等级公路密度均值的增长趋势,说明向北开放四省区的等级公路建设步伐逐年加快。内蒙古各年份等级公路密度均远远高于向北开放四省区的平均水平,这也与内蒙古地区区域空间大,等级公路线路较长而人口稀少有关。黑龙江和吉林等级公路密度整体上都呈现平缓上升趋势。辽宁等级公路密度在向北开放四省区中最低,其2018年的等级公路密度值为26.54千米/万人,不及内蒙古2005年的等级公路密度水平,差距较明显。整体来看,向北开放四省区的等级公路密度14年间增长平稳,公路建设持续推进,等级公路网络逐步得到完善。

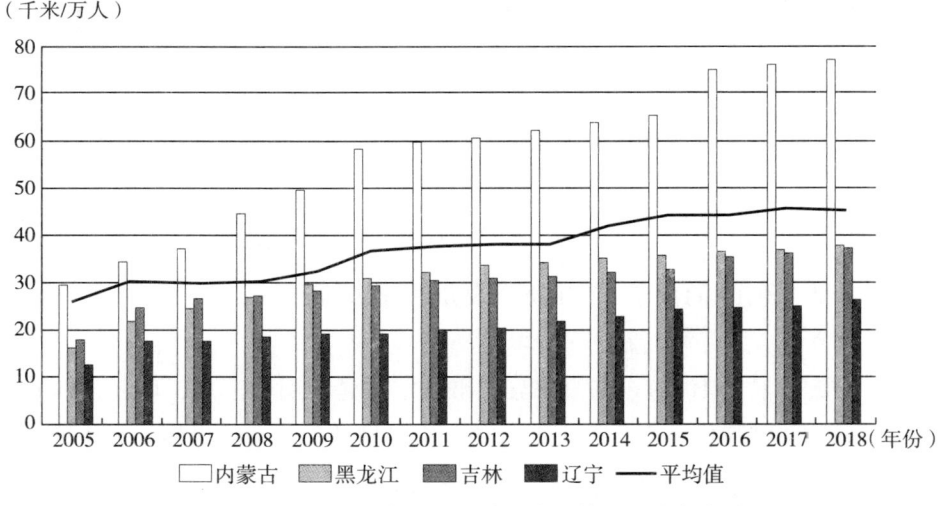

图4-3 2005~2018年向北开放四省区等级公路密度对比

从图4-4可以看出,向北开放四省区的高速公路密度都呈逐年增长趋势。辽宁高速公路密度在2010年前高于向北开放四省区平均水平,2010年之后低于平均水平,主要原因在于辽宁高速公路发展趋于饱和,高速公路网建设速度放缓。黑龙江高速公路密度在 2011~2012 年大幅增加,主要原因是"十一五"期间京哈高速、省内高速等的立项建设。从总体来看,受到区域一体化合作及"一带一路"倡议等相关政策的推动,向北开放四省区的高速公路密度快速增长,完善了高速公路网络。

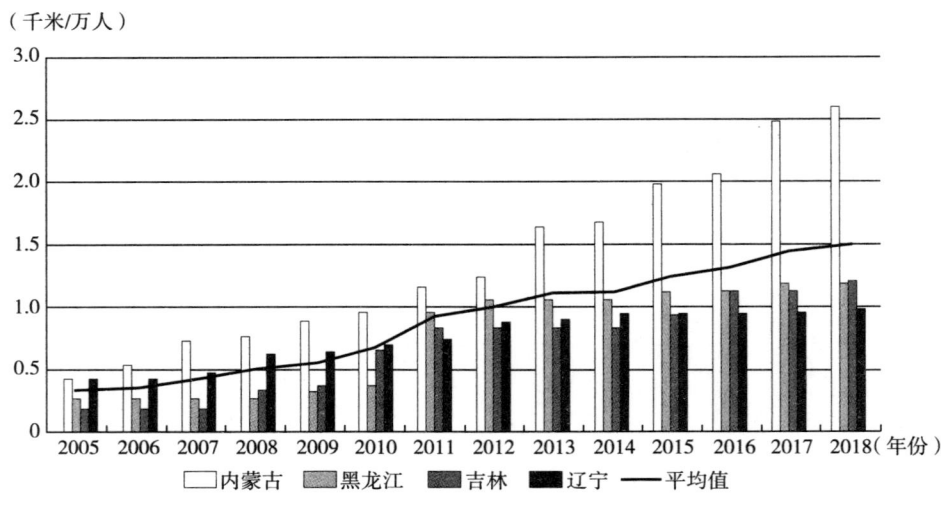

图 4-4　2005~2018 年向北开放四省区高速公路密度对比

4.2.3　东南沿海五省市公路发展现状比较

"一带一路"倡议对东南沿海五省市的定位是利用长三角、珠三角、海峡西岸等经济区开放程度高、经济实力强、辐射带动作用大的优势,加快推进中国(上海)自由贸易试验区建设,支持将福建建设成 21 世纪海上丝绸之路核心区。同时充分发挥开放合作区作用,深化与港澳台的合作,打造粤港澳大湾区。

东南沿海五省市等级公路建设在"十一五""十二五"和"十三五"时期取得较大的成果,综合交通体系完善,线路里程数在四个分区中居首位。但从等级公路密度角度来看,其均值比西北五省区和向北开放四省区要低很多,这主要是受到人口高度密集的影响，拉低了等级公路密度的平均水平，人均等级公路里程相对较低。"十一五"时期，海南不断加大公路建设投资力度，年均投资额为"十五"时期的2.6倍，省内辐射全岛的公路网络建设加快进程，交通基础设施趋于完善，服务海南经济社会发展和人民群众出行的能力大幅提升。从图4-5可以看出，海南"十一五"时期的投资效应在"十一五"后才逐渐显现，海南2009年后等级公路密度明显高于平均水平，在东南沿海五省市中最高。海南作为我国唯一的国际旅游岛，岛内人口流动大，但常住人口比东南沿海另外四个省市相对要少，其等级公路密度偏高。近年来，上海是中国经济总量最高的城市，人口密度大，其等级公路密度能够在平稳中略有增加，由2005年的4.29千米/万人增加到2018年的5.4千米/万人，说明上海市公路网在不断完善和发展。浙江的等级公路密度由2005年的9.26千米/万人增加到2018年的20.97千米/万人，福建的等级公路密度由2005年的13.49千米/万人增加到2018年的23.47千米/万人，广东的等级公路密度由2005年的11.58千米/万人增加到2018年的18.43千米/万人，整体增长趋势较平稳。

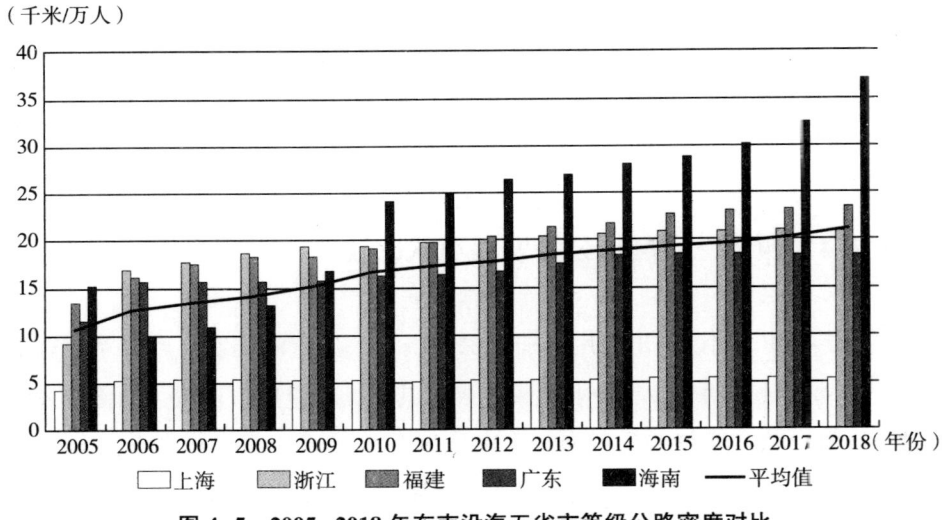

图4-5　2005~2018年东南沿海五省市等级公路密度对比

从图4-6可以看出，东南沿海五省市的高速公路密度整体呈增长趋势。

2005~2015年福建高速公路密度大幅增加,其主要原因在于《"十一五"规划纲要》和《"十二五"综合交通运输体系发展转向规划》均对高速公路建设提出了要实现县县通高速公路的规划目标,高速公路总里程快速增长。同时,由于东南沿海五省市人口数量增加较快,高速公路密度平均水平总体上要低于其他分区。

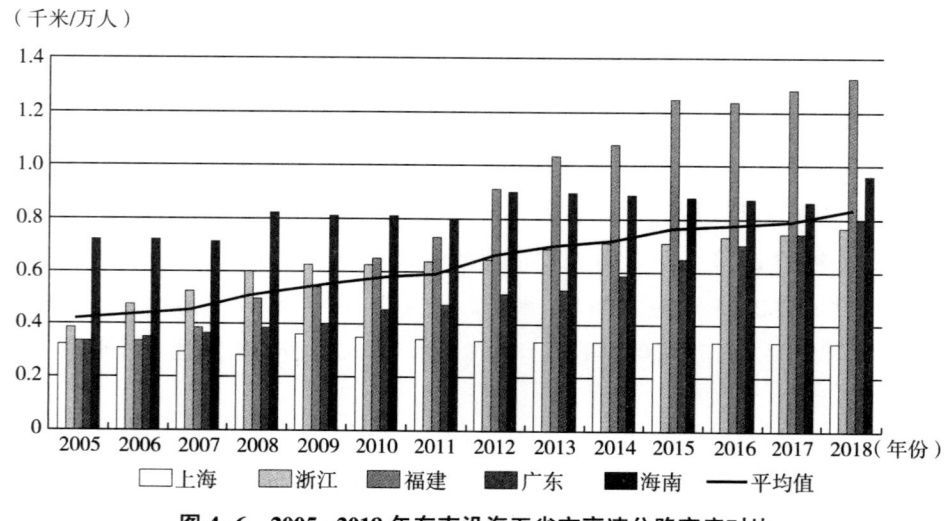

图4-6　2005~2018年东南沿海五省市高速公路密度对比

4.2.4　西南三省区市公路发展现状比较

"一带一路"倡议提出利用内陆纵深广阔、人力资源丰富、产业基础较好优势,推动区域互动合作和产业集聚发展。其中,将重庆打造成为西部开发开放重要支撑;将广西打造为西南、中南地区开放发展新的战略支点,形成21世纪海上丝绸之路与丝绸之路经济带有机衔接的重要门户;将云南打造为大湄公河次区域经济合作新高地,面向南亚、东南亚的辐射中心。

从图4-7可以看出,云南省等级公路密度在研究年限内均高于平均水平,保持较快增长速度。云南的公路运输在综合交通体系中占据重要的位置,《云南省"十一五"综合交通体系发展规划》和《云南省公路建设的"十二五"规划》分别提出了以昆明为中心,建设至边境、省外干线公路以及国家一、二级口岸公路的高等级公路和高等级公路联通至省内各县市的要求,云南的等级公路密度持续增加,由2015年的25.15千米/万人增加到2018年的45.67千米/万人。重庆2005年提出"六小时重庆"公路工程,"十二五"规划提出将重庆市打造成"西部地区现代服务业高地",要求实现"四小时重庆,八小时周边"。重庆在2009年之后超过了西南三省区等级公路密度均值,等级公路密度由2005年的11.01千米/万人增加到2018年的43.17千米/万人,增加了近2.9倍。广西在"十一五""十二五"和"十三五"时期围绕东盟国际大通道、泛珠三角经济圈和北部湾经济区等需求,实施了出省、出境、出海公路通道,国省公路干线公路改造等诸多公路建设工程,使等级公路密度得到持续的提高,但与云南和重庆相比,差距还较大,主要原因在于广西公路建设的总量规模偏小,公路里程偏低。

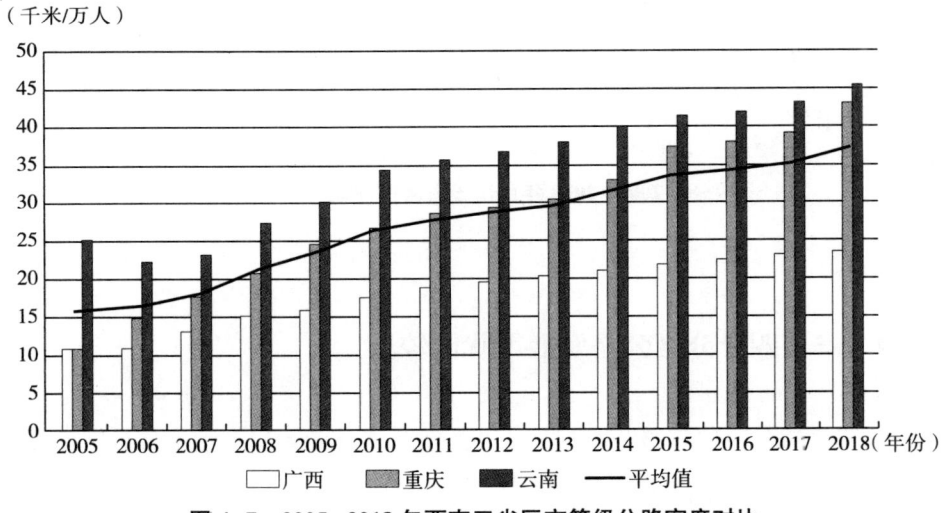

图4-7 2005~2018年西南三省区市等级公路密度对比

从图4-8可以看出,西南三省区市的高速公路密度呈快速增长趋势,且相差不大。重庆高速公路密度在14年间由0.03千米/万人增加到1千米/万人,增加了近32.3倍。2005~2006年高速公路密度快速提高,其原因在于重庆"十五"时期6条（段）高速公路增列为国家主干道和西部开发通道工程，在此背景下，重庆市高速公路的建设全面提速。在"十一五""十二五"和"十三五"时期，为将重庆发展为"西部地区现代服务业高地"，重庆不断提高对公路建设的要求并不断对高等级公路进行高速改造，从而使高速公路建设得到了快速发展。

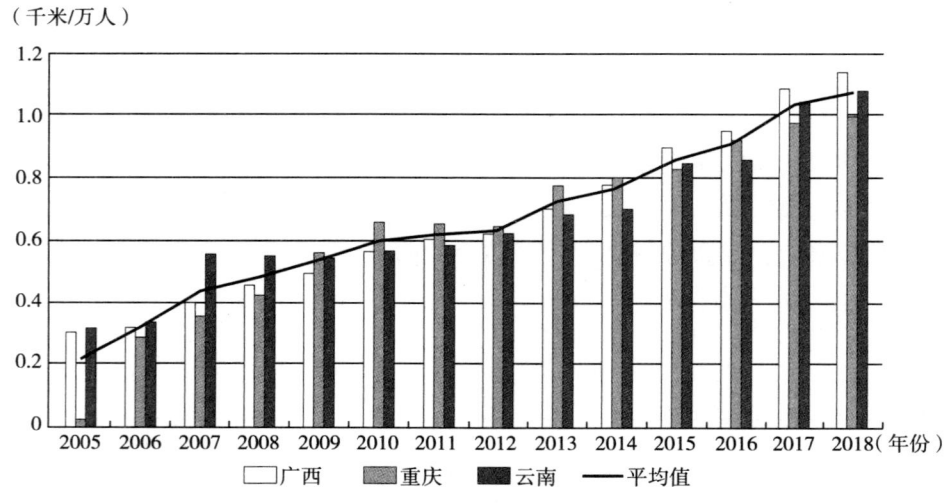

图4-8　2005～2018年西南三省区市高速公路密度对比

4.2.5　四个分区公路发展现状比较

为了弄清各分区等级公路和高速公路建设现状的差异，本书将分区作为一个整体，计算等级公路密度和高速公路密度，通过多分区指标值的对比分析，得到不同分区等级公路和高速公路的发展情况。

从图4-9可以看出，西北五省份分区、向北开放四省份分区和西南三省份分区的等级公路密度增加较快，说明西北五省区、向北开放四省区和西南三省区市在"十一五""十二五"和"十三五"时期不断进行等级公路的建设，但等级公路总量仍不能满足发展需求，需不断增加。东南沿海五省市等级公路总量较高，但等级公路密度增长趋势较为平缓，比其他三个省份分区等级公路密度增加值小，这主要与东南沿海五省市人口增长过快有关。

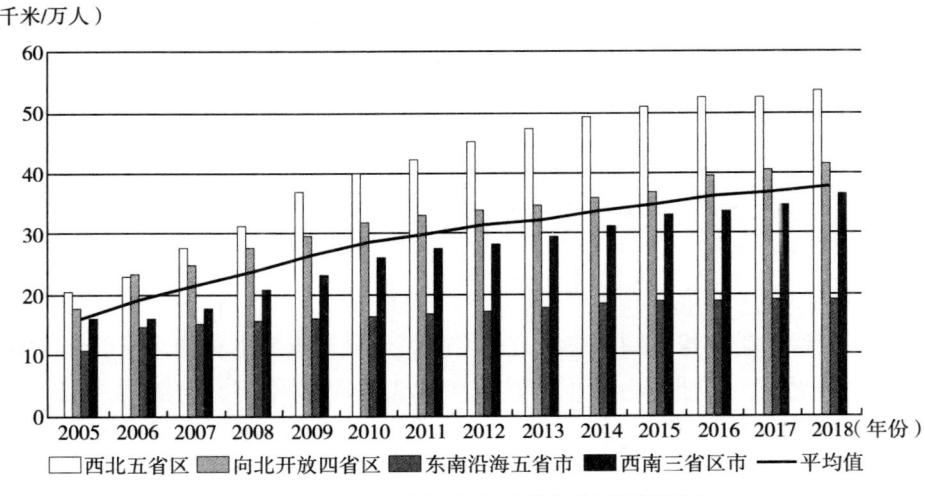

图 4-9　2005~2018 年四个分区等级公路密度对比

从图 4-10 可以看出，四个省分区的高速公路密度均呈增长趋势。交通部

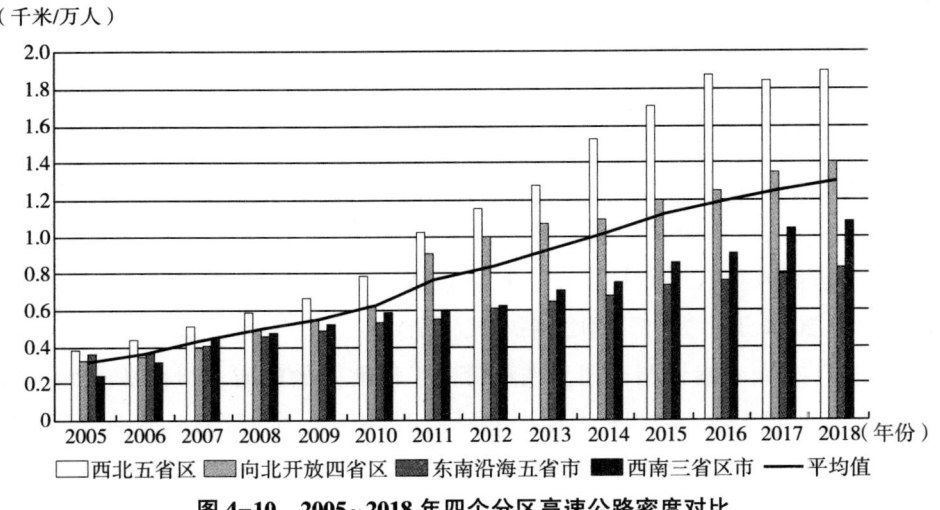

图 4-10　2005~2018 年四个分区高速公路密度对比

2005年发布的国家高速公路网规划提出,对西北、北部和东北区域实施"以线串点、以点带面"的高速公路规划。2011年西北五省区和向北开放四省区高速公路密度增长趋势较显著。东南沿海五省市受到人口增长的影响,高速公路密度相对较小,但与等级公路密度相比,高速公路密度呈现显著的增长趋势,说明东南沿海五省市的公路建设中高速公路占较大比重。

4.3 铁路交通基础设施发展现状

铁路运输是现代运输的主要方式之一,也是构成陆上货物运输的两个基本运输方式之一,在社会物质生产过程中起着重要的作用。随着"一带一路"倡议的推进实施,我国与欧洲及沿线国家的经贸往来发展迅速,物流需求旺盛,贸易通道和贸易方式不断丰富和完善,作为沿线国家经济联系的重要纽带和载体,铁路运输发挥着越来越重要的作用。本节对"一带一路"沿线重点省份铁路基础设施建设现状进行对比分析,选用铁路密度作为铁路交通基础设施发展的指标进行比较分析。

4.3.1 西北五省区铁路发展现状分析

从图4-11可以看出,西北五省区的铁路密度均值在波动中呈上升趋势,这主要与铁路线投资较大、建设周期长有关。根据《青海省铁路发展规划(2001-2020)》,青海省"十五"末建成京兰藏通道青海段,"十一五"时期建成至西南的通道,"十二五"时期建成西出通道,铁路密度在2006年、2010年、2014年和2015年有大幅增长。宁夏在2010年前铁路密度平缓下降,"十一五"末太中银铁路开通,铁路营业里程有了大幅增加,在2010年后铁路密度又平缓下降。新疆在2010~2011年铁路密度大幅增加,这主要因为奎北铁路、精伊霍铁路、喀和铁路投入运营。在"十二五"时期新疆有21条铁路被纳入到国家"十二五"规划中,因此从2014年开始铁路密度再次快速增加。陕西与甘肃在2014年之前铁路密度增长缓慢,两个省密度值相差不大。甘肃地处黄土高原、青藏高原和内蒙古高原三大高原的交汇地带,地貌复杂多样,2014年之前铁路规划建设速度较慢,随着西部铁路发展的重大机遇期的到来,甘肃大力推进铁路工程建设,14个市州将全部通上铁路,以兰州为中心,一个和谐、快速、安全的铁路运输网络将覆盖陇原大地。2014年之后甘肃铁路网密度快速增长。

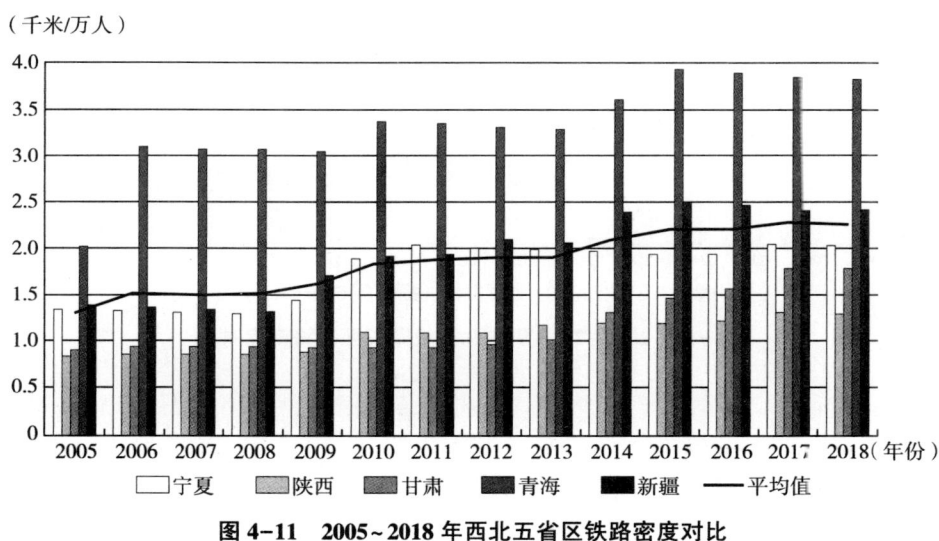

图4-11　2005~2018年西北五省区铁路密度对比

4.3.2　向北开放四省区铁路发展现状比较

从图4-12可以看出,向北开放四省区的铁路密度平均水平呈逐年增长趋势。内蒙古的铁路密度由2005年的2.58千米/万人增加到2018年的5.05千米/万人,在2015年呈现跳跃式增长趋势,这主要由于2015年额哈铁路、锡二铁路、张唐铁路建成通车,全年建成新线1332千米,约占全国新建铁路里程的1/6。辽宁省铁路密度在2011年之前基本无增长,"十二五"时期辽宁大力建设高速铁路,铁路密度有明显的增长趋势。从总体趋势看,辽宁铁路密度较小，这主要是因为辽宁省人口相对更多，辽宁综合交通体系完备，公路、航空和水运占有较大份额。

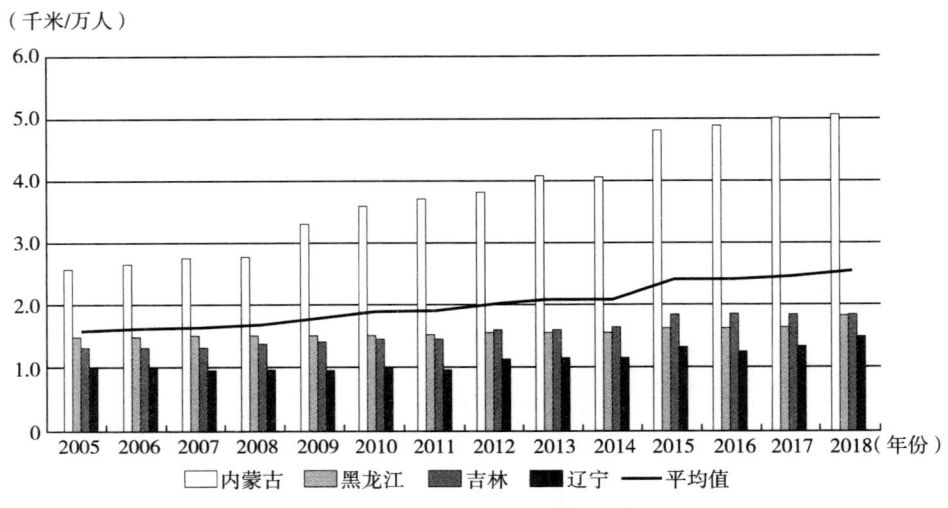

图 4-12　2005~2018 年向北开放四省区铁路密度对比

4.3.3　东南沿海五省市铁路发展现状比较

从图 4-13 可以看出，东南沿海五省市的铁路密度整体呈阶梯状增长。海南地区铁路密度在东南沿海五省市铁路密度均值之上，由 2005 年的 0.24 千米/万人增加到 2018 年的 1.07 千米/万人，增加了近 3.5 倍，其中 2007 年、2010 年和 2015 年铁路密度增长明显，主要原因是海南"十五"时期建成了粤海铁路通道，"十一五"和"十二五"时期大力建设和完善了省内城际铁路。浙江铁路密度由 2005 年的 0.26 千米/万人增加到 2018 年的 0.49 千米/万人，增加了近 88.5%，尤其从 2009 年开始铁路密度增长趋势加快。上海的铁路密度水平与其他四个省份相比较小，这可能是因为上海面积虽然不大但是人口增长较快，上海的铁路建设趋于饱和。"十二五"和"十三五"规划中对铁路的建设规划主要集中在城市轨道交通的建设上，且重点建设内容由里程增加逐渐转移到站点覆盖和车次量上。

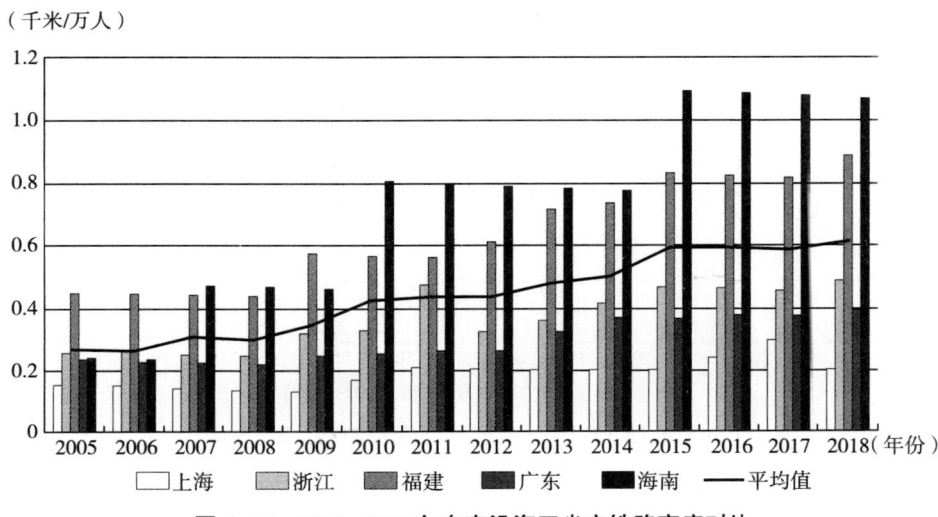

图 4-13　2005~2018 年东南沿海五省市铁路密度对比

4.3.4　西南三省区市铁路发展现状比较

从图 4-14 可以看出，西南三省区市的铁路密度整体在 2012 年以后增加较快。广西的铁路密度在研究期限内超过西南三省份铁路密度的均值水平，尤其在 2013~2015 年增加较快，主要原因在于广西作为具有多个特色旅游城市的省区，交通是其发展的基础，其在"十一五"时期加快建设具有高标准、大能力的出省、出海、出境铁路通道，在"十二五"时期除了完善铁路网外重点建设以省会为中心的城际高速铁路网。云南和重庆的铁路密度相差不大，云南由 0.52 千米/万人增加到 0.79 千米/万人，增加了近 52%，重庆由 0.46 千米/万人增加到 0.74 千米/万人，增加了近 61%，2013 年后增速加快，主要原因是在国家大力发展西部地区交通基础设施的宏观政策下，受北部湾经济区和泛珠三角经济区的发展影响，云南、重庆建设城际铁路和对外构筑第三大陆桥通道。

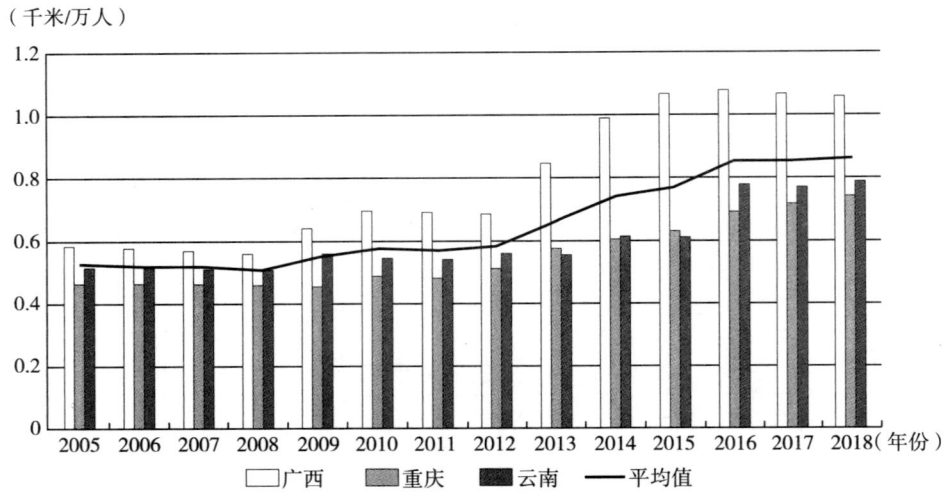

图4-14　2005~2018年西南三省区市铁路密度对比

4.3.5　四个分区铁路发展现状比较

从图4-14可以看出，研究期限内四个分区铁路密度平稳增长，上升趋势最明显的年份正好为"十一五"末、"十二五"末和"十三五"末，主要原因是铁路建设周期较长，铁路线路开通集中在规划期末。西北五省区和向北开放四省区铁路密度高于四个分区的均值，这是因为推进西部大开发，需要提高基础设施通达度、通畅性和均衡性，因此这两个分区的铁路建设速度加快，铁路营业里程增长较快，从而促使铁路密度增长较快。西南三省区市和东南沿海五省市铁路密度均低于四个分区均值，主要原因是西南三省区市地形较为复杂，铁路建设相对较为缓慢；而东南沿海五省市铁路建设已较为完善，增长空间有限，同时受到人口较为密集等因素的影响，铁路密度较小，但这并不意味着铁路建设落后。相反地，东南沿海五省市铁路建设在主干线普通铁路建设趋于饱和的情况下，将重点放在了大力建设高速铁路、提高技术水平和提高铁路覆盖面等方面。

4 "一带一路"沿线重点省份交通基础设施现状研究

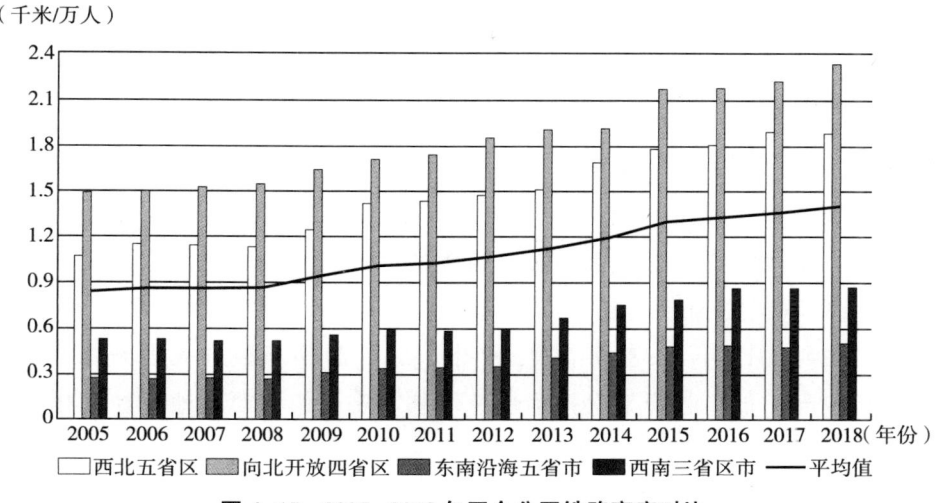

图4-15 2005~2018年四个分区铁路密度对比

4.4 民用航空交通基础设施发展现状

航空运输是全球最重要的产业之一。航空运输业提供了世界范围内的运输网络，使全球范围的商务、旅行、进出口贸易等交易往来成为可能，对全球贸易具有至关重要的作用。同时，在促进区域经济发展的方面，尤其是发展中国家和地区，航空运输业所起的作用越来越大。航空起降架次指标反映出机场的忙碌程度，与一个地区经济发展的繁忙程度相关联，本节将选用航空起降架次指标，对17个省份的民用航空发展现状进行比较分析。

4.4.1 西北五省区民用航空发展现状比较

从图4-16可以看出，西北五省区航空起降架次均值呈逐年上升趋势，说明西北五省区航空基础设施建设发展较快。青海航空起降架次由2005年的 0.71 万架次增加到 2018 年的 6.37 万架次，呈匀速增长趋势。青海在"十一五""十二五"和"十三五"时期持续地推进机场建设和航线拓展。宁夏航空起降架次由 2005 年的 1.23 万架次增加到 2018 年的 13.68 万架次，增加了近 10.1 倍。随着中国（宁夏）国际投资贸易洽谈会暨首届中国·阿拉伯国家经贸论坛的成功举办，宁夏与阿拉伯国家的经贸合作加强，自 2010 年后航空起降架次显著增加。新疆地广人稀，受客观因素限制，铁路建设始终是难题，航空运输发挥着重要作用，起降架次由 2005 年的 6.56 万架次增加到 2018 年 38.8 万架次，"十一五"时期新疆进入机场快速建设期，2009 年后航空起降架次指标快速增加。陕西作为西北地区经济相对发达的省份，航空建设较早且利用程度高，加之陕西作为旅游省份大力发展第三产业，这对航空的发展建设起到了极大的推动作用，因此陕西的航空起降架次逐年大幅增加，由 2005 年的 7.86 万架次增加到 2018 年的 45.13 万架次。

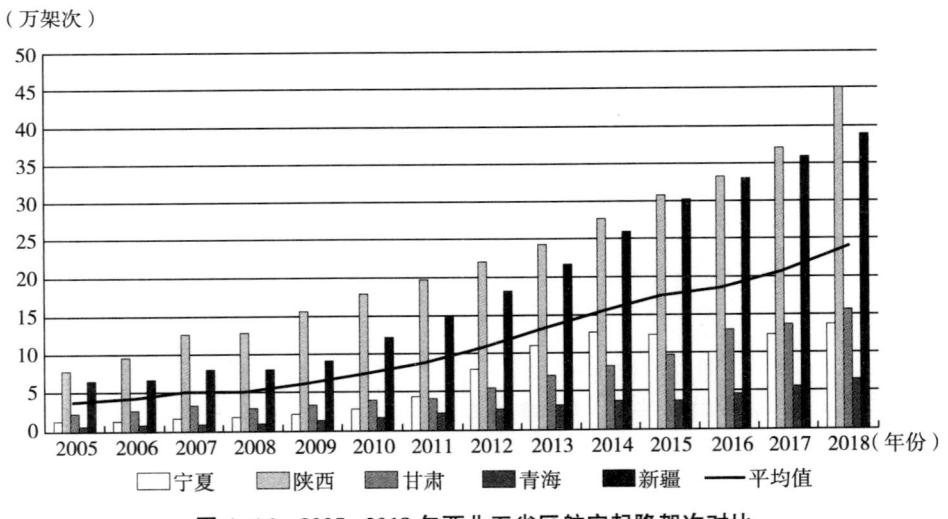

图 4-16　2005~2018 年西北五省区航空起降架次对比

4.4.2 向北开放四省区民用航空发展现状比较

从图 4-17 可以看出，向北开放四省区航空起降架次均值在波动中不断增长。辽宁航空起降架次在 2017 年之前呈大幅增长趋势，远远高于向北开放四省区航空起降架次均值。但 2017 年航空起降架次迅速回落，主要原因在于辽宁多个机场进行了改建和扩建。国家《交通运输"十二五"发展规划》中提出加强北方省会机场的区域枢纽作用，同时新建必要的支线机场从而完善北方航空网络。在此背景下，内蒙古、黑龙江和吉林航空起降架次都呈逐年增加趋势，尤其是在"十二五"和"十三五"时期增长速度较快。内蒙古由 2015 年的 2.63 万架次增加到 2018 年的 33.72 万架次，增加了近 11.8 倍；黑龙江由 2015 年的 3.46 万架次增加到 2018 年的 18.75 万架次，增加了近 4.4 倍；吉林由 2005 年的 2.52 万架次增加到 2018 年的 11.59 万架次，增加了近 3.6 倍。

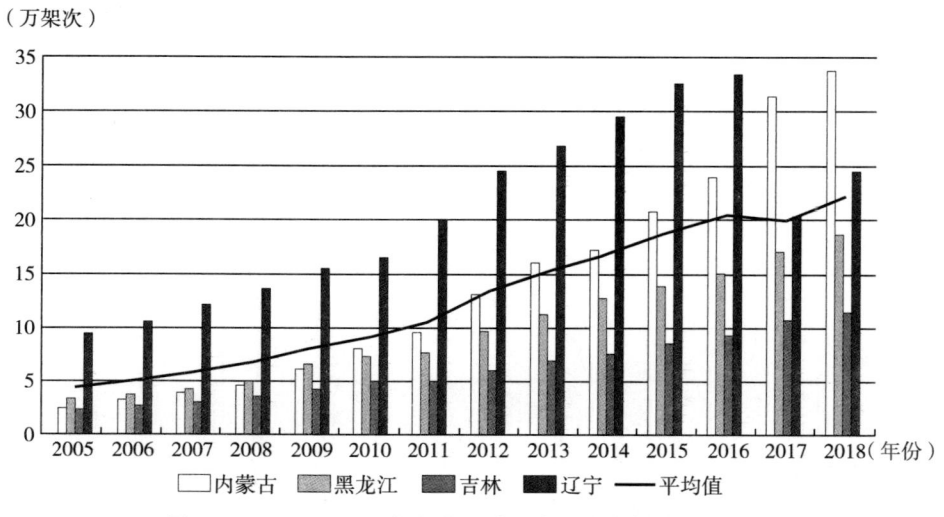

图 4-17　2005~2018 年向北开放四省区航空起降架次对比

4.4.3 东南沿海五省市民用航空发展现状比较

从图 4-18 可以看出,东南沿海五省市的航空起降架次均值呈逐年增加趋势。广东的航空起降架次呈逐年平稳增长。广东在"十一五""十二五"和"十三五"时期不断进行航空网络的建设和完善,其航空架次由 2005 年的 39.05 万架次增加到 2018 年的 101.91 万架次,增加了近 1.6 倍。2011 年和 2012 年增长显著,主要因为广东省举办了世界夏季大学生运动会、国际旅游文化节、文化消费节等诸多活动,带动了这两年的航空架次的增加。上海航空起降架次呈现出阶梯式增长的走势。上海在"十一五"时期实现了航空枢纽的基本建成,"十二五"时期完成了对多个国际机场体系的完善并不断增加国际航线,"十三五"时期提出了建设上海航空城的目标。浙江、福建和海南的航空起降架次逐年增长,浙江由 2005 年的 14.39 万架次增加到 2018 年的 50.41 万架次,增加了近 2.5 倍;福建由 2005 年的 10.97 万架次增加到 2018 年的 36.9 万架次,增加了近 2.4 倍;海南由 2005 年的 9.52 万架次增加到 2018 年的 30.84 万架次,增加了近 2.2 倍。三个五年计划中,三个省市都大

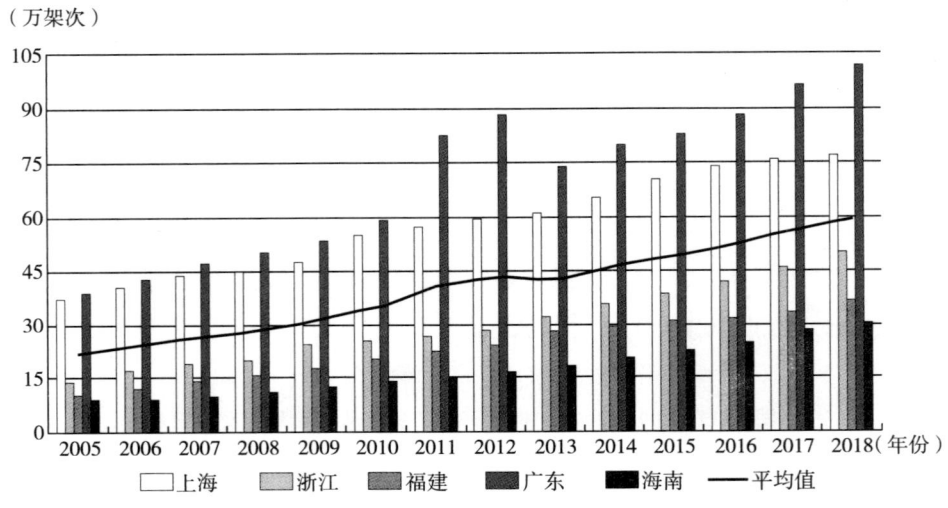

图 4-18　2005~2018 年东南沿海五省市航空起降架次对比

力发展支线机场，并不断进行国内外航线的开辟，从而对综合运营能力水平进行提升。

4.4.4 西南三省区市民用航空发展现状比较

从图4-19可以看出，西南三省区市的航空起降架次整体上呈现逐年增加趋势，云南航空起降架次整体在西南三省区市航空起降架次的均值之上，其余两省份在均值之下。云南曾经是我国乃至亚洲航空业最发达的省份，就目前发展情况看，云南机场航线密度较大，航空器数量多，航空起降架次由2005年的14.09万架次增加到2018年的54.41万架次，增加了近2.9倍，尤其从2013年开始增速明显加快，主要原因是"十二五"时期云南提出建设民航强省的发展目标，新建和续建6个支线机场，并增加对外航线密度。广西和重庆的航空起降架次基本呈现逐年增加趋势，分别由2005年的6.32万架次增加到2018年的32.63万架次，增加了近4.2倍；由2005年的7.27万架次增加到2018年的33.1万架次，增加了近3.6倍。

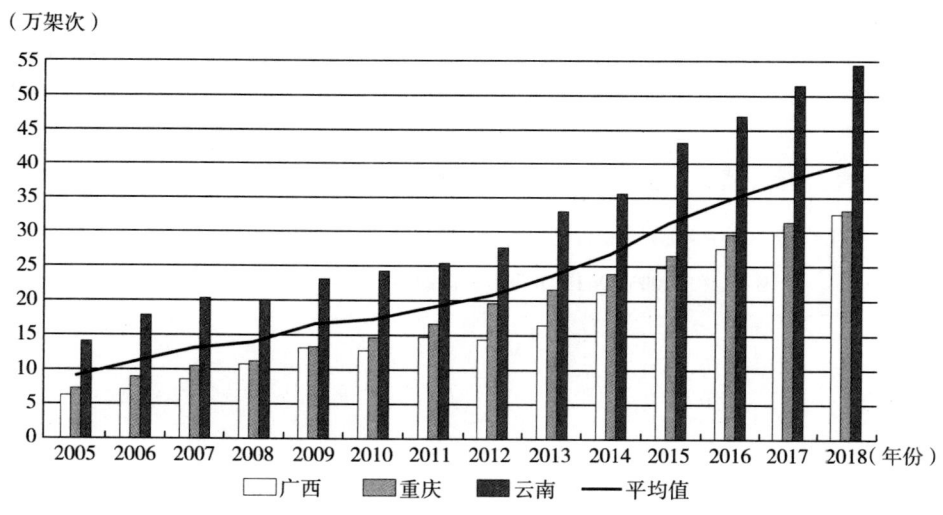

图4-19　2005~2018年西南三省区市航空起降架次对比

4.4.5 四个分区民用航空发展现状比较

各分区内的省份数量不同，单纯的加总不具有可比性，因此本书采用各分区航空起降架次平均值进行比较。从图4-20可以看出，四个分区航空起降架次整体均呈现增长趋势，东南沿海五省市远超其余三个分区平均值，说明东南沿海五省市航空业发展迅速。西北五省区和向北开放四省区的航空起降架次相差不大且均低于四个分区均值，说明这两个分区的航空发展相对较晚且水平较低，航空建设仍须进一步完善，在国家相关政策的推动下，其航空发展处于快速建设阶段。

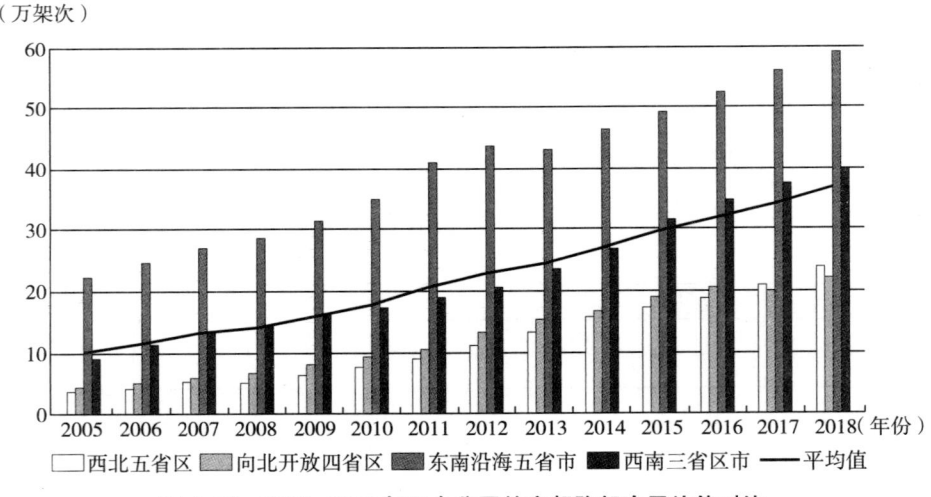

图4-20　2005~2018年四个分区航空起降架次平均值对比

5 "一带一路"沿线重点省份交通基础设施对区域经济的影响

理论和实践证明，适度超前的交通基础设施建设是我国推进经济持续高速发展的基本条件。交通基础设施投资会带动国民经济中投资的增加从而促使国民经济增长，同时交通基础设施的建设会带动一系列产业需求的增加，刺激产业投资增加，进而促进国民经济增长。随着"一带一路"倡议的稳步推进，国内沿线重点省份也在加快交通基础设施建设，但由于各个省份省情及发展阶段的差异，交通基础设施在沿线重点省份发挥的作用也不相同。基于此，本书在对"一带一路"沿线重点省份社会经济发展现状进行分析的基础上，研究交通基础设施建设对区域经济发展产生的影响。

5.1 "一带一路"沿线重点省份区域经济发展现状分析

5.1.1 社会经济指标

本书选取经济发展水平、产业结构和城市化水平三个指标，分析"一带一路"沿线重点省份区域经济发展情况。具体指标如下：

（1）经济发展水平。经济发展水平是指一个国家经济发展的规模、速度和所达到的水准。反映一个国家经济发展水平的常用指标有国内生产总值、国民收入、人均国民收入、经济发展速度、经济增长速度等。国内生产总值（GDP）是指按国家市场价格计算的一个国家（或地区）所有常驻单位在一定时期内生产活动的最终成果，它反映了一国（或地区）的经济实力和市场规模。人均国内生产总值（人均 GDP）是将一个国家（地区）核算期内（通常是一年）实现的国内生产总值与这个国家（地区）的常住人口相比进行计算，得到人均国内生产总值。人均 GDP 能够比较客观地反映一个国家（地区）社会的发展水平和发展程度。本部分选取以上两个测度指标分析区域整体经济发展情况。

（2）产业结构。产业结构是指农业、工业和服务业在一国（地区）经济结构中所占的比重，即第一、二、三产业占 GDP 比重。产业结构重心由第一产业向第二产业和第三产业逐次转移的过程，标志着经济发展水平的高低和发展阶段、方向。本部分选取第一产业占 GDP 比重、第二产业占 GDP 比重和第三产业占 GDP 比重三个测度指标进行产业结构分析。

（3）城市化水平。城市化是指随着一个国家或地区社会生产力的发展、科学技术的进步以及产业结构的调整，其社会由以农业为主的传统乡村型社会向以工业（第二产业）和服务业（第三产业）等非农产业为主的现代城市型社会逐渐转变的历史过程。城市化率（城镇化率）是城市化的度量指标，一般采用人口统计学指标，即城镇人口占总人口的比重。

5.1.2 西北五省区区域经济发展对比

西北五省区社会经济发展水平呈上升趋势且增长平稳，具体见图 5-1 至图 5-6。陕西的 GDP 和人均 GDP 两个指标值在西北五省区均值之上，14 年间两个指标分别增加了近 5.1 倍和 5.3 倍。陕西抓住"西部大开发"机遇，突出重点、有序开发、整体推进，成为了"西部强省"，GDP 在 2018 年是西北五省区均值的 2 倍多。经济发展水平的增强吸引人口要素流入，陕西的人口增长迅速致使人均 GDP 不及 GDP 的增速，但在西北五省区中仍处首位。宁夏和青海的 GDP 发展水平相近，经济总体发展水平都相对偏低，与西北五省区均值有较大差距,2018年其GDP分别仅占西北五省区GDP总量的7.2%和5.4%。虽然宁夏和青海经济总量偏低,但人均GDP反而处于较高水平,2018年分别占西北五省区人均GDP的21.2%和18.9%,与经济发展水平相对较高的陕西相差不大。新疆和甘肃经济发展在西北五省区中处于中等水平,14年间其GDP和人均GDP均增加约3倍。

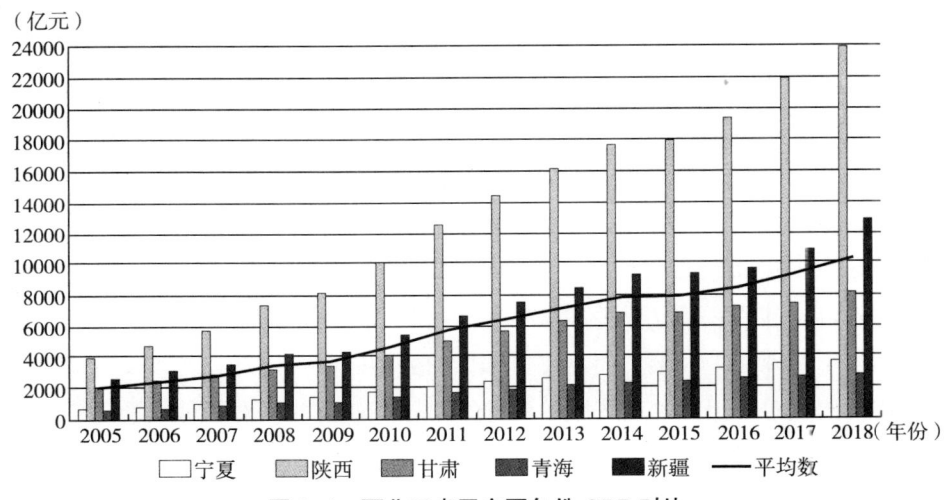

图5-1 西北五省区主要年份GDP对比

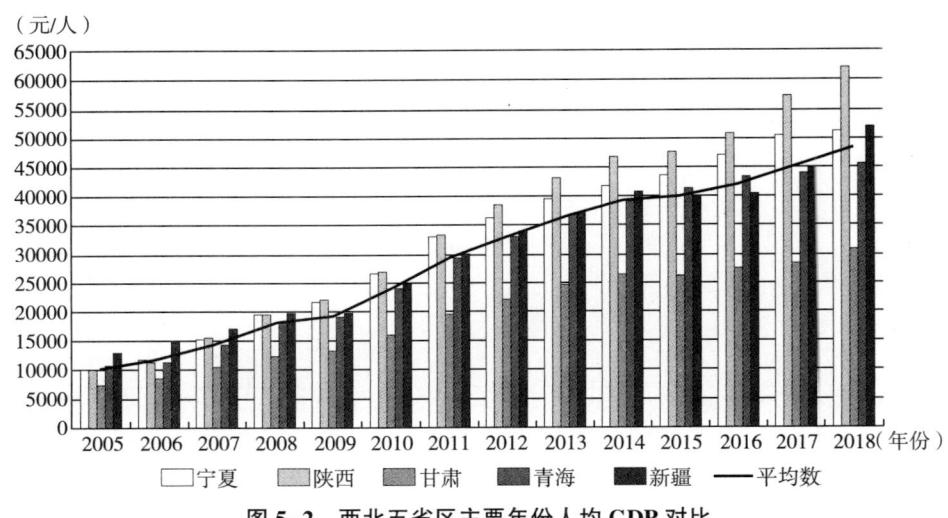

图5-2 西北五省区主要年份人均GDP对比

从西北五省区第一、二、三产业占比的均值来看，西北五省区第一产业所占比重呈逐年下降趋势，第二产业和第三产业所占比重以 2010 年为分水岭，分别呈现先升后降到先降后升趋势，这符合库兹涅茨的理论，即产出结构的重心会随着经济的增长逐步向第二、三产业倾斜[92]，产业结构的调整情况见图 5-3、图 5-4、图 5-5。新疆在保持经济平稳较快发展的同时，在传统产业的基础上延伸优势，将农业产业链向上游延伸，发展农业的深加工产业，以第二、第三产业为主导的产业结构不断发展，新疆第一和第二产业所占比重逐渐下降，而第三产业比重逐渐上升，但新疆整体的产业结构仍然具有第一产业比重相对过高、第二产业发展滞后和第三产业发展不充分的特点，产业的层次仍然相对较低。陕西的能源相对丰富，其经济发展主要依靠第二产业进行拉动，能源工业的产值占 GDP 近一半，所以陕西的产业结构中，第一产业和第三产业的比重相对较低，均在西北五省区均值之下，而第二产业的比重相对较高，排在西北五省区首位，所以陕西仍然存在农业基础薄弱、工业结构偏重于能源化工、第三产业比重偏低的突出问题。宁夏、甘肃和青海的产业结构占比相对处于西北五省区的中部，第一产业占比相对较低，而第二、三产业占比相对较高。

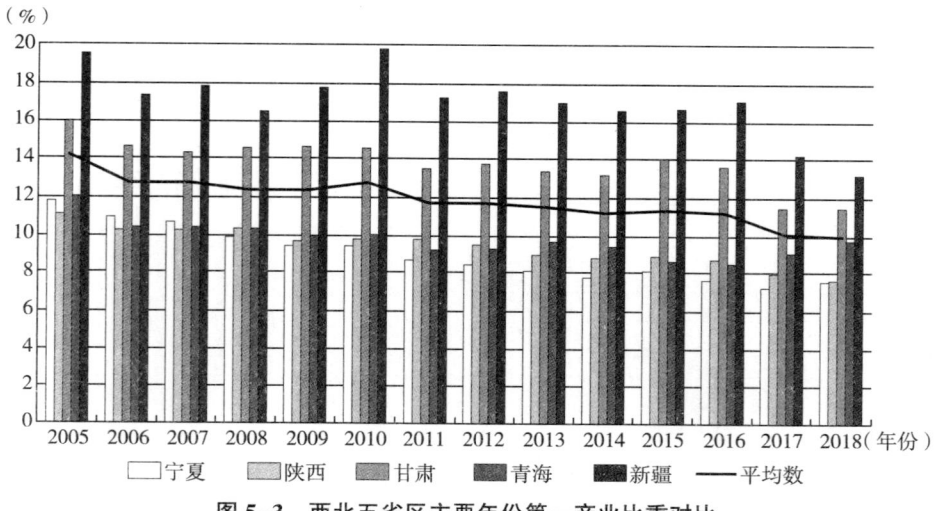

图 5-3　西北五省区主要年份第一产业比重对比

5 "一带一路"沿线重点省份交通基础设施对区域经济的影响

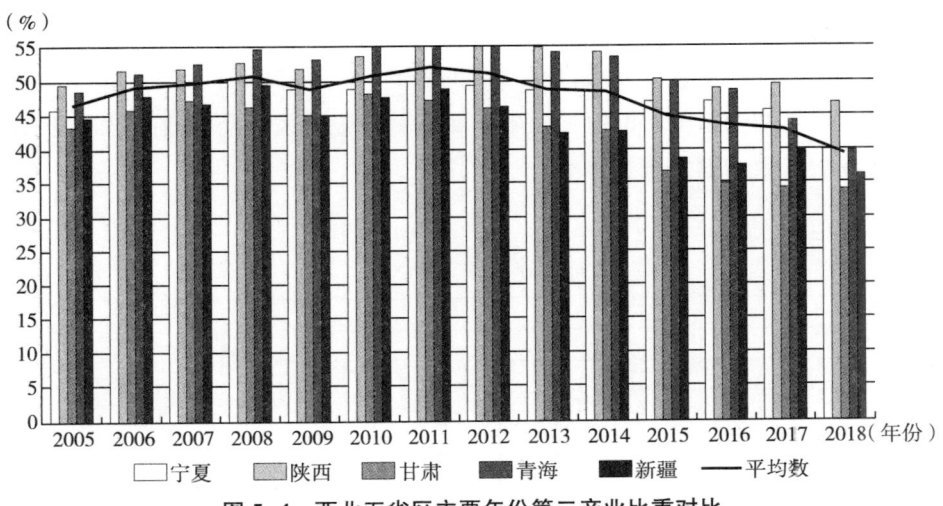

图 5-4 西北五省区主要年份第二产业比重对比

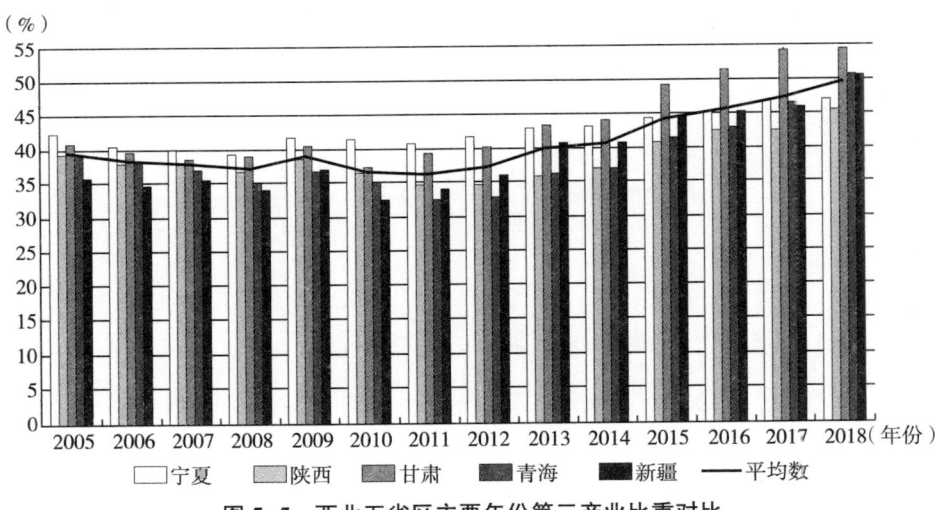

图 5-5 西北五省区主要年份第三产业比重对比

西北五省区的城镇化率均呈逐年上升趋势,城镇化水平见图 5-6,其中宁夏、陕西和青海的城镇化率在五省区均值之上,14 年间分别由 42.2%、37.24% 和 30.02% 上升至 58.87%、58.13% 和 54.39%,处于城镇化中期水平。城镇化率突破 50% 意味着由"乡村"向"城镇"的快速转变,能提供大量就业机会,人口迅速向城镇集聚,经济由城乡二元向一体化推进。青海城镇主要分布在省内东部地区、黄河流域和青藏铁路沿线，人口也主要集中在城镇较密集的东部，区域城市人口比重具有显著的差异[93]。新疆和甘肃的城市化水平整体呈现逐年增长趋势，但由于地域广阔且基础设施发展不均衡等因素影响，城镇化发展不平衡现象相对严重。

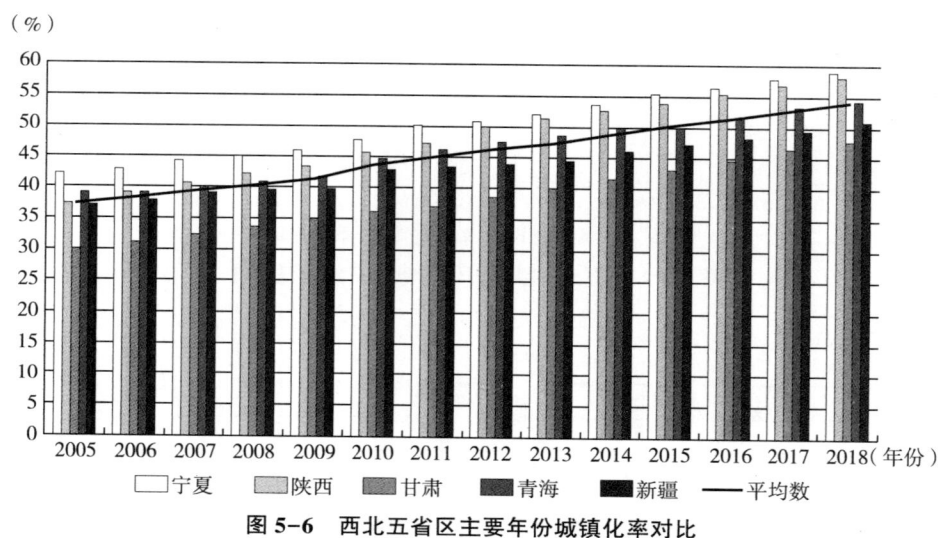

图 5-6 西北五省区主要年份城镇化率对比

5.1.3 向北开放四省区区域经济发展对比

向北开放四省区 GDP 和人均 GDP 的均值在 2015 年之前呈增长趋势，2015 年之后呈现下降趋势，社会经济发展水平见图 5-7 至图 5-12。辽宁、内蒙古、黑龙江三省份 2018 年 GDP 相比 2015 年下降幅度较大，分别下降了 11.93%、9.49% 和 14.83%，主要是受第二产业增加值下降以及经济普查对 GDP 数据修正的影响。辽宁的经济发展水平相对较好，GDP 和人均 GDP 均在向北开放四省区均值之上。辽宁作为全国国有企业最集中的省份之一，国企改革自党的十八大以来不断推进，逐渐结束了经济效益下滑的颓势，大多数企业实现扭亏为盈。同时，辽宁处于环渤海经济圈，通过深化改革激发市场活力，逐渐衰退的老工业基地实现了全面振兴。内蒙古地域辽阔，资源丰富，整体经济发展水平相对较高，但受到投资主导型经济发展模式的影响，近年来内蒙古经济发展速度放缓。黑龙江和吉林在国家东北振兴战略中虽然实现了GDP总量的增加，但人口流失问题严重，制约了其经济增长的速度。经济发展

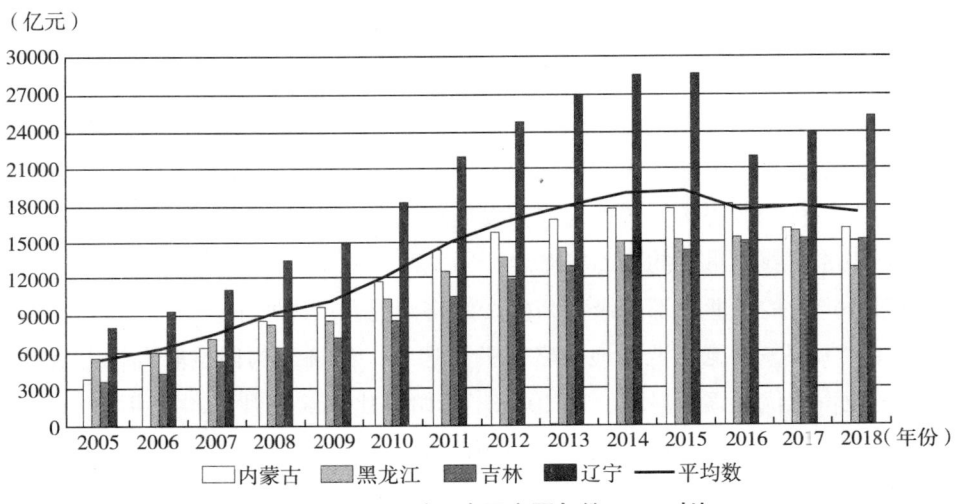

图5-7　向北开放四省区主要年份GDP对比

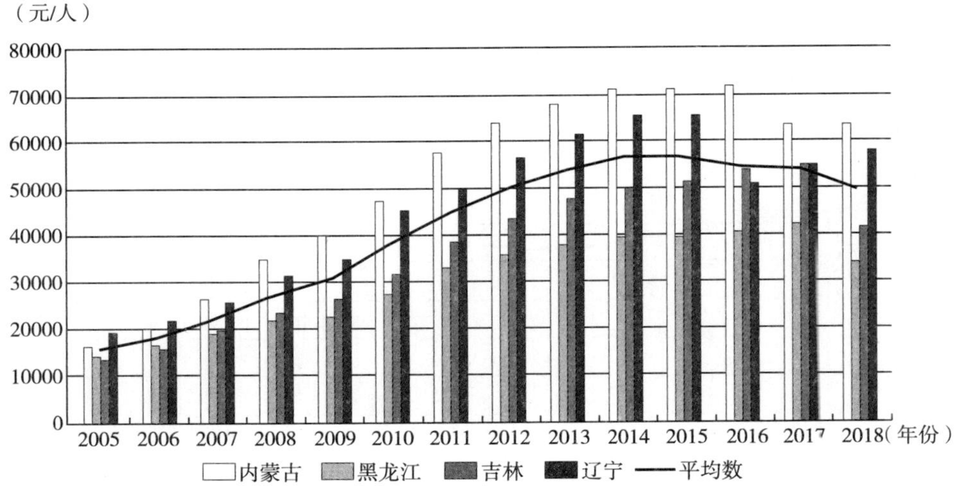

图5-8　向北开放四省区主要年份人均GDP对比

不平衡是内蒙古、黑龙江和吉林在经济发展过程中不可忽视的问题,内蒙古经济发展水平较高的地区主要集中在东部,而黑龙江和吉林则主要集中在能源工业城市和陆路港口城市。

如图5-9、图5-10、图5-11所示,向北开放四省区的第一、二、三产业占比均值呈曲线变化,以2011年为分水岭,第二产业占比呈先升后降趋势,第一产业和第三产业占比均呈先降后升趋势。内蒙古是我国重要的粮食生产基地,但由于土地盐碱化及风沙危害相对严重,因此农业产出水平相对较低,第一产业的主要增长点来自于畜牧业。2010年之前内蒙古煤炭产业发展迅速,随着资源枯竭、环境破坏等问题凸显,内蒙古将避免"一煤独大",以优化产业结构、多种产业协调发展作为经济发展重点。黑龙江和吉林所处的三江平原和松嫩平原是我国重要的商品粮基地,因此两者的第一产业占比逐年上升,通过对第一产业的产业内部升级提高生产效率,提升产出水平。黑龙江、吉林和辽宁在"振兴东北老工业基地战略"的机遇下,经济结构调整取得较大成效,第三产业占比优势逐渐显现,从2015年开始占比逐渐上升,2018年占比分别达到了49.11%、49.77%和52.37%,第二产业由能源拉动逐渐向高效益、低消耗转变。

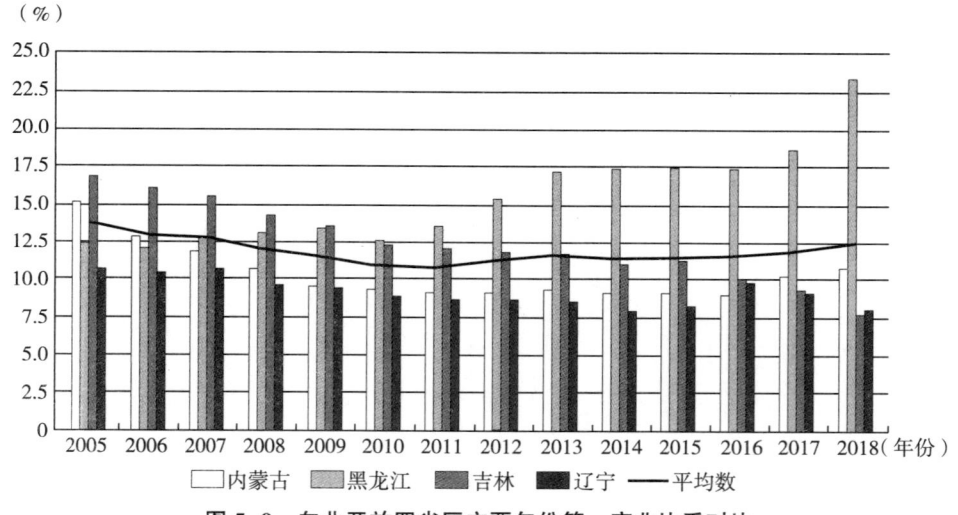

图5-9 向北开放四省区主要年份第一产业比重对比

5 "一带一路"沿线重点省份交通基础设施对区域经济的影响

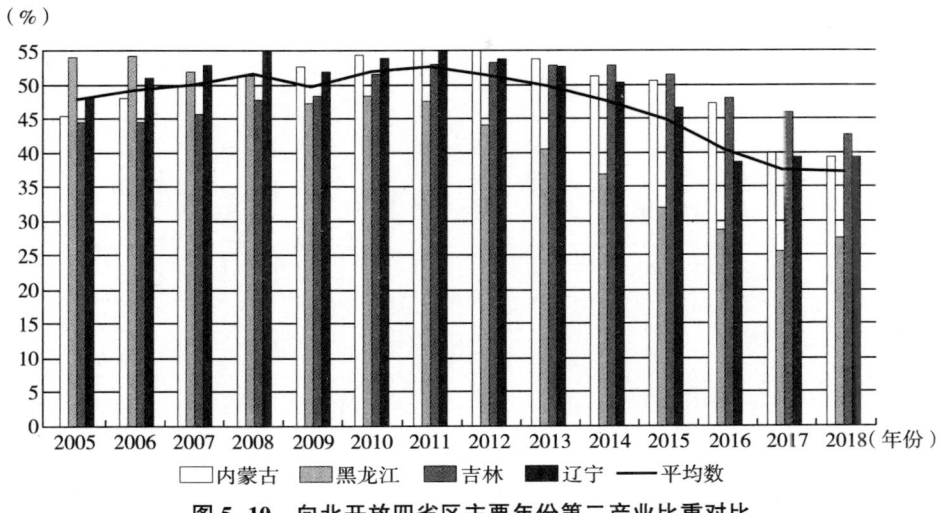

图 5-10 向北开放四省区主要年份第二产业比重对比

图 5-11 向北开放四省区主要年份第三产业比重对比

向北开放四省区各省份城镇化率相差不大，其均值呈平缓上升趋势，见图 5-12。辽宁"十三五"时期中的农业转移人口市民化、重点发展县域和小城镇、提高新区（新城）发展效率、抓好老城基础设施配套和提高环境质量以及统筹推进城镇化协调发展等措施都推动辽宁城镇化水平快速提升，辽宁城镇化率

·69·

2018年超过我国城镇化率平均水平，达到了68.09%。内蒙古、黑龙江和吉林三省的第二产业仍以资源拉动型为主，经济发展结构导致城镇化水平相对较低。

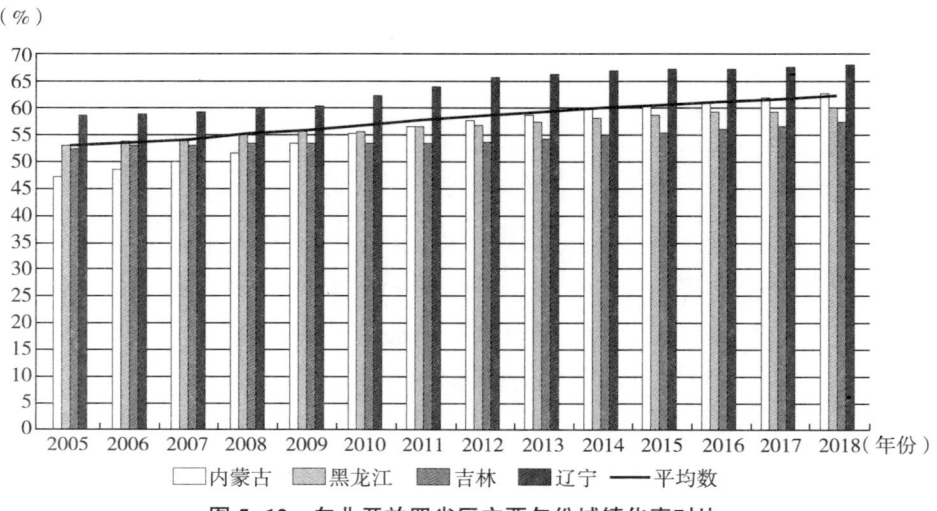

图 5-12　向北开放四省区主要年份城镇化率对比

5.1.4　东南沿海五省市区域经济发展对比

东南沿海五省市经济发展水平呈逐年上升趋势，见图 5-13 至图 5-18。作为改革开放先驱的广东是我国经济发展大省，2018 年 GDP 占我国 GDP 总量的 10.93%，是我国经济发展相对较高的省份之一，但由于人口基数较大，广东人均 GDP 在东南沿海五省市中处于中等水平。上海的 GDP 总量虽然在东南沿海五省市中处于中等水平，但其人均 GDP 相对较高，上海 2018 年人均 GDP 是我国人均 GDP 的 2.25 倍。浙江和福建整体经济发展水平在东南沿海五省市中处于中等位置，14 年间 GDP 分别增加了近 3.3 倍和 4.9 倍，人均 GDP 分别增加了近 2.7 倍和 4.3 倍。海南的自然资源较为丰富，但其产业发展过度依赖资源[94]，所以海南的整体经济发展水平相对落后，无论是 GDP 还是人均 GDP 都与东南沿海五省市的均值有较大差距。

5 "一带一路"沿线重点省份交通基础设施对区域经济的影响

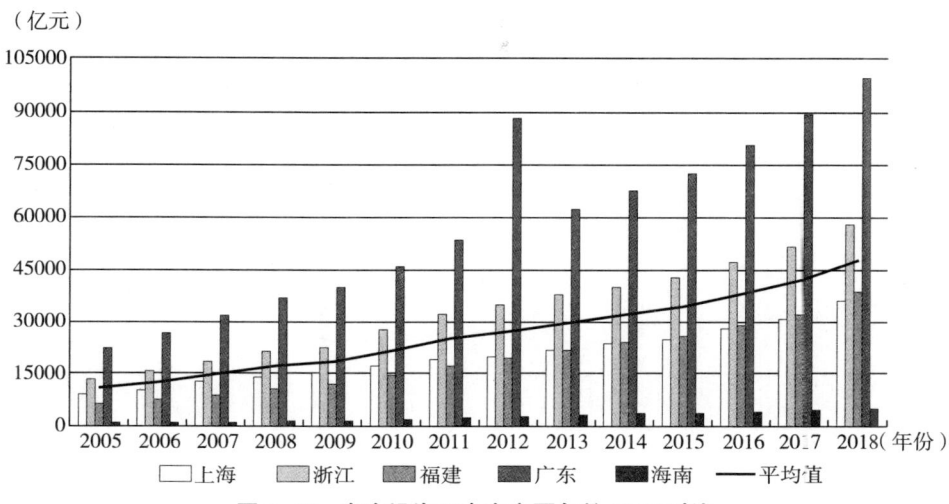

图 5-13 东南沿海五省市主要年份 GDP 对比

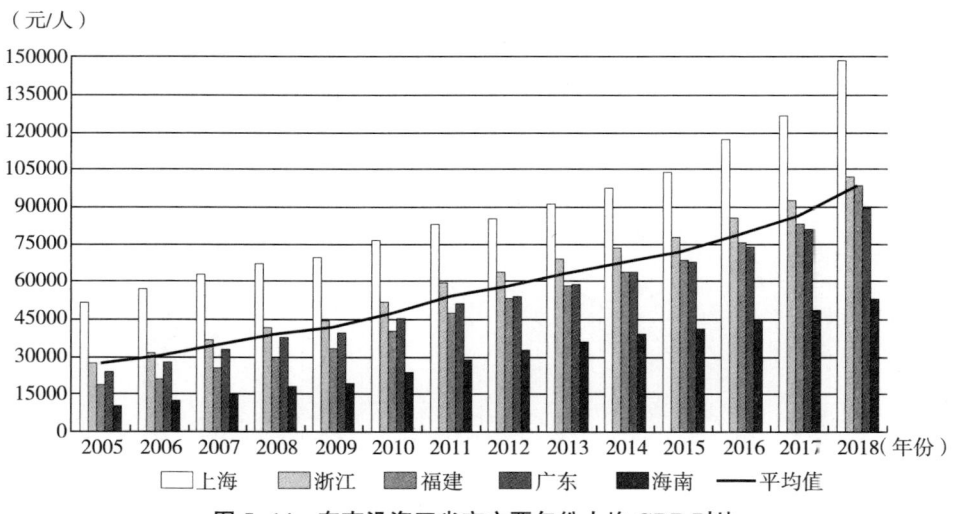

图 5-14 东南沿海五省市主要年份人均 GDP 对比

如图 5-15、图 5-16、图 5-17 所示，东南沿海五省市第三产业发展相对协调，其中第一产业和第二产业占比均呈缓慢下降趋势，第三产业占比呈平稳增长趋势。上海、广东、浙江是我国产业结构相对发展协调且转型升级较为成功的省份，其中，上海受到经济发展模式和地区面积影响，第一产业占比相对

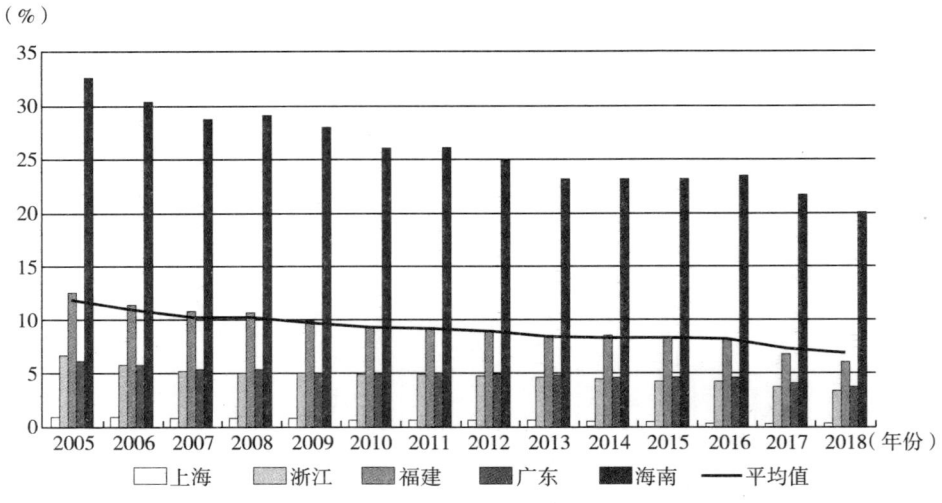

图 5-15 东南沿海五省市主要年份第一产业比重对比

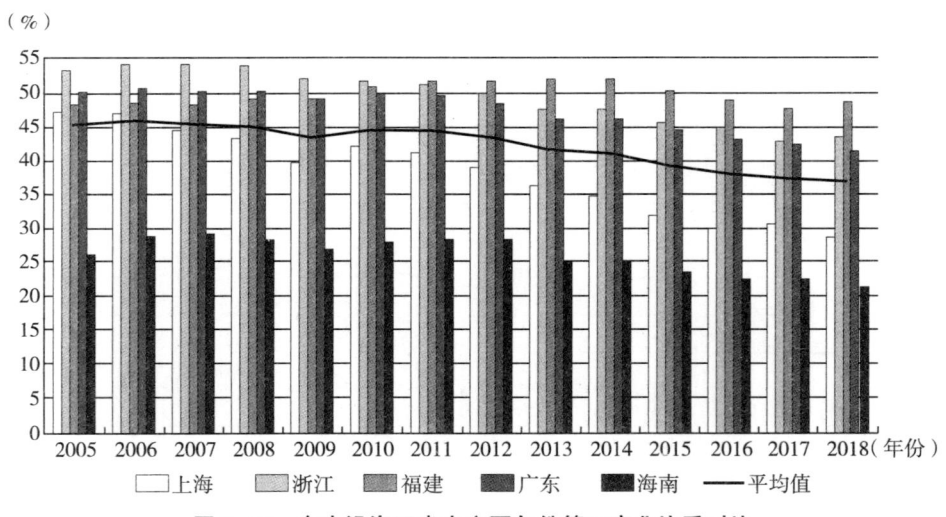

图 5-16 东南沿海五省市主要年份第二产业比重对比

较低，2018年仅为28.77%，第二产业以轻工业和新兴产业为主，第三产业以金融、批发制造和对外经济为主。广东所处的珠江三角洲和浙江所处的太湖平原是我国的商品粮基地，第一产业占比相对处于中等水平。福建第二产业和第三产业发展不均衡，在五省份中经济结构相对不均衡，有赖于进一步地调整产业转型升级。海南第一产业和第三产业占比相对较高，经济发展主要依赖第一产业的热带农产品和第三产业的房地产业、旅游业。

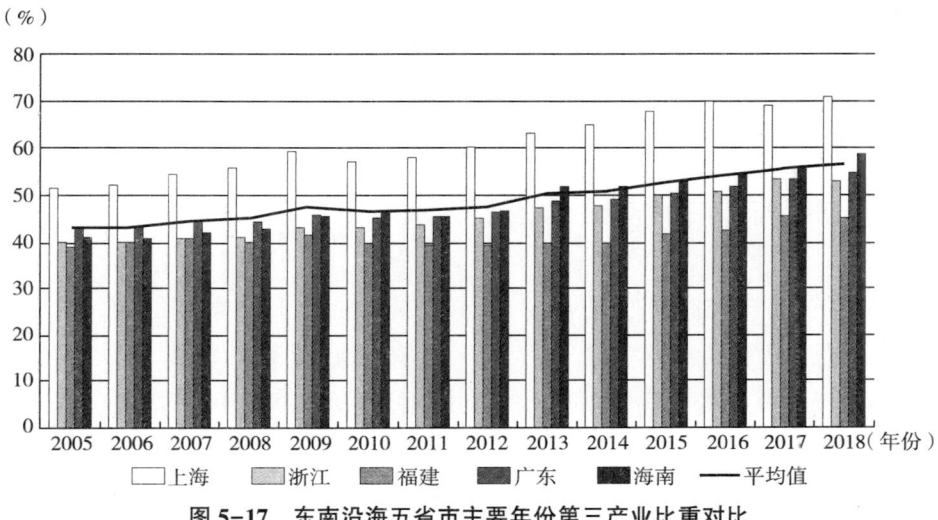

图 5-17　东南沿海五省市主要年份第三产业比重对比

东南沿海五省市城镇化水平整体呈平缓上升趋势，见图 5-18。上海城镇

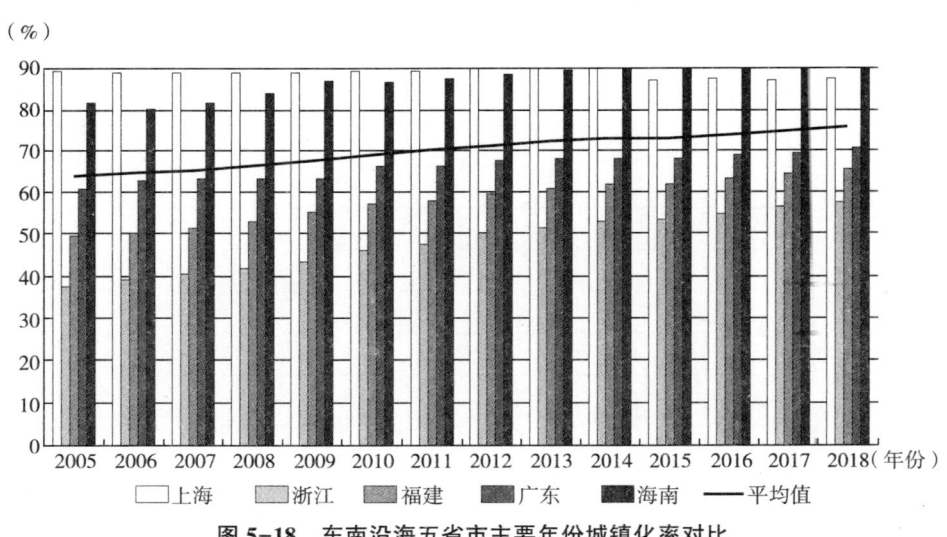

图 5-18　东南沿海五省市主要年份城镇化率对比

化率在东南沿海五省市均值之上，约达到90%，是我国城市化水平最高的地区，已经进入后期稳定阶段。经济发展和城市化水平是相互促进的，经济发展推动上海城市化进程，同时其高度的城市化水平也推动经济发展。广东、浙江和福建的城镇化率在2010年后均超过了50%，城镇化水平进入中期快速发展阶段，这与三个省市经济快速协调发展是分不开的。海南的城镇化水平相对较低，其城镇化水平的滞后直接影响到地区工业化进程和经济发展水平。

5.1.5 西南三省区市区域经济发展对比

西南三省区市GDP和人均GDP的均值均呈快速上升趋势，见图5-19至图5-24。通过不断调整产业结构，打造内陆开放高地，重庆的经济发展速度、产业结构和国际贸易水平处于西南三省区市前列，2018年GDP占西南三省区市GDP总量的34.77%，人均GDP占西南三省区市人均GDP的45.6%。广西和云南作为我国西南内陆地区，基础设施发展水平相对较低，产业结构相对落后，其2018年GDP分别占西南三省区市GDP总量的31.61%和33.63%，但人均GDP仅占西南三省区市人均GDP的26.1%和28.29%，与重庆相比仍有很大差距。

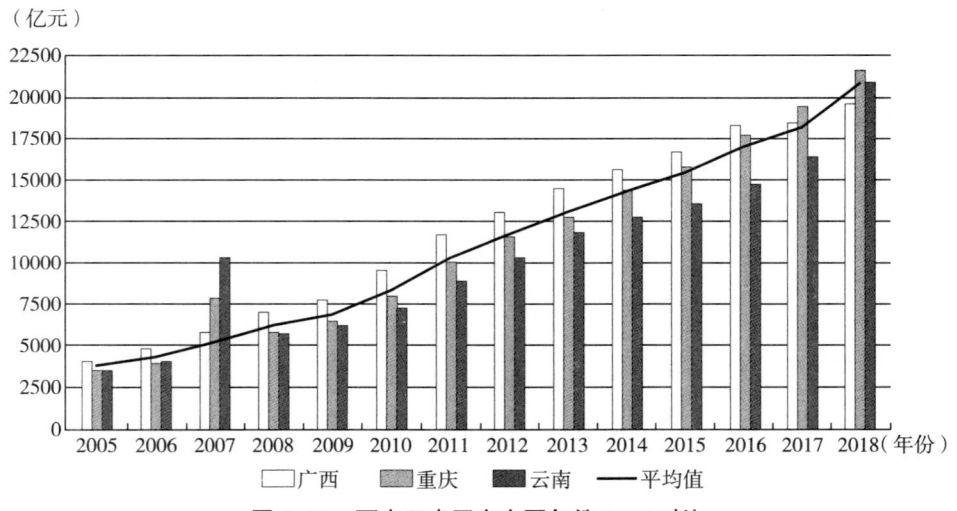

图 5-19　西南三省区市主要年份 GDP 对比

5 "一带一路"沿线重点省份交通基础设施对区域经济的影响

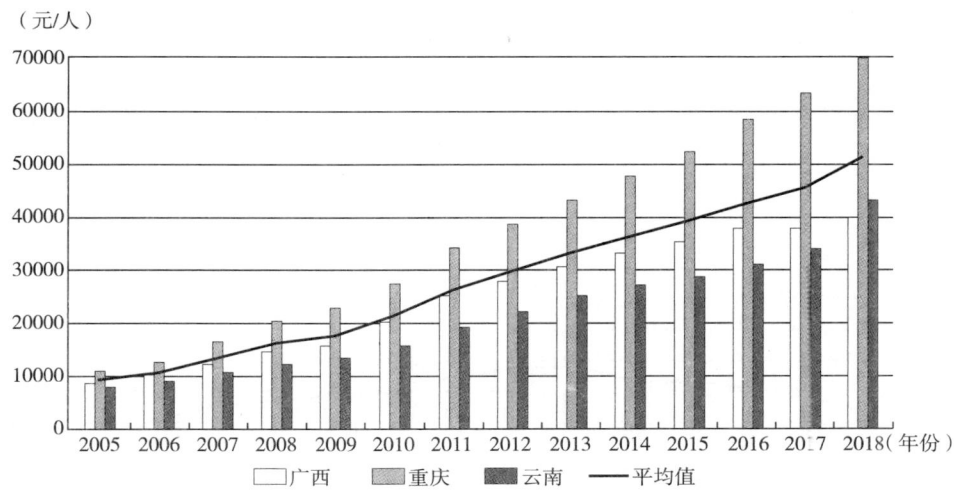

图 5-20 西南三省区市主要年份人均 GDP 对比

如图 5-21、图 5-22、图 5-23 所示，西南三省区市的第一产业占比均值持续下降，第二、三产业占比均值以 2010 年为分水岭呈曲线变化，分别呈现先升后降和先降后升趋势。重庆第二产业主要以集约化工业和轻工业发展为主，建有电子信息产业基地、云计算中心和汽车基地等，第三产业主要以旅游

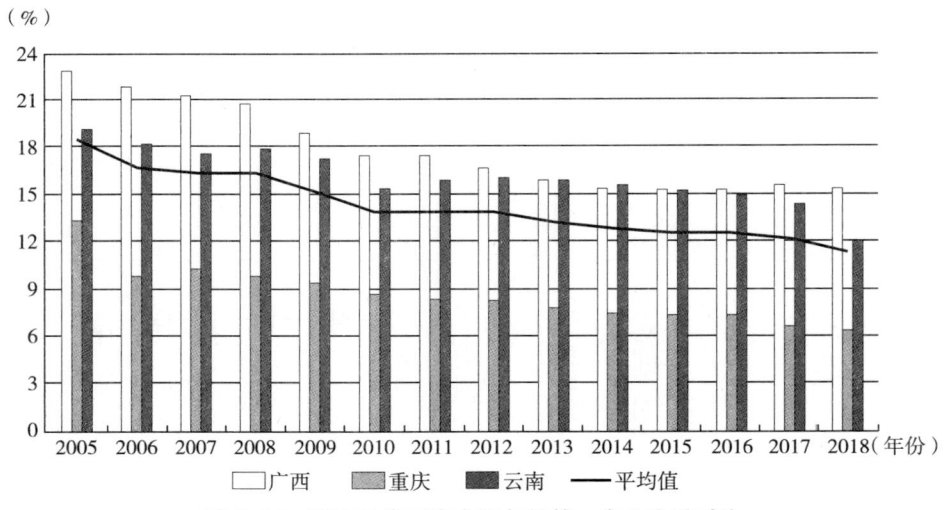

图 5-21 西南三省区市主要年份第一产业比重对比

业和对外贸易发展为主,第二和第三产业发展较好,而第一产业占比相对较低。广西和云南是我国主要的商品粮基地之一,第一产业占比相对较高。由于这两个省份旅游业较发达,在第三产业中交通运输、仓储及邮政业以及批发、零售和住宿餐饮业也一直处于领先地位。

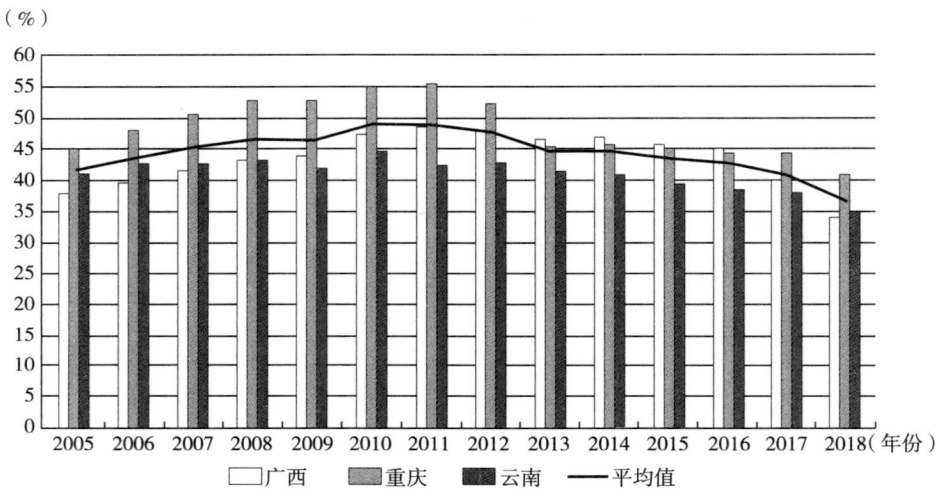

图5-22 西南三省区市主要年份第二产业比重对比

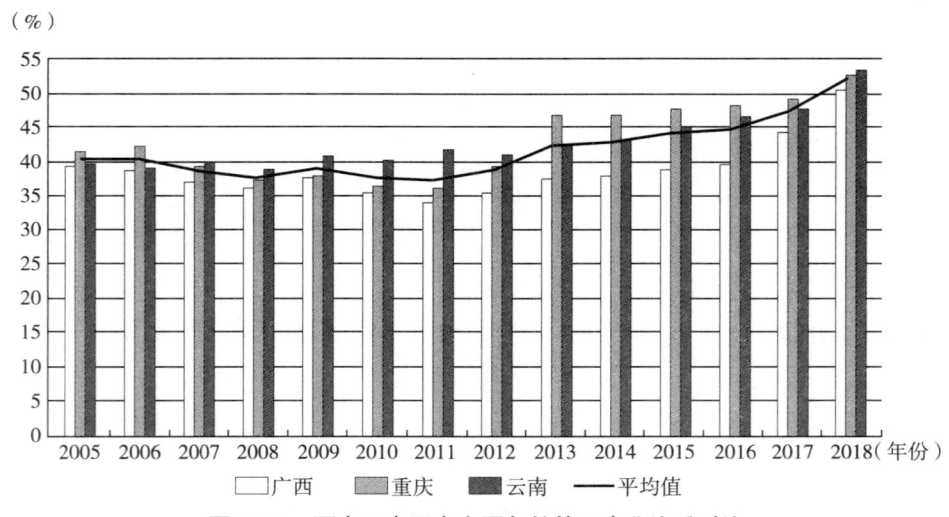

图5-23 西南三省区市主要年份第三产业比重对比

西南三省区市的城镇化率均值呈上升趋势,见图 5-24。重庆发达的第二和第三产业吸引劳动力,带动其城镇化率提升,因此重庆的城镇化率明显高于西南三省区市的其他省份,2018 年其城镇化率接近 70%。广西和云南城镇空间布局不合理、发展不均衡,中小城市和小城镇发展滞后,城镇化水平相对较低,2018 年其城镇化率接近 50%。

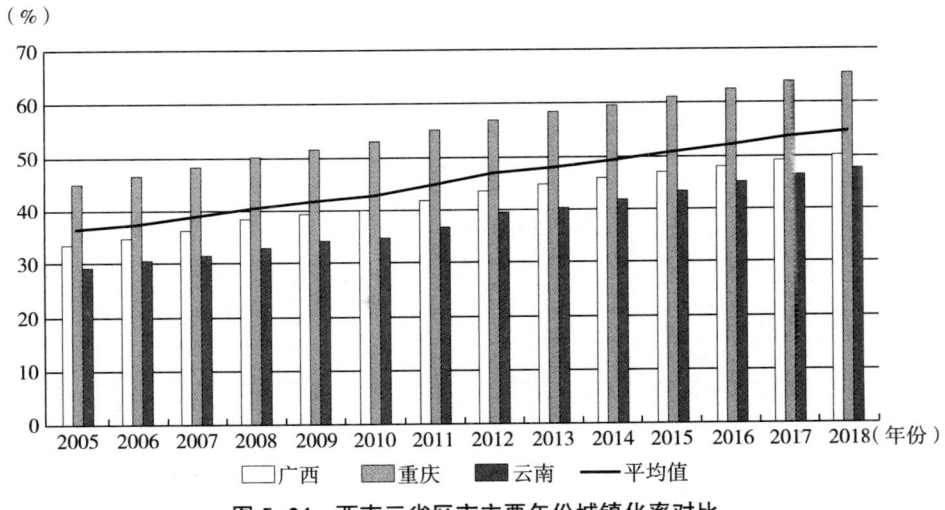

图 5-24 西南三省区市主要年份城镇化率对比

5.1.6 四个分区区域经济发展对比

由于四个分区内所包含的省份数量不一致,本节分别用四个分区的 GDP 和人均 GDP 均值进行比较分析。

四个分区经济发展水平均呈增长趋势,见图 5-25 至图 5-30。东南沿海是我国最早开放的地区,经济规模、技术水平等均处于相对领先水平,其 GDP 和人均 GDP 明显超过四个分区的均值。西北五省区和西南三省区市位于西部内陆地区,经济发展不均衡,且经济规模较小,技术水平相对落后,虽然"西部大开发"战略更高质量地推动经济发展,但受到技术、人才等多方面因素影响,产出水平相对较低,经济发展水平也相对较低。

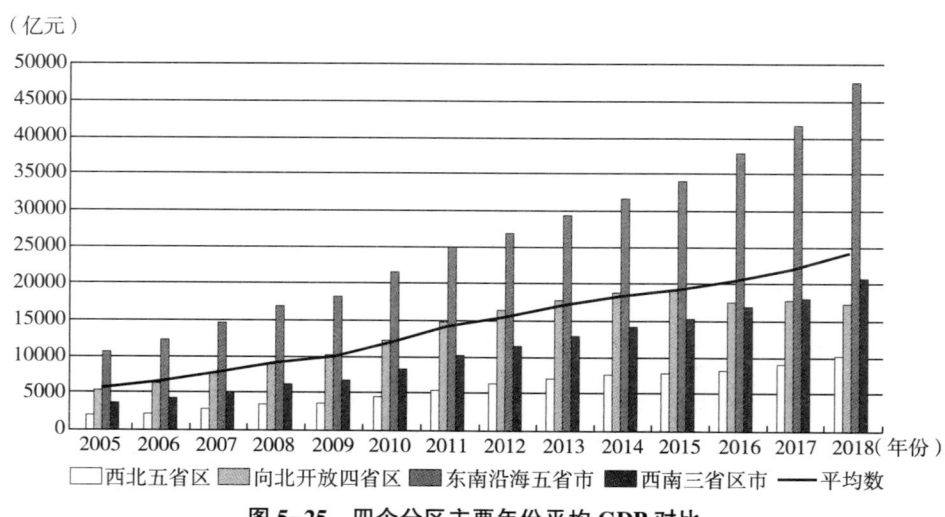

图 5-25 四个分区主要年份平均 GDP 对比

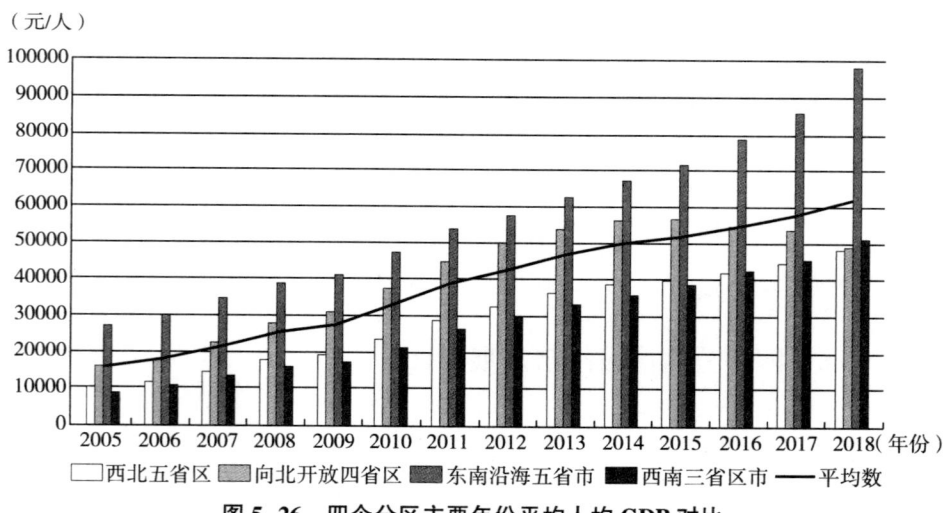

图 5-26 四个分区主要年份平均人均 GDP 对比

从图 5-27、图 5-28、图 5-29 来看，研究期内西北五省区、向北开放四省区和西南三省区市的第一产业占比较高。四个分区的第二产业占比相差不大，但产业内部结构差异较大，东南沿海五省市主要以轻工业、集约型产业、资金密集型产业和技术知识密集型产业为主，而其他分区则以重工业、能源类产业、劳动密集型产业及制造初级产品为主，第二产业结构水平相对较低，产业能耗和产业环境污染仍然较为严重。

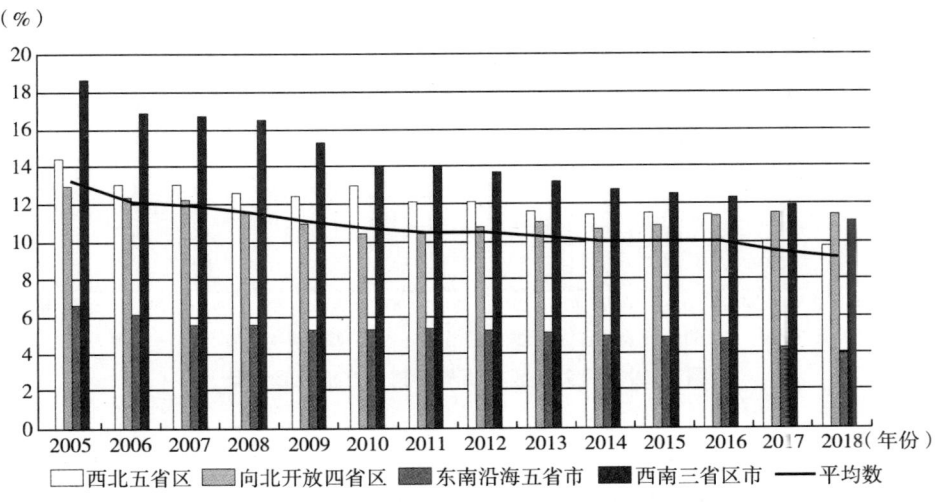

图 5-27　四个分区主要年份第一产业比重对比

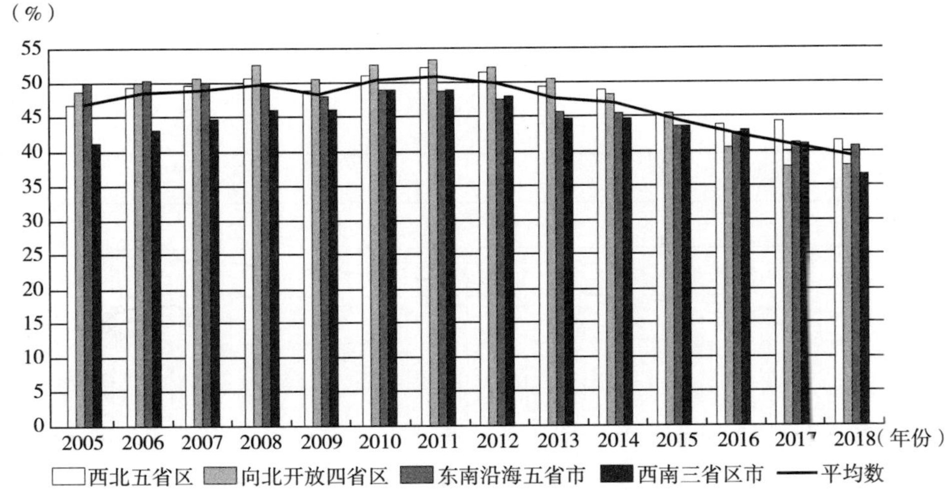

图 5-28　四个分区主要年份第二产业比重对比

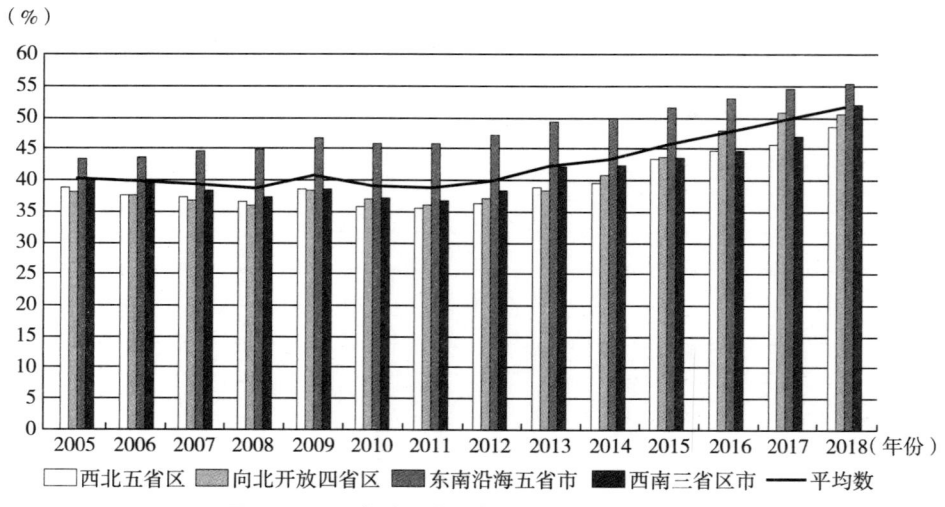

图 5-29 四个分区主要年份第三产业比重对比

四个分区的城镇化水平差异较大,见图 5-30。东南沿海五省市和向北开放四省区城镇化率相对较高,但从城镇化结构来看,东南沿海五省市城镇化的结构相对合理,向北开放四省区城镇化发展不均衡。而西北五省区和西南三省区市城镇化发展过程中,诸多城市化问题相对严重,城镇化率相对较低,在 2018 年尚未达到我国 59.58% 的平均水平。

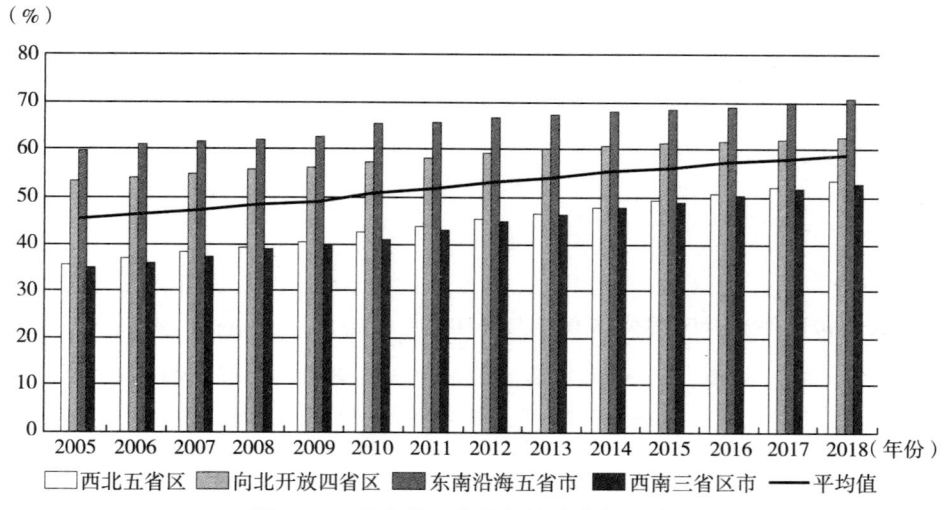

图 5-30 四个分区主要年份城镇化率对比

5 "一带一路"沿线重点省份交通基础设施对区域经济的影响

5.2 指标设定与模型选择

交通基础设施建设对区域经济影响的实证研究大致可以分为两类：第一类是从增量的角度出发，使用交通基础设施的投资量；第二类是从存量的角度出发，使用交通基础设施的资本存量或实物存量。本节采用第二类研究方法，通过构建多重线性回归模型实证研究"一带一路"沿线重点省份公路、铁路和航空交通基础设施建设发展对区域经济发展的影响。

5.2.1 数据说明

（1）被解释变量。通常用地区生产总值（GDP）来衡量一个区域整体经济实力和市场规模，用人均 GDP 反映一个区域社会经济的发展水平和发展程度，由于"一带一路"17 个省份整体经济发展水平差异较大，因此选取人均 GDP 作为被解释变量对区域经济发展水平进行衡量相对更加客观。

（2）核心解释变量。核心解释变量为交通基础设施建设发展的相关指标变量，具体变量为：①基础设施建设相关变量。选取等级公路密度指标作为公路基础设施建设发展的分析指标，等级公路密度＝区域内等级公路里程/区域年末总人口，单位为千米/万人；选取铁路密度指标作为铁路基础设施建设发展的分析指标，铁路密度＝区域内铁路营业里程/区域年末总人口，单位为千米/万人；选取航空起降架次指标作为民用航空基础设施建设发展的分析指标。②交通运输量相关变量。选取公路客运量、公路旅客周转量和公路货运量、公路货运周转量作为对区域公路客运发展和货运发展测度的指标；选取铁路客运量、铁路旅客周转量和铁路货运量、铁路货运周转量作为反映区域铁路客运和货运情况的指标；选取航空旅客吞吐量和航空货邮吞吐量作为反映区域民用航空客运和货运情况的指标。

（3）控制变量。在考虑经济增长时，本节将城镇化水平纳入到影响因素中作为控制变量,具体采用城镇化率作为指标。各指标变量设置如表 5-1 所示。

表 5-1 指标变量

变量类别	指标名	变量名	单位	符号表示
被解释变量	经济发展水平	人均 GDP	元/人	pgdp
核心解释变量	交通基础设施建设情况	等级公路密度	千米/万人	hd
		铁路密度	千米/万人	rd
		航空起降架次	万架次	als
	交通客、货运情况	公路客运量	万人	hp
		公路货运量	万吨	hc
		公路旅客周转量	亿人千米	hpt
		公路货运周转量	亿吨千米	hct
		铁路客运量	万人	rp
		铁路货运量	万吨	rc
		铁路旅客周转量	亿人千米	rpt
		铁路货运周转量	亿吨千米	rct
		航空旅客吞吐量	万人	apt
		航空货运吞吐量	万吨	zct
控制变量	城市化水平	城镇化率	%	ur

表 5-1 中指标变量的基础数据,除航空相关数据外,均来自国家统计局,2018 年部分缺失数据由各省份 2019 年统计年鉴数据补全,航空相关数据均来自中国民用航空局各年《民航机场生产统计公报》。

5.2.2 分析步骤

交通基础设施建设对区域经济一般影响的研究步骤为:

第一,确定初步的指标变量,这主要包括反映区域经济发展水平的被解释变量,反映区域交通基础设施情况的核心解释变量。第二,对指标变量的数据进行描述性统计,通过描述性统计初步了解指标变量数据的一般特征以及判断数据是否存在极端值或异常值等问题。第三,使用相关系数法对解释变量与被解释变量进行相关性检验,以判断各解释变量与被解释变量之间是否具有相关关系及相关关系的方向,这是进行回归分析的前提和基础。第四,通过斯皮尔曼(Spearman)相关系数和方差膨胀系数(VIF)对所有解释变量进行多重共线性检验,若变量存在多重共线性会使模型估计结果不准确,因此需要进行变量处理从而消除共线性影响,并最终确定使用的指标变量。第五,进行回归估计及回归结果的分析。具体如图5-31所示。

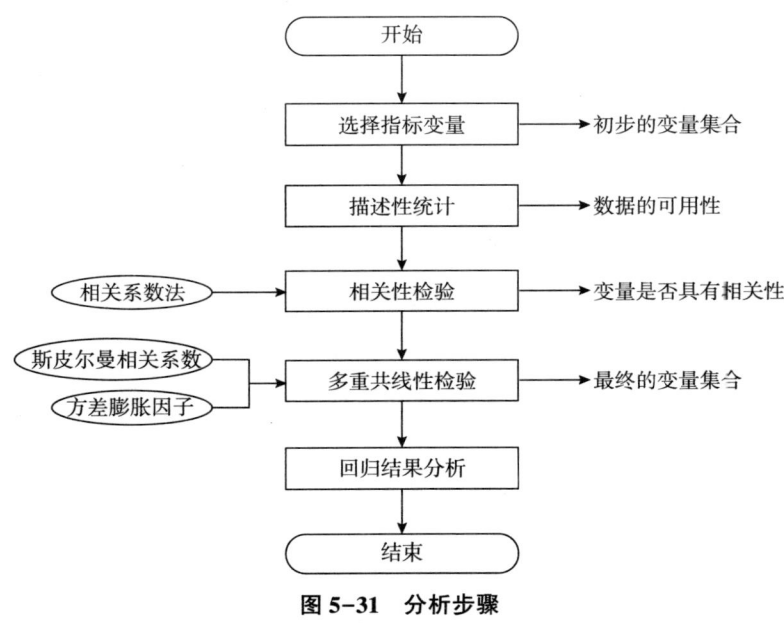

图 5-31 分析步骤

5.2.3 模型选择

回归分析方法是经典的数据分析方法之一,它可以研究分析某一变量受到其他变量影响的程度和相关关系。多重线性回归(Multiple Linear Regression)是简单直线回归的推广,用以研究一个因变量与多个自变量之间的数量依存关系。本部分运用多重线性回归模型分析交通基础设施建设对经济增长的影响,通过建立变量之间的线性模型,研究公路、铁路和航空交通基础设施建设发展

对"一带一路"沿线重点省份经济发展的贡献,并对回归结果进行评价分析。多重线性回归模型的基本设定如下:

$$y = \alpha + \beta_1 x_1 + \beta_2 x_2 + \cdots + \beta_n x_n + \varepsilon \qquad (5-1)$$

式中,y 为被解释变量;$x = \{x_1, x_2, \cdots, x_n\}$ 为解释变量和控制变量;α 为常数项;$\beta = \{\beta_1, \beta_2, \cdots, \beta_n\}$ 为偏回归系数,表示在其他自变量固定不变的情况下,自变量每改变一个单位时,其单独引起被解释变量 y 的平均改变量;n 为解释变量的个数;ε 为随机误差,是引起 y 变化但无法用解释变量进行解释的部分。

5.2.4 数据的描述性统计

对初步选定的指标变量数据进行描述性统计,具体统计结果如表 5-2 所示。

表 5-2 相关变量的描述性统计

变量	样本数	平均值	标准差	最小值	最大值
pgdp	238	39842.29	23509.90	7477	148744
hd	238	32.17	20.55	4.29	118.04
hp	238	63223.29	73809	2468	556510
hc	238	76000.79	55205.93	5491	304743
hpt	238	333.27	338.06	24.66	2470.11
hct	238	986.32	876.56	9.77	3890.32
rd	238	1.26	1.03	0.14	5.05
rp	238	5872.90	5300.33	23	34121
rc	238	10026.88	13202.94	482	72506
rpt	238	245.10	188.74	0.84	953.75
rct	238	640.08	575.95	3.20	2684.72
apt	238	2484.08	2628.57	18.86	14133.24
act	238	50.56	103.05	0.26	794.22
als	238	21.96	20	0.71	101.91
ur	238	54.14	12.80	29.51	89.61

分析描述性统计结果可得,17个重点省份的指标变量数据没有异常值和极端值,从数据平均值和标准差的结果可以看出,数据离散程度较大。除铁路密度外,其余指标数据的最大和最小值差距较大,需要对该部分变量数据进行无量纲标准化处理,以消除指标数据差别较大的影响。由于对数函数在其定义域内单调递增,因此取自然对数不会对变量的相关关系产生影响,本书中对除铁路密度外的其余变量数据取自然对数进行标准化,然后再进行回归分析。

5.3 交通基础设施对区域经济影响的实证研究

5.3.1 相关性分析

相关系数(Correlation Coefficient)是反映变量之间相关关系密切程度的统计指标。其具体计算公式如下:

$$r_{xy} = \frac{s_{xy}}{s_x s_y} \tag{5-2}$$

式中,r_{xy}为x与y的相关系数,相关系数的取值在[1,-1],1表示变量间完全线性正相关,-1表示变量间完全线性负相关,0表示变量间不相关。s_{xy}为x与y的协方差,s_x为x的标准差,s_y为y的标准差。

协方差s_{xy}的计算公式为:

$$s_{xy} = \frac{\sum_{i=1}^{n}(x_i - \overline{x})(y_i - \overline{y})}{n-1} \tag{5-3}$$

标准差s_x的计算公式为:

$$s_x = \sqrt{\frac{\sum(x_i - \overline{x})^2}{n-1}} \tag{5-4}$$

标准差s_y的计算公式为:

$$s_y = \sqrt{\frac{\sum (y_i - \overline{y})^2}{n-1}} \tag{5-5}$$

计算"一带一路"沿线重点省份的解释变量与被解释变量之间的相关系数，结果如表5-3所示。

表5-3 相关系数

变量	lnpgdp	lnhd	lnhp	lnhc	lnhpt	lnhct	rd	lnrp	lnrc	lnrpt	lnrct	lnapt	lnact	lnals	lnur
lnpgdp	1														
lnhd	-0.06	1													
lnhp	-0.10	0.02	1												
lnhc	0.46	-0.04	0.57	1											
lnhpt	0.15	-0.24	0.75	0.66	1										
lnhct	0.22	0.45	0.64	0.73	0.61	1									
rd	0.05	0.77	-0.36	-0.13	-0.47	0.19	1								
lnrp	0.55	-0.23	0.22	0.65	0.61	0.45	-0.22	1							
lnrc	0.003	0.43	0.35	0.55	0.33	0.74	0.45	0.40	1						
lnrpt	0.32	0.10	0.40	0.67	0.63	0.67	-0.01	0.83	0.60	1					
lnrct	0.03	0.25	0.16	0.52	0.29	0.54	0.34	0.51	0.82	0.73	1				
lnapt	0.65	-0.41	0.15	0.52	0.54	0.18	-0.48	0.58	-0.12	0.30	-0.12	1			
lnact	0.57	-0.61	0.11	0.42	0.51	-0.01	-0.60	0.56	-0.24	0.25	-0.16	0.92	1		
lnals	0.67	-0.38	0.18	0.59	0.56	0.23	-0.44	0.56	-0.06	0.32	-0.07	0.97	0.90	1	
lnur	0.84	-0.39	-0.15	0.31	0.09	-0.07	-0.14	0.52	-0.13	0.15	-0.11	0.59	0.63	0.58	1

从表5-3可以看出，公路货运量、铁路客运量、铁路旅客周转量、航空旅客吞吐量、航空货邮吞吐量、航空起降架次和城镇化率与人均GDP之间的相关系数均大于0.3，表明上述几个解释变量与人均GDP之间具有较强的正相关关系。公路旅客周转量、公路货运周转量、铁路密度、铁路货运量和铁路货运周转量与人均GDP之间的相关系数在0~0.3，说明其与人均GDP之间具有相对较弱的正相关关系。公路客运量和公路密度与人均GDP之间的相关系数在-0.3~0，说明其与人均GDP之间具有相对较弱的负相关关系。从整体来看，所选解释变量与被解释变量之间的相关性较好，可以进行回归分析。

5.3.2 多重共线性分析

5.3.2.1 多重共线性定义

多重共线性是指自变量之间存在线性相关关系，即一个自变量可以是其他一个或几个自变量的线性组合。多重共线性产生的原因在于解释变量存在至少两个或更多的变量具有近似的线性关系。严重的多重共线性可能会产生如下问题：

（1）即使被解释变量和解释变量之间存在显著关系，系数也可能看起来并不显著；

（2）高度相关的解释变量的系数在样本之间差异很大；

（3）从模型中去除任何高度相关的项都大幅影响其他高度相关项的估计系数。高度相关项的系数甚至会包含错误的符号。

若存在多重共线性，计算自变量的偏回归系数时矩阵不可逆。其表现主要有：整个模型的方差分析结果与各个自变量的回归系数的检验结果不一致，专业判断有统计学意义的自变量，检验结果却无意义，自变量的系数或符号与实际情况严重不符等。

5.3.2.2 多重共线性分析

在进行多重共线性检验时，首先使用斯皮尔曼相关系数对解释变量进行检验，若存在相关系数较高的情况，则需要进一步进行方差膨胀系数（Variance Inflation Factor，VIF）检验，通过系数值判断需要进行处理的变量，从而降低多重共线性。

（1）斯皮尔曼相关系数。度量观测数据的统计依赖性常使用斯皮尔曼相关系数，它是衡量两个变量依赖性的非参数指标。斯皮尔曼相关系数被定义成等级变量之间的皮尔逊相关系数。对于样本容量为 n 的样本，n 个原始数据被转换成等级数据，相关系数 ρ 为：

$$\rho = \frac{\sum_i (x_i - \bar{x})(y_i - \bar{y})}{\sqrt{\sum_i (x_i - \bar{x})^2 \sum_i (y_i - \bar{y})^2}} \tag{5-6}$$

原始数据依据其在总体数据中平均的降序位置，被分配了一个相应的等级。斯皮尔曼相关系数表明独立变量 X 和依赖变量 Y 的相关方向。如果当 X 增加时，Y 趋向于增加，斯皮尔曼相关系数则为正。如果当 X 增加时，Y 趋向于减少，斯皮尔曼相关系数则为负。斯皮尔曼相关系数为零表明当 X 增加时，Y 没有任何趋向性。当 X 和 Y 完全单调相关时，斯皮尔曼相关系数的绝对值为 1。

对指标变量进行斯皮尔曼相关系数检验，计算结果如表 5-4 所示。

表 5-4 斯皮尔曼相关系数

变量	lnpgdp	lnhd	lnhp	lnhc	lnhpt	lnhct	rd	lnrp	lnrc	lnrpt	lnrct	lnals	lnapt	lnact	lnur
lnpgdp	1														
lnhd	0.03	1													
lnhp	0.02	-0.19	1												
lnhc	0.51	0.06	0.58	1											
lnhpt	0.12	-0.30	0.76	0.62	1										
lnhct	0.44	0.26	0.49	0.84	0.62	1									
rd	-0.09	0.82	-0.29	-0.05	-0.44	0.18	1								
lnrp	0.60	-0.31	0.24	0.57	0.51	0.56	-0.26	1							
lnrc	0.00	0.25	0.29	0.53	0.32	0.65	0.44	0.39	1						
lnrpt	0.31	-0.02	0.49	0.63	0.65	0.76	0.00	0.71	0.58	1					
lnrct	-0.07	0.27	0.05	0.36	0.21	0.51	0.43	0.31	0.84	0.55	1				
lnals	0.69	-0.29	0.22	0.58	0.47	0.39	-0.55	0.58	-0.06	0.36	-0.13	1			
lnapt	0.68	-0.32	0.19	0.49	0.46	0.34	-0.59	0.60	-0.13	0.33	-0.19	0.98	1		
lnact	0.56	-0.51	0.28	0.52	0.21	-0.74	0.58	-0.21	0.31	-0.27	0.90	0.93	1		
lnur	0.85	-0.29	0.08	0.40	0.13	0.25	-0.28	0.72	0.00	0.27	-0.15	0.62	0.63	0.61	1

通过计算斯皮尔曼相关系数，发现航空起降架次、航空旅客吞吐量和航空货邮吞吐量三者之间的斯皮尔曼系数均超过 0.9，说明三者之间有较大的共线性问题，需要进行进一步处理。

5 "一带一路"沿线重点省份交通基础设施对区域经济的影响

（2）方差膨胀系数（Variance Inflation Factor，VIF）。方差膨胀系数（Variance Inflation Factor，VIF）是衡量多元线性回归模型中（多重）共线性严重程度的一种度量。它表示回归系数估计量的方差与假设自变量间不线性相关时方差相比的比值。方差膨胀系数计算公式为：

$$VIF = \frac{1}{1-R_i^2} \tag{5-7}$$

式中，VIF 的取值大于1，VIF 值越接近于1，多重共线性越轻，反之越重。实际上自变量之间总是或多或少地存在多重共线性，因而将方差膨胀因子等于1作为评价共线性的标准是不现实的。一个易用的标准：当 VIF 值大于10时，就认为变量之间具有强烈的多重共线性，会对回归结果产生不良影响。

对指标变量进一步进行方差膨胀系数检验，计算结果如表5-5所示。

表5-5 方差膨胀系数（VIF）检验

变量	VIF	
	第1次	第2次
lnals	33.32	—
lnapt	30.21	12.79
lnact	14.10	13.05
lnrp	13.74	12.98
lnrpt	11.83	11.79
lnhp	11.24	10.54
lnhpt	11.22	10.77
lnhct	10.86	10.85
lnrct	10.06	9.92
rd	9.80	9.80
lnhc	9.60	7.59
lnrc	8.44	8.40
lnhd	8.27	8.18
lnur	4.96	4.94
Mean VIF	13.40	10.12

从方差膨胀系数检验结果可以看出,第一次检验结果的 Mean VIF 值为 13.4,说明具有较强烈的多重共线性,采用后退法,循环剔除 VIF 最大的指标变量,直到 Mean VIF 值小于 10。采用该方法对以上变量进行检验,剔除航空起降架次指标后满足要求。确定最终指标变量为人均 GDP、等级公路密度、公路客运量、公路货运量、公路旅客周转量、公路货运周转量、铁路密度、铁路客运量、铁路货运量、铁路旅客周转量、铁路货运周转量、航空旅客吞吐量、航空货邮吞吐量和城镇化率。

5.3.3 基于多重线性回归的实证结果分析

使用检验剔除后剩余的指标变量,通过多重线性回归模型进行"一带一路"沿线重点省份交通基础设施建设对区域经济影响的实证分析,结果如表 5-6 所示。

表 5-6 多重线性回归系数估计

变量	系数	t 值	R^2	Adj R^2
lnhd	0.19***	3.73		
lnhp	−0.07**	−2.09		
lnhc	0.07*	1.94		
lnhpt	−0.06	−1.47		
lnhct	0.15***	5.13		
rd	0.04	1.12		
lnrp	−0.06*	−1.76	0.92	0.92
lnrc	−0.20***	−6.61		
lnrpt	0.07**	2.23		
lnrct	0.07**	2.43		
lnapt	0.19***	5.32		
lnact	−0.04	−1.42		
lnur	2.04***	18.57		
_cons	1.24***	2.68		

5 "一带一路"沿线重点省份交通基础设施对区域经济的影响

模型整体的显著性水平 P 值为 0.00，说明模型整体上非常显著，模型的可决系数（R^2）为 0.92，模型修正的可决系数（Adj R^2）为 0.92，说明模型的拟合程度和解释力具有较好水平。具体回归方程为：

$$lnpgdp = 0.19 \times lnhd - 0.07 \times lnhp + 0.07 \times lnhc - 0.06 \times lnhpt + \\ 0.15 \times lnhct + 0.04 \times rd - 0.06 \times lnrp - 0.20 \times lnrc + 0.07 lnrpt + \\ 0.07 lnrct + 0.19 lnapt - 0.04 lnact + 2.04 lnur + 1.24 \quad (5-8)$$

公路密度、公路货运、铁路旅客周转量、铁路货运周转量和航空旅客周转量可以显著促进"一带一路"沿线重点省份区域经济发展。公路密度的增加使公路交通网络水平得到进一步提升，从而极大地缩小了"一带一路"沿线重点省份之间的时空距离。公路货运水平的提升使区域间经济往来的成本得到进一步降低、效率得到进一步提高，从而降低了区域经济发展过程中的流通成本。从前文现状分析可以看出，17 个省份区域经济发展不平衡，公路基础设施的建设不仅缩短了各省份间的时空距离，更重要的是给经济发展相对较弱的省份带来了技术革新、效率提升、信息丰富和理念创新，客观上也有助于打通经济发达区域与经济欠发达区域之间的技术、信息等无形壁垒，促使 17 个省份中经济发展相对较弱的省份提升经济实力，更快地融入和更好地服务国家和地方"一带一路"建设。从实证结果中可以看出，铁路运输和航空客运对区域经济发展呈现显著影响，结合叶昌友（2013）提出经济、产业和产品结构的变化直接影响到运输体系发展的观点分析[95]，该显著影响与"一带一路"17 个省份产业结构发展不均衡有关。西北地区和向北开放地区第二产业内部结构等级较低，但在三产中的占比较大，同时第三产业占比也在逐年上升，而东南沿海地区第二和第三产业发展较为均衡，第二产业多为新兴产业。

铁路客、货运量和公路客运量对"一带一路"沿线重点省份区域经济发展具有负向影响。对于东南沿海地区来说，该负向影响与该地区公路、铁路建设趋于饱和，单纯运量增加不再是推动经济增长的重要因素，该区域应提升交通基础设施质量，通过技术手段提高运输能力，从而抑制产生的负向影响。对于东南沿海地区以外的大部分地区来说，交通基础设施建设仍不够完善，运输成本相对较高，运量增加的同时成本也大幅增加，这对经济发展具有较不利的影响，这些省份应加大交通基础设施建设力度，通过完善交通网络实现运输的优化配置，降低运输成本，实现公铁运输对经济增长的正向拉动作用。从不同交通方式的竞争关系分析，该负向影响可能与公路和铁路客运面临的挑战有关。随着交通基础设施的不断完善，铁路客运面临航空客运带来的冲击，公路客运面临铁路和航空客运带来的双重冲击，需要积极进行运输格局的转变从而应对冲击，公路客运线路应逐渐向中短途线路进行转移，铁路客运在兼顾干线运输的同时发展城际客运。

综合以上分析来看，公路、铁路和航空建设发展都对"一带一路"沿线重点省份区域的经济发展产生直接的促进作用。其中，公路建设发展综合表现在提高路网密度和货运量方面，铁路建设发展综合表现在提高客、货运质量水平方面，航空建设发展综合表现在提升客运水平方面。

6 "一带一路"沿线重点省份交通基础设施对区域经济增长的空间溢出效应分析

交通基础设施的网络性与外部性特征决定了其对区域经济增长存在正的或负的空间溢出效应，具体取决于一个区域的制度环境、教育科技水平、劳动者素质等因素的综合作用。交通基础设施的空间溢出效应表现为交通基础设施的完善可以降低运输成本，直接导致贸易规模的扩大和经济效益的提高，促使经济活动产生集聚与扩散。本章对"一带一路"沿线重点省份交通基础设施建设对区域经济增长的空间溢出效应进行分析。

6.1 变量选取和描述性统计

6.1.1 数据说明

本章选取"一带一路"沿线17个省份进行分析，数据均从国家统计局网站获取，部分缺失数据由各省份的历年统计年鉴进行补全。文章测算时段选择从2005年开始的14年（即2005~2018年）。鉴于我国各区域的经贸和交通发展水平等多方面存在明显差异，本章继续将研究样本划分为四个分区，以此反映空间溢出效应。

6.1.2 变量选取

选取的被解释变量、主要解释变量和控制变量如下：

（1）被解释变量。经济水平（Y）。由于17个省份经济发展状况差异大，且地区面积相差也较大，使用经济总量（地区生产总值）进行衡量具有较大的偏差，考虑到人口因素的影响，选取人均 GDP 作为经济发展水平的衡量指标相对更加准确。

（2）主要解释变量。资本投入（K）。学者们普遍采用物质资本存量作为资本投入的代理变量，并运用"永续盘存法"进行测度。该计算方法涉及基期资本存量的计算、固定资产投资价格指数的构造、折旧率及当年投资指标的选取等问题。参照学者张军（2004）的计算方法[96]，假设各年投资率恒定，用各省份2000年固定资本形成总额除以10%，作为该省份的初始资本存量，再计算出其余年份资本存量。各省份在第 t 年的资本存量可以用下式计算：

$$K_t = K_{t-1} \times (1 - \delta_t) + \frac{I_t}{P_t} \quad (6-1)$$

式中，K_t 表示第 t 年的资本存量；δ_t 表示第 t 年的资本折旧率，δ_t 取值与张军（2004）取值一致[96]，确定为9.6%；I_t/P_t 表示第 t 年的实际投资。

劳动投入（L）。劳动投入既包括企业生产过程中所投入的劳动力数量，又包括劳动力的质量，而劳动力的质量即人力资本积累，它是保证经济长期增长的重要源泉。考虑到交通基础设施建设与劳动力数量间的关系相对更加紧密，本书选取各省份年末从业人员数量作为劳动投入的代理变量，劳动力质量作为控制变量以保证结果更加准确。

交通基础设施建设情况（T_1）。从交通基础设施建设的完善和利用程度考虑，本章选取等级公路密度、铁路密度和航空起降架次分别作为公路、铁路和航空交通基础设施建设情况的衡量指标。考虑到17个省份人口因素的影响，本章中的密度均采用营业里程与年末常住人口的比值进行分析。

6 "一带一路"沿线重点省份交通基础设施对区域经济增长的空间溢出效应分析

交通客、货运情况（T_2）。交通基础设施主要承担旅客及货物的运输工作，这是交通基础设施创造收益、促进经济增长的方式。本章分别采用公路旅客周转量、公路货运周转量、铁路旅客周转量、铁路货运周转量、航空旅客吞吐量和航空货邮吞吐量衡量公路、铁路和航空的运输情况。

（3）控制变量。考虑到人力资本、城市化水平和市场规模是区域经济发展的重要影响因素，本章将其选择为控制变量：

1) 人力资本。以知识、科技为要素构成的高级人力资本是提高物质资本运行效率的最有效途径。人力资本存量的测度方法有很多，考虑到不同教育水平下人力资本的差异性，以及地级城市获取数据的有限性，本书参照徐现祥等国内学者的以劳动者受教育年限估计样本城市人力资本水平的方法，使用平均受教育年限作为各省份人力资本的指代变量[97]。

2) 城市化水平。改革开放以来，城市化与工业化一直是中国经济增长的两大重要引擎。进入21世纪后，城市化进入相对独立的大发展阶段，土地要素被重估，政府的"土地财政"扩张了公共基础设施的建设，推动了土地财政和区域经济增长，城市化在区域经济增长中发挥着重要作用[98]。本章以城镇人口在总人口中所占的比重，即城镇化率（%）作为城市化水平的指标。

3) 市场规模。新经济地理理论认为，市场规模影响经济增长较为显著，其一般常用地区人口密度衡量市场规模，反映地区经济活动的密集状况[99]。具体如表6-1所示。

表6-1 指标变量介绍

变量类型	指标名	变量名	单位	符号表示
被解释变量	经济水平（Y）	人均GDP	元/人	pgdp
主要解释变量	资本投入（K）	资本存量产投资	亿元	cs
	劳动投入（L）	年末就业人数	万人	en
	交通基础设施建设情况（T_1）	等级公路密度	千米/万人	hd
		铁路密度	千米/万人	rd
		航空起降架次	万架次	als

续表

变量类型	指标名	变量名	单位	符号表示
主要解释变量	交通客、货运情况（T_2）	公路旅客周转量	亿人千米	hpt
		公路货运周转量	亿吨千米	hct
		铁路旅客周转量	亿人千米	rpt
		铁路货运周转量	亿吨千米	rct
		航空旅客吞吐量	万人	apt
		航空货邮吞吐量	万吨	act
控制变量	人力资本（X_1）	平均受教育年限	年	aey
	城市化水平（X_2）	城镇化率	%	ur
	市场规模（X_3）	市场规模	人/平方千米	ms

6.1.3 变量的描述性统计

选取17个重点省份2005~2018年的数据进行分析，上述各被解释变量、解释变量和控制变量的描述性统计结果见表6-2。

表6-2 相关变量的描述性统计

变量名	样本数	平均值	标准差	最小值	最大值
pgdp	238	39842.29	23509.90	7477	148744
cs	238	2906.72	2460.49	436.64	14981.74
en	238	1930.18	1341.90	291.04	6508.65
hd	238	32.17	20.55	4.29	118.04
rd	238	1.26	1.03	0.14	5.05
als	238	21.96	20	0.71	101.91
hpt	238	333.27	338.06	24.66	2470.11
hct	238	986.32	876.56	9.77	3890.32
rpt	238	245.10	188.74	0.84	953.75
rct	238	640.08	575.95	3.20	2684.72
apt	238	2484.08	2628.57	18.86	14133.24

续表

变量名	样本数	平均值	标准差	最小值	最大值
act	238	50.56	103.05	0.26	794.22
aey	238	8.75	0.62	7.58	10.48
ur	238	54.14	12.80	29.51	89.61
ms	238	400.11	817.02	7.52	3826.20

本指标体系的有效观测样本均为238个。通过分析数据描述指标，可以发现"一带一路"沿线17个重点省份的变量值都没有异常。除铁路密度指标外，其余变量的组内数据值较大且差异也较大，在后续分析和计量过程中有必要对除铁路密度外的变量取自然对数。

6.1.4 分析的步骤

交通基础设施建设对区域经济溢出效应影响的分析步骤如图6-1所示：

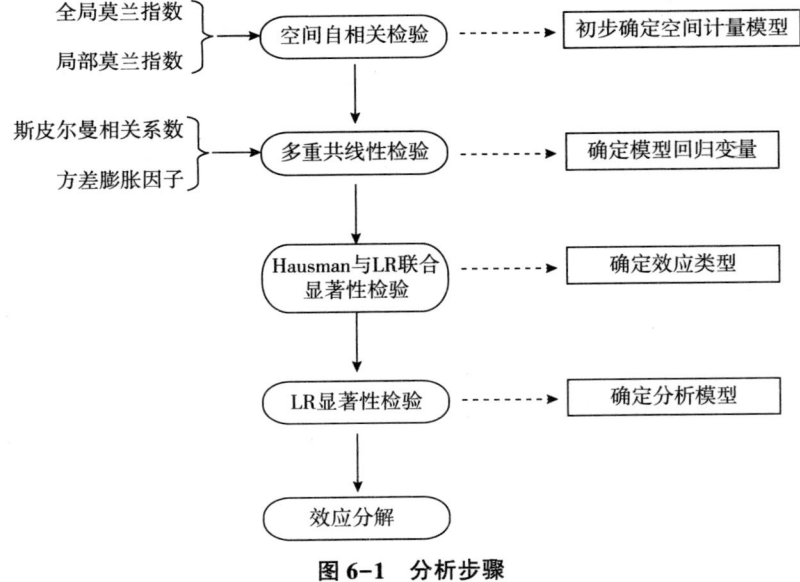

图6-1 分析步骤

首先，通过全局莫兰指数计算和局部莫兰散点图对被解释变量进行空间自相关检验，前者判断被解释变量的空间自相关程度，后者判断被解释变量的空间集聚程度，若存在空间相关性则可以初步确定空间计量模型。其次，通过斯皮尔曼（Spearman）相关系数和方差膨胀因子对所有解释变量进行多重共线性检验，并最终确定使用的指标变量。再次，通过豪斯曼（Hausman）检验和LR联合显著性检验确定空间计量模型的效应类型，通过LR显著性检验确定空间溢出效应的分析模型。最后，对溢出效应进行实证分析和效应分解。

6.2 交通基础设施对区域经济增长的空间溢出效应研究

6.2.1 模型构建

（1）模型设定。国内外关于交通基础设施对区域经济影响方面的研究，多数学者均采用柯布—道格拉斯生产函数作为研究的基础模型。柯布—道格拉斯生产函数最初是由美国数学家柯布和经济学家道格拉斯在研究投入和产出关系时创造的函数，后来又引入了技术资源这一因素，才形成了现在的生产函数。柯布—道格拉斯生产函数可以表示为：

$$Y = AK^{\alpha}L^{\beta} \tag{6-2}$$

式中，Y 表示总产出；K 和 L 分别表示投入的资本存量和劳动力资源；α、β 分别表示资本和劳动力的产出弹性系数；A 表示技术进步，为常数项。为了研究"一带一路"沿线重点省份交通基础设施对区域经济的影响，将交通基础设施作为一个投入要素纳入生产模型中，从而得到新的模型，其公式如下：

$$Y = AK^{\alpha}L^{\beta}T^{\gamma} \tag{6-3}$$

式中，T 表示交通基础设施要素；γ 表示交通基础设施的产出弹性系数。

对式（6-3）两边取对数得到下列模型：

6 "一带一路"沿线重点省份交通基础设施对区域经济增长的空间溢出效应分析

$$\ln Y = \ln A + \alpha \ln K + \beta \ln L + \gamma \ln T \tag{6-4}$$

运用式（6-4）可以估计出交通基础设施对"一带一路"沿线重点省份经济增长的贡献程度，但仅包括对区域的直接效应，不包括对周边区域的间接效应和对所有区域的总效应，因而要在模型中加入地区之间的地理关系。本章采用邻接矩阵、地理距离矩阵和经济距离矩阵分别作为权重矩阵。通过引入空间权重矩阵将交通基础设施对区域经济的影响扩展到空间经济影响，其空间溢出模型为：

空间滞后模型（SAR）：

$$\ln Y_{it} = \rho W_{ij} \ln Y_{it} + \alpha + \beta_1 \ln K_{it} + \beta_2 T_{it} + \beta_3 \ln L_{it} + \sum \beta X_{it} + \varepsilon_{it} \tag{6-5}$$

空间误差模型（SEM）：

$$\ln Y_{it} = \alpha + \beta_1 \ln K_{it} + \beta_2 T_{it} + \beta_3 \ln L_{it} + \sum \beta X_{it} + \mu_{it} \tag{6-6}$$

空间杜宾模型（SDM）：

$$\ln Y_{it} = \rho \sum_{j=1}^{n} W_{ij} \ln Y_{jt} + \alpha + \beta_1 \ln K_{it} + \beta_2 w_{ij} T_{it} + \beta_2 \ln L_{it} + \sum \beta \ln X_{it} + \theta_1 \sum_{j=1}^{n} W_{ij} \ln K_{jt} + \theta_2 \sum_{j=1}^{n} W_{ij} \ln T_{jt} + \theta_3 \sum_{j=1}^{n} W_{ij} \ln L_{jt} + \theta_4 \sum_{j=1}^{n} W_{ij} \ln X_{jt} + \varepsilon_{it} \tag{6-7}$$

上述三个公式中，$u_{it} = \lambda w_{ij} u_{ij} + \varepsilon$，$\varepsilon \sim (0, \sigma^2 I_i)$；$\rho$ 为其他地区经济对本地经济的影响；λ 为除文中提到的解释变量之外的因素所引起的空间经济影响；β 为变量的参数估计；$\ln Y_{it}$ 为 i 区域在 t 时间的经济增长；$\ln K_{it}$ 为区域 t 时间的资本存量；T_{it} 为交通基础设施相关解释变量；$\ln L_{it}$ 为 i 地区 t 时间的有效劳动；X_{it} 为控制变量集；ε 为随机误差项；i 和 j 为个体维度；t 为时间维度。

空间滞后模型（SAR）重点解释本地区经济增长受周边地区经济增长的影响，空间误差模型（SEM）则反映无法观察到或难以获得相关数据的因素造成的空间经济影响，这两个模型都没有解释变量对相邻区域的影响作用。空间杜宾模型（SDM）不仅能反映周边地区交通基础设施变化对本地区经济增长的影响，还可反映本地区交通基础设施发展变化对周边地区经济增长的溢出效应，因变量和自变量之间的空间相关性和各地区经济增长的空间集聚效果都可由 SDM 模型体现出来。

（2）模型直接效应和间接效应的分解。为了更好地评估空间溢出效应，

LeSage 和 Pace 通过使用偏微分方法将总的边际效应分解为直接效应和间接效应[100]。考虑到空间相关性的影响,本书采用空间杜宾模型进行效应分解,SDM 一般形式为:

$$y = \rho W y + X\beta + \theta W X + \varepsilon \quad (6-8)$$

式中,ρ 为空间自相关性系数;W 为空间权重矩阵;X 为解释变量;WX 为解释变量的滞后项;β 为解释变量的回归系数;ε 为与时间空间均无关的随机扰动项。将上式改写为空间向量形式:

$$Y_t = (I - \rho W)^{-1}(\beta X_t + W X_t \theta) + (I - \rho W)^{-1}\varepsilon \quad (6-9)$$

式中,I 表示单位矩阵。对第 k 个解释变量 X_k 求一次偏导,则可以得到 $N \times N$ 维的矩阵表示的边际效应:

$$\frac{\partial Y}{\partial X_k} = (I - \rho W)^{-1}(\beta_k I + W\theta_k) \quad (6-10)$$

式中,β_k 和 θ_k 分别表示第 k 个解释变量 X_k 及其滞后项的系数估计值,所得到的 $N \times N$ 维矩可以表示为某区域第 k 个解释变量变动 1 单位,对所有区域被解释变量的影响程度。其中,直接效应为 $N \times N$ 维矩对角线元素之和除以 N,而间接效应即为溢出效应为非对角线元素之和除以 N。另外可以计算出既定区域某一变量变动 1 单位,对其他区域被解释变量的影响程度。研究"一带一路"沿线重点省份交通基础设施对区域经济的影响及溢出效应,其中第 1 个区域($i=1$)交通基础设施变动1%时,则产生边际效应可表示为:

$$\frac{\partial Y}{\partial T_{i=1}} = (I - \rho W)^{-1}(i_1 \beta_T + W_{i1}\theta_T) \quad (6-11)$$

式中,$i = |1, 0, \cdots, 0|_N$,β_T 和 θ_T 为上式中的估计系数。通过 A_{ij} 来表示 $(I-\rho W)^{-1}$ 的第 i 行第 j 列的元素,则上式可简化为:

$$\frac{\partial Y}{\partial T_{i=1}} = \begin{bmatrix} A_{11}\beta_T + \sum_{k=1}^{N} A_{1k} W_{k1} \theta_T \\ \sum_{k=1}^{N} A_{2k} W_{k1} \theta_T \\ \vdots \\ \sum_{k=1}^{N} A_{Nk} W_{k1} \theta_T \end{bmatrix} \quad (6-12)$$

式中,第一行第一个元素表示第 1 个区域交通基础设施变动对自身经济的影响，第二个元素表示第 1 个区域交通基础设施变动对其余省经济的溢出影响。类似地，可以算出其他区域由交通基础设施变动而产生的溢出效应。

6.2.2 空间权重矩阵的选择

6.2.2.1 空间权重矩阵的设定

定义空间权重首先是要对空间单元的位置进行量化。通常情况下，采用"距离"对位置进行量化。而距离的设定必须要符合有限性和非负性的要求，同时也要考虑到距离的设定是否具有意义。现有研究中关于距离的设定有邻接距离、地理距离和经济距离等。

（1）邻接距离 W_1。邻接距离就是用相邻距离来表示邻接关系的一种常见的空间距离。通过邻接距离定义空间单元时，需要根据区域间的相对位置来定义。通常情况下，用 0 或 1 来表示两个区域不相邻或相邻，即"0"表示空间单元不相邻，"1"表示空间单元相邻。而关于相邻的界定，有线性相邻、"车"相邻、"后"相邻等。随着交通运输条件的改善，"后"相邻符合区域间相邻的定义，也更为合理，即区域 i 和区域 j 有共同的顶点或共同的边，则称两区域为"后"相邻，记为 $W_{ij}=1$；当区域 i 和区域 j 不相邻或 $i=j$ 时，记为 $W_{ij}=0$。

（2）地理距离 W_2。定义相邻关系的另一办法是基于区域间的距离。假设区域 i 和区域 j 的距离为 d_{ij}，可定义空间权重如下：若 $d_{ij}<d$，则 $W_{ij}=1$；若 $d_{ij} \geqslant d$，则 $W_{ij}=0$。同样地，矩阵对角线元素为 0，其中，d 为事先给定的距离临界值。另外，也可以不用相邻关系，而是直接用距离的倒数作为空间权重，则：

$$W_{ij} = \frac{1}{d_{ij}} \tag{6-13}$$

式中，距离 d_{ij} 既可以是地理距离，比如区域 i 与区域 j 之间的直线距离，也可以是基于运输成本或旅行时间的经济距离。在相关研究中，甚至有学者将 d_{ij} 设定为社交网络中的距离[100]。本书结合"一带一路"沿线重点省份的实际情况，采用实际地理直线距离作为空间权重矩阵的 d_{ij}。

（3）经济距离 W_3。经济距离通常以经济水平、便利程度等来衡量两区域间的邻近程度。经济距离主要受交通技术进步和设施改善的影响而变化。基于距离衰减原则，同时考虑本书研究的是交通基础设施对区域经济的增长效应，因而本书参照武勇杰等（2017）对于经济距离的设定[101]，以人均 GDP 绝对差的倒数来衡量两区域之间的邻近程度。用 $pgdp$ 来表示区域的人均 GDP，则

$$W_{ij} = \frac{1}{|pgdp_i - pgdp_j|} \qquad (6\text{-}14)$$

当 $i=j$ 时，$W_{ij}=0$。

6.2.2.2 空间权重矩阵的构建

依据上述定义的多种"距离"，可以构建不同的空间权重矩阵。空间权重矩阵是对称的，并且按照经济意义，矩阵的主对角线上的元素一般为 0。在实践中，为了减弱和去除区域间的外生影响，经常会对空间权重矩阵进行"行标准化"。"行标准化"是将矩阵中的每个元素除以其所在行元素之和，以保证每行元素总和为 1，具体公式如下：

$$W_{ij}^* = \frac{W_{ij}}{\sum_j W_{ij}} \qquad (6\text{-}15)$$

显然，进行行标准化后的矩阵行和为 1，但是列和不一定为 1，即矩阵不一定是对称矩阵。另外，由于每行元素之和均为 1，这意味着区域 i 所受其相邻区域的影响之和一定等于区域 j 所受其相邻区域的影响之和（任意 $i \neq j$）。

6.3 "一带一路"沿线重点省份区域经济发展空间相关性研究

为分析各区域被解释变量的空间相关性，需进行探索性空间数据分析，这

主要有全局相关性分析与局部相关性分析两种。全局相关性是分析空间经济数据在整个时空系统中表现的相关性，局部相关性则是分析局部区域或子系统变量间表现出的相关性[102]。

6.3.1 全局空间相关性度量及结果分析

（1）全局空间相关性度量。全局莫兰指数（Global Moran's I）是最早应用于全局聚类检验的方法，它通过描述研究中所有空间单元在研究区域内与周边地区的平均关联程度来检验整个研究区域中邻近区域间的空间关系。全局莫兰指数的计算公式为：

$$\text{Moran's I} = \frac{n}{S_0} \times \frac{\sum_{i=1}^{n}\sum_{j=1}^{n}W_{ij}(y_i - \bar{y})(y_j - \bar{y})}{\sum_{j=1}^{n}(y_i - \bar{y})^2} \quad (6\text{-}16)$$

式中，n 为研究区域内空间单元总数；W_{ij} 为空间权重值；y_i 和 y_j 分别为空间单元 i 和空间单元 j 的属性值；$\bar{y} = \frac{1}{n}\sum_{i=1}^{n}y_i$ 是所有空间单元属性值的平均值；$S_0 = \sum_{i=1}^{n}\sum_{j=1}^{n}W_{ij}$，是空间权重矩阵中所有元素的和。

全局莫兰指数的取值一般在 -1~1。全局莫兰指数的取值大于 0 时，表示所有空间单元的属性值在空间上是正相关，接近于 1 时表明高值与高值聚集，低值与低值聚集。全局莫兰指数的取值小于 0 时，表示所有空间单元的属性值在空间上是负相关，值接近于 -1 时表明高值与低值聚集，高值之间或低值之间不聚集。全局莫兰指数的取值等于 0 时，表示空间单元是随机分布的，不存在空间相关性。

对于全局莫兰指数的检验，原假设 H_0 为所有研究空间单元在空间上是随机分布的，P 值在 90%、95% 或 99% 的显著性水平下小于 0.1、0.05 或 0.01 表示拒绝原假设，即所有研究空间单元在空间上不是随机分布的，而具有空间相关性。

（2）全局空间相关性结果分析。运用 Stata15.1 软件对"一带一路"沿线重点省份 2005~2018 年的人均 GDP 进行全局莫兰指数检验。为了更全面地分析区域经济的空间相关关系，分别以上面构建的邻接矩阵、地理距离矩阵和经济距离矩阵3个空间权重矩阵进行分析，其结果如表6-3所示。

表6-3 2005~2018年"一带一路"沿线重点省份人均GDP的全局莫兰指数

变量 年份	W_1		W_2		W_3	
	Moran's I	P值	Moran's I	P值	Moran's I	P值
2005	0.531***	0.002	0.472***	0.006	0.550***	0.004
2006	0.524***	0.002	0.467***	0.006	0.550***	0.004
2007	0.496***	0.004	0.447***	0.009	0.544***	0.005
2008	0.457***	0.007	0.418**	0.013	0.525***	0.007
2009	0.465***	0.007	0.434**	0.011	0.545***	0.006
2010	0.469***	0.007	0.440**	0.011	0.556***	0.006
2011	0.457***	0.008	0.430**	0.013	0.545***	0.006
2012	0.453***	0.009	0.429**	0.013	0.551***	0.006
2013	0.448***	0.009	0.422**	0.014	0.549***	0.006
2014	0.443***	0.010	0.413**	0.016	0.547***	0.007
2015	0.454***	0.009	0.424**	0.014	0.546***	0.006
2016	0.464***	0.007	0.426**	0.013	0.523***	0.008
2017	0.533***	0.003	0.495***	0.005	0.599***	0.003
2018	0.539***	0.002	0.459***	0.008	0.631***	0.002

注：*、**、***分别表示在10%、5%、1%的显著性水平下显著。

从表6-3可以看出，2005~2018年"一带一路"沿线重点省份人均GDP的全局莫兰指数均为正数。邻接矩阵（W_1）和经济矩阵（W_3）在1%显著性水平下显著，地理距离矩阵（W_2）在5%显著性水平下显著，少部分变量通过了1%显著性水平的检验，说明"一带一路"沿线重点省份的人均GDP总体上显示出很强的空间相关性。显著性检验结果表明研究"一带一路"沿线重点省份交通基础设施建设对经济增长的影响时，需要考虑空间相关性，这也是本章构建空间计量模型的重要基础。

总体来看，在邻接矩阵、地理距离矩阵和经济距离矩阵下，莫兰指数值基本呈现先下降后上升的变化趋势，各省份经济增长水平的空间相关性以2014

年为转折点呈现先逐渐减弱、后逐渐增强的态势,经济增长水平的空间集聚特征较为明显。在2014年之前,空间相关系数逐年降低,说明各省份之间经济联系弱化,但在2014年之后,空间相关性逐年增强,这与"一带一路"倡议下各省份交通基础设施的互联互通、经济建设合作加强有一定的关联。三种空间权重矩阵下,经济距离矩阵的空间相关性最显著,说明经济增长的空间相关性受到相邻地区经济差异的影响较大。

6.3.2 局部空间相关性度量及结果分析

全局空间相关性检验验证了"一带一路"沿线17个重点省份间的经济发展存在显著正向空间相关性,但并不能反映出单个省份与其周边省份的具体相关特征和空间集聚分布情况,因此有必要进一步分析局部空间相关性。共建"一带一路"的合作倡议在2013年秋天提出,本章选取研究期限的第一年和最后一年,以及"一带一路"合作倡议提出的次年,即2005年、2014年和2018年三年数据进行局部空间相关性检验,并绘制局部莫兰指数分布散点图。

(1)局部空间相关性度量。相比全局莫兰指数,局部莫兰指数(Local Moran's I)的计算方式要简洁许多,其计算方式如下:

$$\text{Local Moran's I}_i = Z_i \sum_{i \neq j}^{n} W_{ij} Z_j \qquad (6-17)$$

式中,$Z_i = y_i - \bar{y}$,$Z_j = y_j - \bar{y}$,W_{ij} 为空间权重值,n 为所有空间单元总数,Local Moran's I_i 表示第 i 个空间单元的局部莫兰指数。从公式(6-17)可以看出,Local Moran's I_i 的正负取决于 Z_i 和 $\sum_{i \neq j}^{n} W_{ij} Z_j$ 两个部分,Z_i 可以反映出第 i 个空间单元的指标水平与整个研究区域的指标平均水平之间的高低情况,$\sum_{i \neq j}^{n} W_{ij} Z_j$ 反映出第 i 个空间单元的指标水平与周边空间单元平均水平之间的高低情况。在莫兰散点图中,横轴代表 Z_i,纵轴代表 $\sum_{i \neq j}^{n} W_{ij} Z_j$,横轴和纵轴将平面划分为四个象限,第一象限代表 i 与周边空间单元在该指标上存在"高—高"正相关性,第三象限代表"低—低"正相关性,第二象限代表"低—高"

负相关性,第四象限代表"高—低"负相关性。

(2)局部空间相关性结果分析。分别生成三种空间权重矩阵下的17个省份人均GDP莫兰散点图,如图6-2所示。由于经济距离矩阵下的聚集效应相对更明显,以下主要对经济距离矩阵下的局部莫兰散点图进行分析。

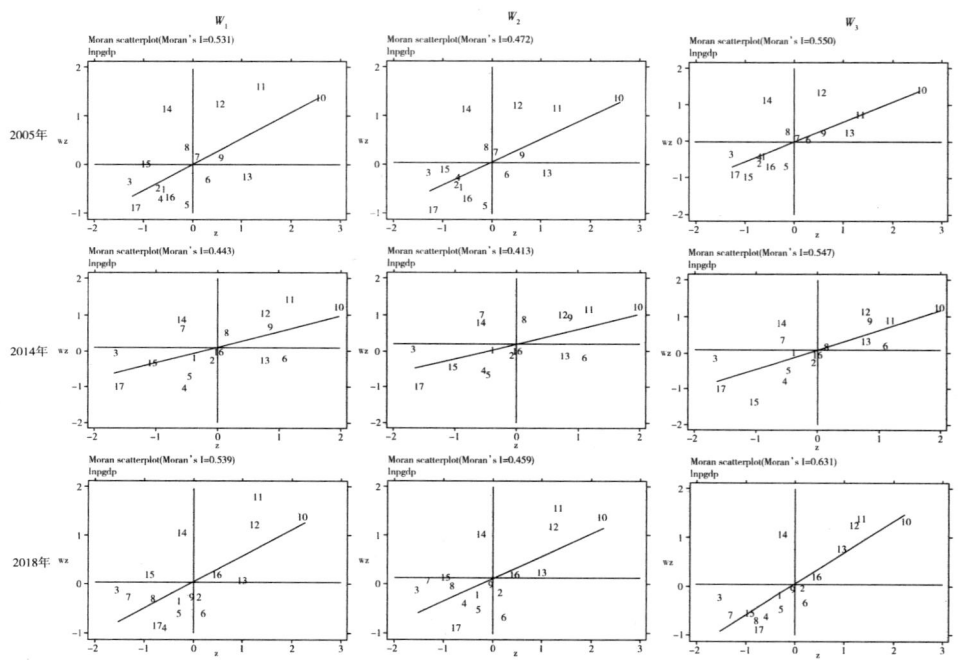

图6-2 部分年份"一带一路"沿线重点省份人均GDP莫兰散点图

注:为了图形显示清晰,在图形中使用数字代表17个省份:宁夏=1、陕西=2、甘肃=3、青海=4、新疆=5、内蒙古=6、黑龙江=7、吉林=8、辽宁=9、上海=10、浙江=11、福建=12、广东=13、海南=14、广西=15、重庆=16、云南=17。

从经济距离矩阵下的莫兰散点图可以看出,散点图回归线的斜率均为正值,则空间自相关性为正相关。大部分样本点分布于回归线附近,说明17个省份的人均GDP在空间上并非为随机散乱分布,而是具有较强的空间集聚性,其中2005年相对集中,2014年相对分散。

东南沿海五省市经济资源丰富,受国家产业政策和财政政策的扶持,经济发展水平较高,形成"高—高"型聚集,从图中可以看出,2005年、2014年和2018年上海、浙江、福建和广东均处于第一象限,表示该四个省份经济发展水平的基础都较好且持续快速提升,其中浙江和广东空间聚集明显,呈现强烈的正向关系,与前文的现状分析相吻合。海南人均GDP水平在17个省份中相对较高,但在东南沿海五省市中相对较低,处于"低—高"空间集聚的第二象限。

向北开放四省区中内蒙古、黑龙江、辽宁2005年均处于"高—高"集聚的第一象限,吉林处于"低—高"集聚的第二象限,说明2005年内蒙古、黑龙江和辽宁的人均GDP水平与整体和周边比都相对较高,吉林人均GDP水平在向北开放四省区中较低,但与整体比较则处于中等水平。2014年黑龙江移至第二象限,而吉林移至第一象限,说明黑龙江经济发展出现放缓趋势,吉林经济发展出现快速增长趋势。2018年黑龙江、吉林和辽宁均移至"低—低"集聚的第三象限,内蒙古移至"高—低"集聚的第四象限,其中,黑龙江和吉林经济发展速度出现放缓趋势,而辽宁由于经济水平和城市化水平提升较快,人口增加迅速,使人均GDP水平相对较低,内蒙古作为向北开放四省区经济总量中等水平的省份,由于人口相对较少,因此人均GDP水平相对较高。与现状结合来看,向北开放四省区的人均GDP虽然在不断上升,但由于其增加速度放缓,在四个分区中处于中等水平。

西北五省区大部分省份三年均处于"低—低"集聚的第三象限,2018年陕西作为西北五省区经济发展相对较好省份,移至第四象限。说明西北五省区人均GDP水平在四个分区中相对较低,且发展缓慢,陕西作为区域内发展相对较好省份,与整体人均GDP水平相比仍然较低。

西南三省区市2005年人均GDP相对较低,三个省份全部位于"低—低"集聚区;2014年重庆移至纵轴负半轴距离中心点较近位置,说明其人均GDP水平相比周边地区较高,但与整体比较仍然偏低。2018年重庆移至"高—高"集聚区,说明重庆经过14年的发展,到2018年人均GDP无论与周边地区相比还是与整体相比都处于较高水平。

6.4 交通基础设施对区域经济空间溢出效应的实证研究

6.4.1 多重共线性检验

参照第5章的检验方法，运用斯皮尔曼相关系数、方差膨胀系数（Variance Inflation Factor，VIF）检验和处理解释变量间存在的精确相关关系或高度相关关系。

（1）斯皮尔曼相关系数。通过计算斯皮尔曼相关系数，发现航空起降架次、航空旅客吞吐量和航空货邮吞吐量之间的相关系数较高，均超过0.9，而这三个变量与其他变量之间的相关系数均较低，说明这三个变量不应同时包含在内，具体结果见表6-4。

表6-4 斯皮尔曼相关系数

变量	lnpgdp	lncs	lnen	lnhd	rd	lnals	lnhpt	lnhct	lnrpt	lnrct	lnapt	lnact	lnaey	lnur	lnms
lnpgdp	1														
lncs	0.08	1													
lnen	0.19	0.45	1												
lnhd	0.03	-0.57	-0.40	1											
rd	-0.09	-0.46	-0.52	0.82	1										
lnals	0.69	0.23	0.55	-0.29	-0.55	1									
lnhpt	0.12	0.38	0.85	-0.30	-0.44	0.47	1								
lnhct	0.44	-0.01	0.57	0.26	0.18	0.39	0.62	1							
lnrpt	0.31	0.28	0.61	-0.02	0.00	0.36	0.65	0.76	1						
lnrct	-0.07	0.12	0.20	0.27	0.43	-0.13	0.21	0.15	0.55	1					
lnapt	0.68	0.25	0.55	-0.32	-0.59	0.98	0.46	0.34	0.33	-0.19	1				
lnact	0.56	0.45	0.59	-0.51	-0.74	0.90	0.52	0.21	0.31	-0.27	0.93	1			

续表

变量	lnpgdp	lncs	lnen	lnhd	rd	lnals	lnhpt	lnhct	lnrpt	lnrct	lnapt	lnact	lnaey	lnur	lnms
lnaey	0.60	0.40	0.10	-0.07	-0.01	0.30	0.01	0.21	0.29	0.27	0.34	0.32	1		
lnur	0.85	0.26	0.25	-0.29	-0.28	0.62	0.13	0.25	0.27	-0.15	0.63	0.61	0.67	1	
lnms	0.45	0.45	0.52	-0.76	-0.85	0.67	0.43	0.03	0.14	-0.40	0.71	0.81	0.34	0.65	1

（2）方差膨胀系数。斯皮尔曼相关系数可以反映变量间是否存在精确相关关系或高度相关关系，通过进一步计算方差膨胀因子（VIF）确定需要剔除的变量，其计算方法如第5章所示。通过计算发现，当指标体系中同时包含航空起降架次、航空旅客吞吐量和航空货邮吞吐量时，Mean VIF 值为 11.99，说明具有较严重的多重共线性，其中航空旅客吞吐量的 VIF 值为 29.72。该值较大，采用后退法进行剔除。指标体系剔除航空旅客吞吐量后，Mean VIF 值为 9.05，并且航空货邮吞吐量和航空起降架次的 VIF 值均小于 10，符合要求，说明指标体系剔除航空旅客吞吐量后，变量间不存在精确相关关系或高度相关关系。最终指标体系包含人均 GDP、资本投入、劳动投入、等级公路密度、公路旅客周转量、公路货运周转量、铁路密度、铁路旅客周转量、铁路货运周转量、航空起降架次、航空货邮吞吐量、人力资本、城镇化率和市场规模。方差膨胀系数检验具体结果见表 6-5。

表 6-5 方差膨胀因子（VIF）计算结果

变量	VIF 值	
	第 1 次	第 2 次
lnapt	29.72	—
lnals	27.03	9.64
lnms	20.21	20.13
lnact	14.25	13.29
lnen	11.98	11.1
rd	11.59	11.56
lnhd	10.17	9.99
lnhpt	9.04	8.99

续表

变量	VIF 值	
	第 1 次	第 2 次
lnur	7.39	7.36
lnhct	6.55	6.46
lnrpt	6.39	6.39
lnrct	5.78	5.38
lnaey	4.64	4.3
lncs	3.07	3.05
Mean VIF	11.99	9.05

6.4.2 空间计量模型的选择

（1）Hausman 检验基本思想。Hausman 检验的基本思想是在固定效应 a_i 与其他解释变量不相关的原假设下，采用 OLS 估计固定效应模型和采用 GLS 估计随机效应模型得到的参数估计都是无偏且一致的，只是前者不具有有效性。若原假设不成立，则固定效应模型的参数估计仍然是一致的，但随机效应模型却不是。因此，在原假设下，二者的参数估计应该不会有显著的差异，可以基于二者参数估计的差异构造统计检验量。

假设 b 和 $\hat{\beta}$ 分别为固定效应模型的 OLS 估计和随机效应模型的 GLS 估计，则：

$$Var(b - \hat{\beta}) = Var(b) + Var(\hat{\beta}) - Cov(b - \hat{\beta}) - Cov(b - \hat{\beta})' \quad (6-18)$$

基于上述 Hausman 检验的思想，有效估计量与非有效估计量之间的协方差应当为零，即：

$$Cov[(b - \hat{\beta}), \hat{\beta}] = Cov(b, \hat{\beta}) - Var(\hat{\beta}) = 0 \quad (6-19)$$

由此我们可以得到：

$$Cov(b, \hat{\beta}) = Var(\hat{\beta}) \quad (6-20)$$

将上式的结果代入式（6-18）得到：

$$Var(b - \hat{\beta}) = Var(b) - Var(\hat{\beta}) = \Psi \quad (6-21)$$

Hausman 检验基于如下 Wald 统计量：

$$W = (b - \hat{\beta})' \hat{\Psi}^{-1} (b - \hat{\beta}) \sim x^2(K - 1) \quad (6-22)$$

其中，$\hat{\Psi}$ 采用固定效应和随机效应模型的协方差矩阵进行计算。如果拒绝了原假设，就表明个体效应 a_i 和解释变量 X_{it} 是相关的，采用固定效应模型。

（2）LR 统计量的联合显著性检验。似然比检验（Likelihood Radio，LR）定义为有约束条件下的似然函数最大值与无约束条件下似然函数最大值之比，属于同时反映灵敏度和特异度的复合指标。

似然比检验的思想：如果参数约束是有效的，那么加上这样的约束不应该引起似然函数最大值的大幅度降低。也就是说，似然比检验的实质是在比较有约束条件下的似然函数最大值与无约束条件下似然函数最大值。

设 $X = (X_1, X_2, \cdots, X_n)$ 的分布密度函数是 $p(x;\theta)$，其中未知参数 $\theta \in \Theta$ 可以是向量。我们知道，简单原假设 $H_0: \theta = \theta_0$ 对简单备择假设 $H_1: \theta = \theta_1$ ($\theta_1 \neq \theta_0$) 的检验问题的似然比为：

$$\lambda(x) = \frac{p(x;\theta_1)}{p(x;\theta_0)} \quad (6-23)$$

对复合假设的检验问题，原假设 $H_0: \theta \in \Theta_0$ 对简单备择假设 $H_1: \theta \in \Theta_1$。在复合假设检验问题中，很自然地定义似然比 $\lambda(x)$ 为：

$$\lambda(x) = \frac{sup_{\theta \in \Theta_1} p(x;\theta)}{sup_{\theta \in \Theta_0} p(x;\theta)} = \frac{p(x;\hat{\theta_1})}{p(x;\hat{\theta_0})} \quad (6-24)$$

其中，$\hat{\theta_0}$ 和 $\hat{\theta_1}$ 分别是当假设 H_0 和假设 H_1 成立时，θ 的极大似然估计 MLE。$p(x;\hat{\theta_0})$ 是当原假设 H_0 成立时，观察到样本点 x 的可能性的一个度量（似然），然而 $p(x;\hat{\theta_1})$ 是备择假设 H_1 成立时，观察到样本点 x 的可能性的一个度量。在 $\lambda(x)$ 比较大时，备择假设成立观察到样本点 x 的可能性比较大，因此很自然地，在 $\lambda(x)$ 比较大时拒绝原假设。故取检验的拒绝域为 $[x: \lambda(x) \geq c]$。这个检验方法常用于区分样本来自这类分布，还是那类分布的检验问题。

(3) 空间计量模型的选择。豪斯曼（Hausman）检验在邻接矩阵（W_1）下 P 值不显著，表明不拒绝原假设，即可以使用随机效应或固定效应，但随机效应的假设条件为不能观察到的个体异质效应不能和任何一个解释变量相关，显然在进行经济计量过程中，各变量之间不可能不存在相关性，即随机效应的假设条件无法得到满足，为保证模型的稳健性，采用固定效应相对更科学。地理距离矩阵（W_2）下检验结果中的 Chi² 的值为负，一般认为拒绝原假设，即拒绝随机效应。经济距离矩阵（W_3）下 P 值具有 10% 显著性，接受固定效应。

LR 统计量的联合显著性检验结果在三种矩阵中均在 1% 显著性水平下显著，因此在邻接矩阵、地理距离矩阵和经济距离矩阵下均选择时空双固定效应。由于 SDM 模型与 SAR 模型和 SEM 模型的 LR 检验结果均在 1% 显著性水平下显著，SDM 模型不会退化为 SAR、SEM 模型，因此选择空间杜宾模型进行后续效应分析，相关检验结果如表 6-6 所示。

表 6-6 模型检验结果

	W_1	W_2	W_3
Hausman test	0.87	—	0.09*
LR test（SAR）	58.84***	50.57***	59.20***
LR test（SEM）	166.85***	161.24***	162.54***
联合显著性	LR 统计量		
时间固定	-160.39***	-170.84***	-121.44***
空间固定	-32.95***	-31.86***	-58.27***

注：***、**、*分别表示在 1%、5% 和 10% 的显著性水平下显著。

关于 SAR 模型和 SEM 模型在三种空间权重矩阵下的效应结果在附录中已经给出，这里不再进行分析和赘述。

6.4.3 基于空间杜宾模型的实证分析

本部分以不考虑空间相关性和考虑空间相关性两种方法进行实证分析。首先，在未考虑空间相关性前提下，使用极大似然函数 MLE 进行估计；其次，

6 "一带一路"沿线重点省份交通基础设施对区域经济增长的空间溢出效应分析

构建邻接矩阵（W_1）、地理距离矩阵（W_2）和经济距离矩阵（W_3），建立多因素的时空双固定效应空间杜宾模型，分析交通基础设施建设对区域经济增长空间溢出效应的影响程度，并通过效应分解的方法对其进行进一步分析。

6.4.3.1 空间杜宾模型效应系数估计

邻接矩阵、地理距离矩阵和经济距离矩阵下的 SDM 模型实证结果如表 6-7 所示。

表 6-7 空间杜宾模型（SDM）系数估计

变量	MLE	W_1	W_2	W_3
lncs	0.037	0.011	0.014	0.053
lnen	0.401***	0.282**	0.135	0.226**
lnhd	0.011	−0.012	−0.006	0.017
rd	0.134***	−0.139***	−0.150***	−0.102***
lnals	0.062**	0.075***	0.087***	0.100***
lnhpt	0.043	0.004	0.026	0.038
lnhct	0.137***	0.136***	0.135***	0.126***
lnrpt	0.091***	0.093***	0.067***	0.037
lnrct	0.097***	0.058**	0.076***	0.053*
lnact	0.006	−0.001	0.003	−0.005
lnaey	0.809**	−0.575	−0.645	−0.622
lnur	1.103***	0.765***	0.617***	0.494***
lnms	0.792***	−0.661**	−0.650**	−0.878***
W*lncs		−0.109*	−0.008	0.078
W*lnen		0.293	−0.008	−0.228
W*lnhd		−0.101	−0.182**	−0.087
W*rd		−0.216***	−0.170***	−0.160***
W*lnals		0.099**	0.188***	0.117***
W*lnhpt		−0.059	0.024	−0.143***
W*lnhct		0.068**	0.074**	0.111***
W*lnrpt		−0.091**	−0.046	−0.115***
W*lnrct		−0.096*	−0.157**	−0.094

续表

变量	MLE	W_1	W_2	W_3
$W*\ln act$		-0.01	-0.012	-0.02
$W*\ln aey$		1.182*	1.072	0.178
$W*\ln ur$		0.318	-0.039	0.524*
$W*\ln ms$		0.553	0.292	1.542***
R^2		0.968	0.941	0.950
Log-L	313.61	354.48	351.86	361.04

注：*、**、***分别表示在10%、5%、1%的显著性水平下显著。

在不考虑空间相关性时，劳动投入、铁路密度、公路货运周转量、铁路客运周转量、铁路货运周转量、航空起降架次、城镇化率、市场规模和人力资本均具有最低5%的显著性水平。铁路、公路和航空三种交通基础设施的建设与发展对区域经济发展能够产生直接的显著影响。劳动投入因素的系数高达0.401，说明"一带一路"沿线重点省份可以通过扩大就业推动区域经济发展。公路货运量和铁路密度因素的系数也相对较大，说明交通基础设施建设在促进区域经济发展的过程中，公路货运量的增加和铁路网络的完善具有较大的贡献度。航空起降架次因素的系数为0.062，对区域经济的推动作用相对较小。控制变量上，提高城镇化水平、扩大市场规模、提升劳动力素质水平对区域经济发展均具有十分重要的推动作用。

考虑空间相关性时，劳动投入在邻接矩阵和经济距离矩阵下均具有显著的正向影响，说明就业人数的增加可以有效推动本省份、相邻省份、与本省份经济差距较小的周边省份区域经济的发展，这与我国提出的实行"稳就业保就业"政策是相一致的。

在交通基础设施建设方面，铁路密度在三种矩阵下均具有显著的负向影响，这可能与铁路建设周期长、投入大、投资回收周期长的特征有关，在一定程度上制约了区域经济的快速发展，因此需要通过加快铁路基础设施的投资和建设来促进区域经济快速发展。航空起降架次因素在三种矩阵下弹性系数为正，且均具有1%显著性水平，说明航空起降架次的增加能够促进中长距离航空客、货运便捷性的提升，进一步扩大市场开放，而市场的扩大会反向促进航空客、货运需求的增加，从而推动航空起降架次的增加。公路密度在地理距离矩阵下具有滞后性的负弹性系数，显著性水平为5%，说明公路密度的增加对本省和距离较近的周边省份的区域经济发展具有负向影响，且该影响具有滞后性。这可能与随着铁路和航空交通基础设施的完善，公路交通基础设施对经济发展的推动作用不再具有明显优势有关。

在交通客、货运方面，公路货运周转量在三种矩阵下均具有1%显著的正向影响。2018年"一带一路"沿线重点省份的公路货运量占公、铁、航空货运总量的90%左右，且公路货运具有灵活性优势，公路货运仍然是17个省份货物运输的主要方式之一，能够对区域经济发展形成推动作用。铁路运输具有运输量大、运输成本低的优势，对区域经济的发展具有促进作用，这与实证分析得出的铁路客货运周转量具有显著的正向影响是一致的。公路客运周转量在经济距离矩阵下具有滞后性的1%显著负向影响，公路交通建设对经济差距较小的周边省份的区域经济发展具有不利影响，主要是因为提升本省份公路客运水平会促使人才和劳动力向本省份流动，使这些周边省份出现人才短缺、"用工荒"等问题。

从控制变量的实证结果看，城镇化率对区域经济具有1%显著性的正向影响，城市化水平的提升可以带动居民消费能力的提高和第三产业的发展，进而促进区域经济水平和现代化进程的快速发展，城镇化水平对本地经济发展起到较大的促进作用，这与赵鹏（2017）的研究结果相一致[103]。市场规模对区域经济具有1%显著性的负向影响，发达地区扩大市场规模会进一步吸引经济要素流入，从而扩大"虹吸效应"的影响，不利于周边地区经济发展水平的提升。人力资本在邻接矩阵下具有滞后性的10%显著正向影响，说明每提高1%人力素质水平，可以对区域经济产生1.182%的推动作用，但推动作用具有滞后性，这符合劳动力素质提升的周期性特征。

综合分析三个空间权重矩阵下的结果，不考虑滞后项时，邻接矩阵下的结果相对更显著，说明解释变量对相邻省份区域经济发展的影响更大，这与现实实践相吻合。考虑滞后项时，经济距离矩阵下的结果相对更显著，说明解释变量的滞后性对经济差距较小的省份的区域经济发展影响更大。可以说，发展区域经济不仅要重视本省份的各要素产生的影响，还要重视相邻省份和经济差距较小的周边省份对本省份区域经济发展所产生的影响。为了更详细地说明这种影响关系，本节将对模型进行效应分解，从而更加清晰地对此影响进行解释。

6.4.3.2 空间杜宾模型效应分解

（1）主要解释变量的效应分解。运用Stata15.1软件，对2005~2018年交通基础设施对区域经济增长的总效应进行分解，研究"一带一路"沿线重点省份交通基础设施对区域经济增长的直接、间接影响程度。效应分解结果如表6-8所示。

表6-8 空间杜宾模型（SDM）核心解释变量效应分解

变量	W_1			W_2			W_3		
	直接效应	间接效应	总效应	直接效应	间接效应	总效应	直接效应	间接效应	总效应
lncs	-0.001	-0.135*	-0.136	0.016	0.002	0.018	0.070*	0.123	0.193*
lnen	0.326**	0.475	0.801*	0.132	0.029	0.161	0.195	-0.214	-0.019
lnhd	-0.021	-0.136	-0.158	-0.028	-0.252**	-0.280*	0.008	-0.103	-0.095
rd	-0.174***	-0.332***	-0.507***	-0.183***	-0.300***	-0.483***	-0.132***	-0.234***	-0.365***
lnals	0.0912***	0.155**	0.247***	0.119***	0.297***	0.416***	0.123***	0.180***	0.303***
lnhpt	-0.002	-0.075	-0.077	0.032	0.047	0.079	0.018	-0.166***	-0.148
lnhct	0.150***	0.141***	0.292***	0.152***	0.163***	0.315***	0.150***	0.186***	0.335***
lnrpt	0.083***	-0.082	0.001	0.061***	-0.034	0.027	0.019	-0.132**	-0.113**
lnrct	0.049*	-0.104	-0.055	0.058*	-0.182**	-0.124	0.041	-0.104	-0.063
lnact	-0.002	-0.014	-0.016	0.002	-0.015	-0.013	-0.008	-0.026	-0.034

注：*、**、***分别表示在10%、5%、1%的显著性水平下显著。

综合比较三种矩阵下的空间溢出效应，铁路密度、航空起降架次和公路货运周转量均具有显著性，其余主要变量依据选取的矩阵不同，其显著性也有所变化。从影响程度看，经济距离矩阵下影响程度整体上最强，邻接矩阵与地理距离矩阵的计算结果相对较弱，说明各变量在不同矩阵下的空间溢出效应影响不同。

从资本、劳动的投入来看，资本投入的直接效应具有10%显著正向影响，增加资本存量会对本地区域经济增长产生推动作用，主要原因是资本存量的增加意味着经济水平的组成部分之一——投资的增加，进而推动了区域经济的增长。资本投入的间接效应具有10%显著负向影响，增加资本存量会对周边相邻地区区域经济发展产生一定的抑制作用，主要原因是资本的增加会使经济产生集聚效应，使周边地区的资本进一步向本地集聚，不利于周边地区的区域经济发展。从资本投入直接和间接效应分析的结果与武勇杰（2017）的结论是一致的。劳动投入在邻接矩阵下的直接效应具有5%显著性正向影响，就业人数的增加会对区域经济发展产生显著的推动作用，说明"一带一路"沿线重点省份的经济发展依然以劳动力驱动为主，应大力采取积极的就业政策来推动区域经济发展。

从交通基础设施建设情况来看，铁路密度在三种矩阵下的直接效应、间接效应均具有1%显著负影响，说明铁路发展速度相对滞后于经济发展速度，这抑制了经济的快速增长，应该加大铁路投资建设，不断完善铁路交通网络。航空起降架次在三种矩阵下的直接效应和间接效应均具为1%显著的正向影响，加强航空网络建设，提高航空起降架次数量可以推动本省份和周边省份现代经济体系的构建，促进经济高质量发展。

从交通客、货运情况来看，公路旅客周转量、公路货运周转量、铁路客运周转量三个因素的直接效应和间接效应的分解结果与总效应的影响趋势一致。公路货运周转量的间接效应分解值大于直接效应的分解值，说明提高公路货运水平对邻近省份、经济差距较小的周边省份的经济发展起到的推动作用要大于对本省份经济发展的推动作用。经济欠发达地区应充分利用该种溢出效应，带动本地技术、人才、资本的迅速发展。铁路货运周转量在三种矩阵下的总效应都为负数，但直接效应在邻接矩阵和地理距离矩阵下具有显著正向影响，提高铁路货运周转量能够提升要素流动的便捷性，从而促进本地经济发展。

（2）控制变量的效应分解。为了全面地分析促进经济发展的影响因素，本节对SDM模型的控制变量也进行了效应分解，见表6-9。从三种矩阵的分析结果来看，在经济距离矩阵下的结果要明显比另两种矩阵下的结果显著。人力资本、城镇化率在三种矩阵下的直接效应与间接效应影响趋势与总效应影响趋势一致。从城镇化率对区域经济发展的直接影响效应值可以看出，城市化水平的提升能够使土地价格得到重新估算，从而改变依靠土地的财政收入方式，进而对经济发展产生有利影响。现阶段"一带一路"重点省份的城镇化率也可以验证以上结果，经济发展水平较高省份的城镇化率可以达到70%以上。市场规模的直接效应和间接效应在经济距离矩阵下具有较高的显著性，扩大市场规模更易产生集聚效应，这导致本省份市场的竞争加剧，不利于本省份经济快速发展。但竞争的加剧会使企业向周边省份转移，促进周边省份的经济发展。

表6-9 空间杜宾模型（SDM）控制变量效应分解

变量	W_1			W_2			W_3		
	直接效应	间接效应	总效应	直接效应	间接效应	总效应	直接效应	间接效应	总效应
lnaey	-0.455	1.273	0.817	-0.546	1.115	0.569	-0.651*	-0.030	-0.682
lnur	0.847***	0.704	1.550***	0.644***	0.224	0.868*	0.606***	0.841***	1.447***
lnms	-0.611*	0.455	-0.155	-0.642*	0.102	-0.540	-0.677**	1.613***	0.935

注：*、**、***分别表示在10%、5%、1%的显著性水平下显著。

7 "一带一路"沿线重点省份交通基础设施对绿色经济的影响研究

自 2002 年党的十六大将"可持续发展能力不断增强"作为全面建设小康社会的目标之一后，2012 年党的十八大提出要"大力推进生态文明建设"的战略决策，将生态文明与经济、政治、文化和社会放在一起形成"五位一体"总体布局。2015 年党的十八届五中全会首次将生态文明建设写入国家五年规划中，我国对经济长期可持续发展和环境保护的重视程度被提到新的高度。交通基础设施作为现代社会生产生活必不可少的一部分，在促进经济增长的同时也会造成一定程度的环境污染。因此，伴随着"一带一路"沿线重点省份受益于该倡议所带来的经济增长，有必要研究其交通基础设施对绿色经济的影响程度。

7.1 "一带一路"沿线重点省份绿色经济的现状分析

绿色发展是一种低能耗、低污染、高产出的可持续发展方式，强调以人为本的发展理念，即在促进经济增长的同时，也要实现资源节约和污染减排[104]。绿色经济要求经济活动除了要遵循经济自身规律之外，还必须尊重自然界的客观规律，注重生态环境保护，不能损害生态环境，绿色经济同时受到生产效率、经济发展和环境污染因素的影响。"一带一路"沿线重点省份涉及

17个省份,生产技术、对环境污染重视程度和经济发展差距均较大,本部分选取单位地区生产总值能耗、环境污染治理总投资占 GDP 比重和相对绿色 GDP 进行现状比较分析。

7.1.1 绿色经济指标

选取单位地区生产总值能耗、环境污染治理总投资占 GDP 比重和相对绿色 GDP 等指标,其具体定义和测度如下:

(1) 单位地区生产总值能耗。单位地区生产总值能耗反映一个地区可持续发展的技术水平,单位地区生产总值能耗越小说明生产技术水平越好,反之则生产技术水平较低,它通常用一个地区能源消耗总量除以地区生产总值来表示。

(2) 环境污染治理总投资占 GDP 比重。环境污染治理总投资占 GDP 比重反映一个地区对环境污染和环境保护的重视程度,比重越高说明对环境污染和环境保护的重视程度越高,反之则重视程度越低。

(3) 相对绿色 GDP。绿色 GDP 指从 GDP 中扣除由于环境污染、自然资源退化等因素引起的经济损失成本[105]。由于环境污染和自然资源退化的具体指标很难统一,而其数据的统计又过于复杂,因此学者选择与所研究内容相关的指标进行计算从而得出相对绿色 GDP。相对绿色 GDP 作为绿色经济发展情况的指代变量,选取各省份的二氧化硫排放总量和烟(粉)尘排放总量作为经济发展过程中环境的"附加产物"计算环境污染综合指数[106],并将地区生产总值与环境污染综合指数的比值作为相对绿色 GDP。相对绿色 GDP 数值越大说明环境污染影响因素越弱,即绿色经济发展越好,反之则绿色经济发展越差。

熵权法能够较为客观地确定评价问题中的指标权重,能较为准确地确定评价体系中各指标的权重。运用熵权法计算环境污染综合指数的步骤如图 7-1 所示。

7 "一带一路"沿线重点省份交通基础设施对绿色经济的影响研究

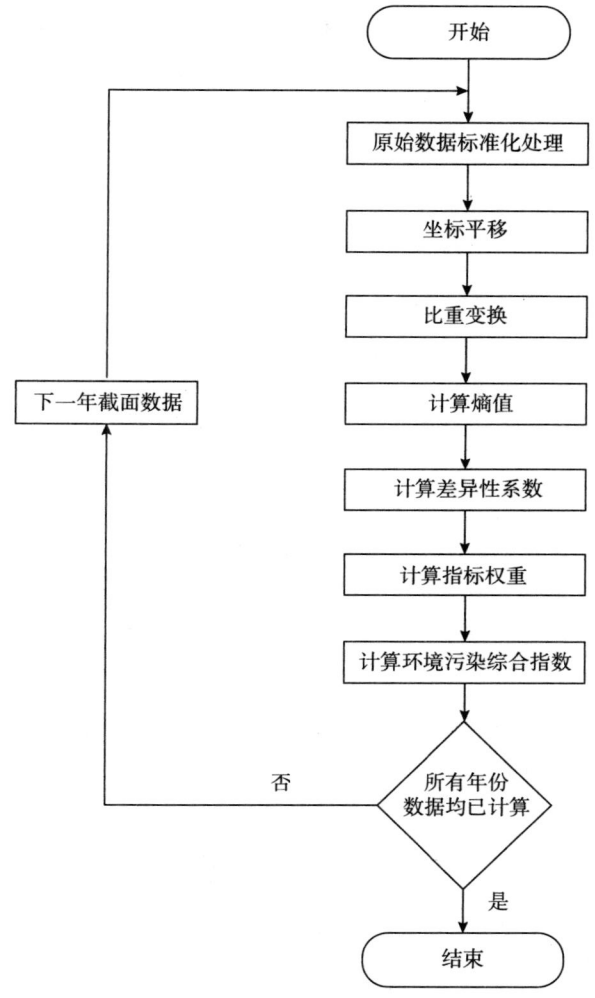

图 7-1 熵权法计算环境污染综合指数的步骤

环境污染综合指数的具体计算过程如下：
(1) 假定有 m 个地区，n 个评价指标，则 A_{ij} 表示 i 地区的第 j 个指标值；
(2) 对原始数据进行标准化处理得到 B_{ij}：

$$B_{ij} = \frac{A_{ij} - \min\{A_{ij}\}}{\max\{A_{ij}\} - \min\{A_{ij}\}} \tag{7-1}$$

(3) 对标准化数据 B_{ij} 进行坐标平移得到 C_{ij}，比重变换平移后的数据

· 121 ·

为 D_{ij}:

$$C_{ij} = 1 + B_{ij} \quad (7-2)$$

$$D_{ij} = \frac{C_{ij}}{\sum_{i=1}^{m} C_{ij}} \quad (7-3)$$

式中，$i = 1, 2, \cdots, m$；$j = 1, 2, \cdots, n$；

(4) 计算得到指标的熵值 E_j:

$$E_j = -(\ln m)^{-1} \sum_{i=1}^{m} D_{ij} \ln D_{ij} \quad (7-4)$$

(5) 计算差异性系数 F_j 和指标权重 W_j:

$$F_j = 1 - E_j \quad (7-5)$$

$$W_j = \frac{F_j}{\sum_{j=1}^{n} F_j} \quad (7-6)$$

(6) 计算得到环境污染综合指数 P_i:

$$P_i = \sum_{j=1}^{n} W_j A_{ij} \quad (7-7)$$

式中，P_i 即为环境污染综合指数，根据计算过程可以看出，P_i 越大表示区域环境污染水平越高。

7.1.2 西北五省区绿色经济发展现状比较分析

西北地区水能、风能和太阳能等能源资源丰富，第二产业占比相对较大，在国家政策引导下，西北地区近年来积极通过退牧还草、防沙治沙、植树造林等举措推动生态环境的恢复，使西北走出了一条区别于高耗能、高污染经济发展路线的新路径。

(1) 西北五省区单位地区生产总值能耗指标分析。2005~2017 年西北五省区单位地区生产总值能耗数据总体上均呈下降趋势（见图 7-2），说明西北五省的绿色经济发展技术水平不断提升。在五个省份中，陕西和甘肃的单位地区生产总值能耗相对较低，2017 年的单位地区生产总值能耗分别为 0.57 吨标准煤/万元和 1.01 吨标准煤/万元，与陕西和甘肃在五个省份中经济发展水平相对较高是相符的。新疆的单位地区生产总值能耗在2012年之前处于西北五省平均值之下，2012~2017年有所增加，2017年的单位地区生产总值能耗为2005年的76%，说明其能源消耗量的降低速度比地区经济发展速度要慢。宁夏与青海的单位地区生产总值能耗虽然在13年间持续下降，但均在西北五省区平均值之上，说明宁夏和青海的生产技术水平在西北五省区中相对较低。

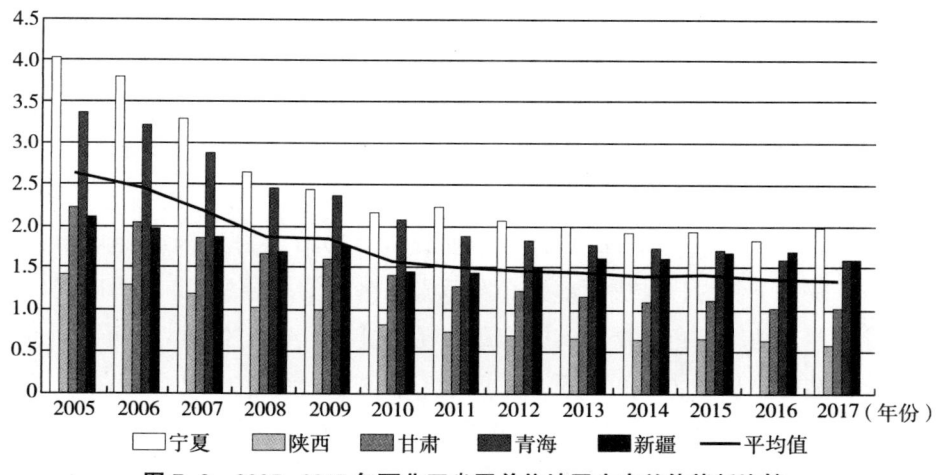

图7-2　2005~2017年西北五省区单位地区生产总值能耗比较

（2）西北五省区环境污染治理总投资占GDP比重指标分析。从图7-3可以看出，西北五省区环境污染治理总投资与GDP比重总体上在曲折波动中呈上升走势，说明西北五省区产生了显著的污染物减排成效。宁夏和新疆的环境污染治理总投资占GDP比重在西北五省区均值之上，说明目前企业在节能增效和环保减排方面的技术相对不成熟，需要更高的投资进行研发、技术升级和治理。陕西环境污染治理投资占GDP比重相对较低，在0.86%~1.77%，结合其单位地区生产总值能耗同时也最低来看，说明其绿色经济发展的技术水平和环境治理水平相对达到了较高的水平。

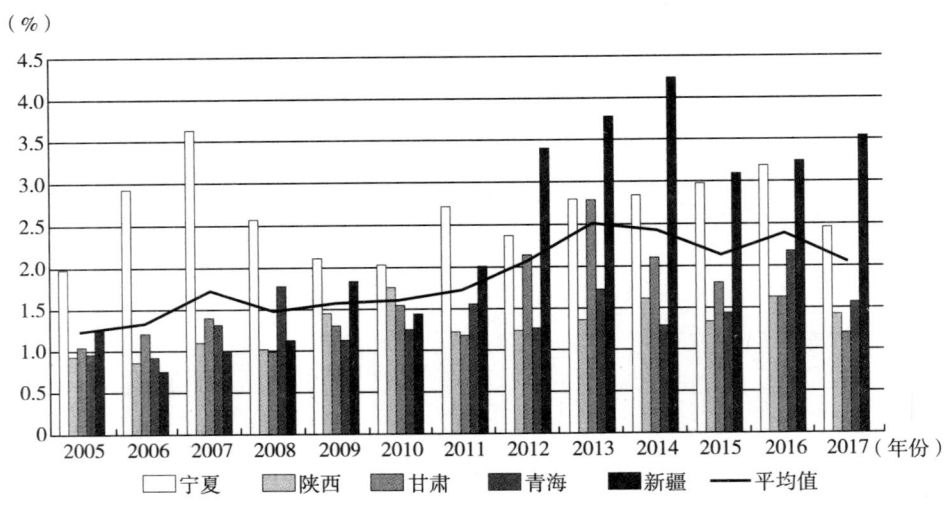

图 7-3 2005~2017 年西北五省区环境污染治理总投资占 GDP 比重比较

（3）西北五省区相对绿色 GDP 指标分析。2020 年，我国出台《中共中央、国务院关于新时代推进西部大开发形成新格局的指导意见》，明确提出要加快推进西部地区绿色发展，实施能源消耗总量和强度双控制，全面推动重点领域节能减排。从图 7-4 可以看出，西北五省区相对绿色 GDP 均值在 13 年间呈增长趋势。2015 年底，我国首度将生态文明建设正式写入了五年规划中，各省份相应加强对生态文明建设的重视程度，主要污染物的排放也得到了有效的控制，这使得 2016 年和 2017 年的环境污染治理程度得到极大提升，从而使得西北五省区各省份的相对绿色 GDP 都大幅增加。陕西相对绿色 GDP 由 2005 年的 67.97 亿元增长到 2017 年的 857.74 亿元，增长了近 11.6 倍，主要原因是陕西实施了"一山两河"的重点综合环境整治措施，并如期完成了节能减排目标，绿色经济发展成果显著。2016 年和 2017 年陕西相对绿色 GDP 呈爆发式增长，主要原因是"十三五"时期对环境治理和技术升级的要求使陕西主要污染物排放总量明显下降，进而环境污染指数有了大幅下降。2016 年和 2017 年甘肃的相对绿色 GDP 增长显著，主要原因是"十三五"时期，甘肃作为全国重要的生态安全屏障，对重点生态功能区实行了产业准入负面清单方案，从而对省内污染治理和污染排放起到了极大的推动和督促作用。

7 "一带一路"沿线重点省份交通基础设施对绿色经济的影响研究

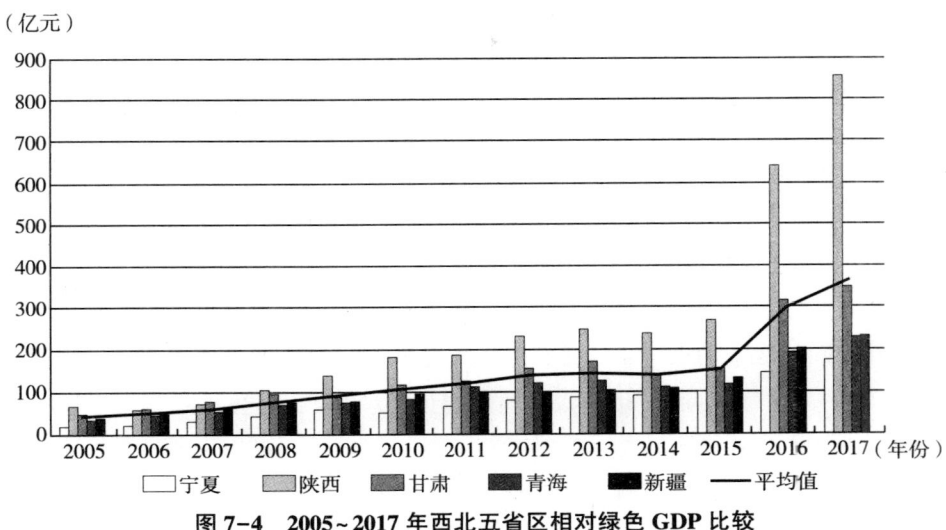

图 7-4 2005~2017 年西北五省区相对绿色 GDP 比较

7.1.3 向北开放四省区绿色经济发展现状比较

向北开放四省区自然资源和矿产资源丰富，其中哈尔滨、吉林和辽宁三省在 20 世纪 90 年代是我国重要的重工业基地、粮食产地和能源储备地，三省资源消耗过度，污染严重，随着污染治理和环境监管的不断加强，其环境治理效果逐渐好转。内蒙古自治区作为我国生态环境脆弱地区，在经济发展的过程中面临着较多的环境保护问题。近年来，围绕"坚决打赢污染防治攻坚战，构筑祖国北疆万里绿色长城"，内蒙古自治区提出了一系列重大举措，着力推动绿色低碳发展。

（1）向北开放四省区单位地区生产总值能耗指标分析。单位地区生产总值能耗受到各产业单位能源消耗变动的影响以及各产业结构变动等多方面的影响。2003 年，《关于实施东北地区等老工业基地振兴战略的若干意见》出台，提出了振兴战略的各项方针政策。在实施东北振兴战略十多年来，向北开放四省区一方面积极调整产业结构，严控相关产业投资新上项目；另一方面加强对传统高污染、高耗能产业的技术改造，单位地区生产总值能耗均值呈现下降趋势，这是转方式、调结构带来的显著成果。研究期限内内蒙古自治区的单位地区生产总值能耗明显高于其他省份，这与经济增长对能源的依赖程度仍然较高、生产技术水平有待提升有关。内蒙古自治区能源消费中煤炭一直占主体地位，13年里煤炭占比从2005年的90.44%下降到了2017年的79.88%，虽然占比不断下降但仍然较高，这种以煤为主的能源结构是造成能源效率低、环境污染严重的最主要原因。2017年辽宁能源消耗总量中煤炭占比为58.6%，辽宁单位地区生产总值能耗低于内蒙古。单位地区生产总值能耗不断下降且低于向北开放四省区平均水平。近年来，单位地区生产总值能耗均值下降趋势明显放缓，随着"一带一路"倡议以及再度提出的"振兴东北经济"计划的实施，东北三省产业结构升级带来了新的契机，东北三省依托国际产业转移，开展国际间产能合作，加强供给侧改革，从根本上实现产业结构转型升级。

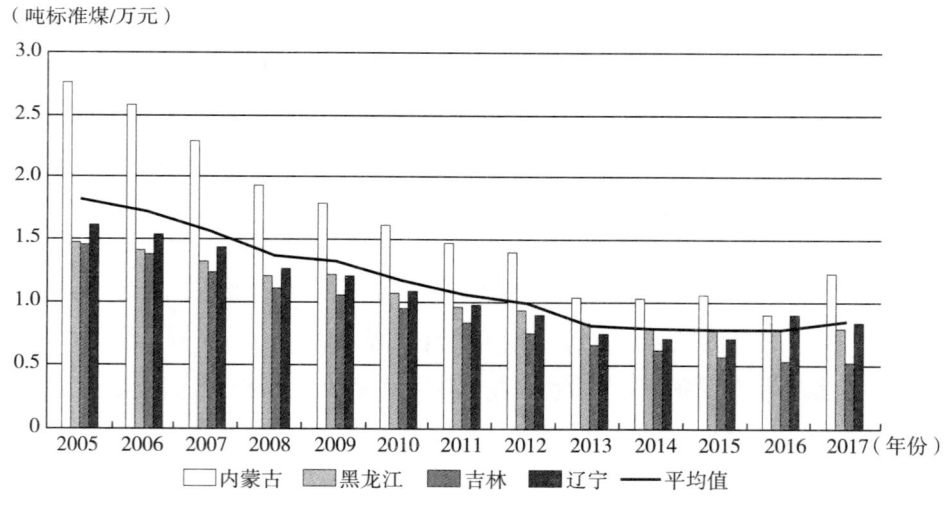

图7-5　2005~2017年向北开放四省区单位地区生产总值能耗比较

（2）向北开放四省区环境污染治理总投资占GDP比重指标分析。向北开放四省区环境污染治理总投资占GDP比重以2013年为分水岭先增后降，其中13年间内蒙古污染治理总投资占GDP比重在向北开放四省区中最高，这与其单位地区生产总值能耗明显高于向北开放四省区其他省份的情况下，不断加大

7 "一带一路"沿线重点省份交通基础设施对绿色经济的影响研究

污染治理的投资有关。辽宁的单位地区生产总值能耗与黑龙江、吉林相差不大,但辽宁环境污染治理总投资占 GDP 比重明显高于这两个省份,这与"十一五"以来持续推进的辽河流域污染治理工作有关。2012 年是辽河治理攻坚战的关键年,环境污染治理总投资占 GDP 比重达 2.76%,达到辽河流域治理"摘帽"的预期目标。结合单位地区生产总值能耗情况来看,2012 年以后辽宁环境治理总投资逐渐减少。具体如图 7-6 所示。

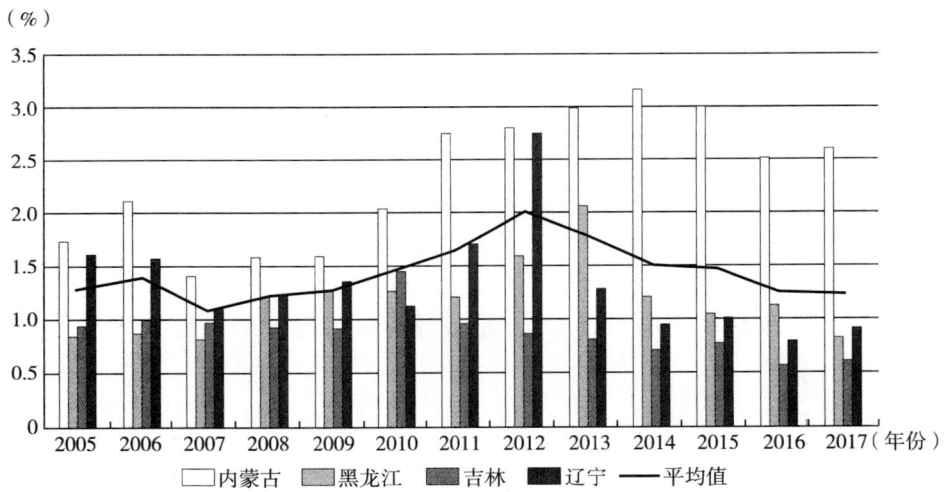

图 7-6　2005~2017 年向北开放四省区环境污染治理总投资占 GDP 比重比较

(3) 向北开放四省区相对绿色 GDP 指标分析。向北开放四省区相对绿色 GDP 指标除 2014 年和 2015 年略有下降外整体呈上升趋势。吉林相对绿色 GDP 最高,超过向北开放四省区相对绿色 GDP 均值,特别是 2016 年和 2017 年明显高于向北开放四省其他省份,主要原因是吉林的主要污染物排放相对其他三个省区要低很多。以 2017 年为例,虽然吉林 GDP 占到四个省区总量的 21.46%,但二氧化硫排放总量仅占四个省区排放总量的 11.9%,其烟(粉)尘排放总量仅占四个省区排放总量的 11.6%,吉林的环境污染指数仅为 18.28,而另外三个省区环境污染指数均在 35 以上,吉林的污染程度相对要小很多,GDP 占比超出污染占比较多,相对绿色 GDP 指标较高。作为生态资源大省，吉林环境污染程度相对较小，与其在建设发展过程中，围绕确立绿色品牌大省的形象目标，大力发展生态经济产业有关。具体如图7-7所示。

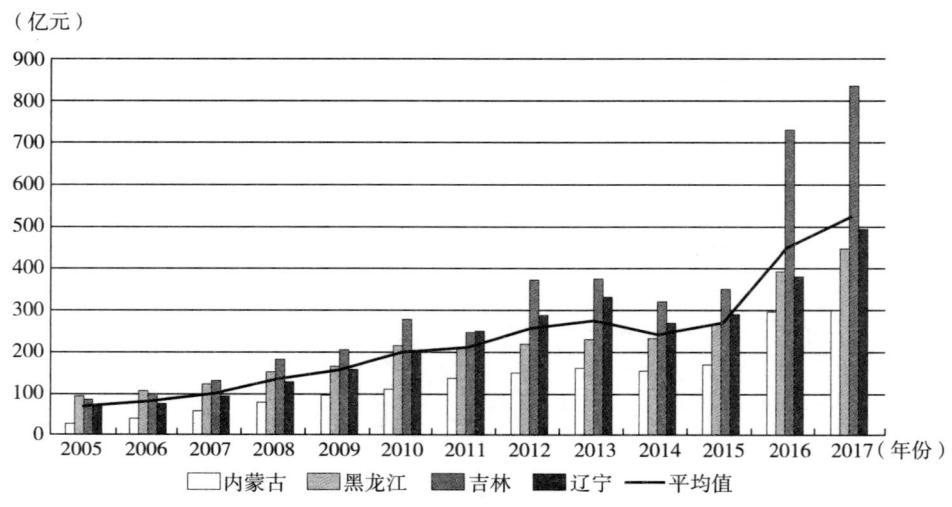

图 7-7 2005～2017 年向北开放四省区相对绿色 GDP 比较

7.1.4 东南沿海五省市绿色经济发展现状比较

发展绿色经济已成为新时代中国特色社会主义建设下，推动中国经济进入高质量发展轨道的新理念。东南沿海地区作为我国经济发展的引领者和改革开放的先行地区，其绿色经济发展水平较高，在绿色经济增长度和承载力方面居于全国首位，绿色发展优势明显。

（1）东南沿海五省市单位地区生产总值能耗指标分析。东南沿海五省市单位地区生产总值能耗平均值总体呈持续下降趋势，上海、浙江、福建和广东都在均值之下且相差不大。广东的单位地区生产总值能耗在 13 年间均处于较低水平，特别是 2017 年其单位地区生产总值能耗为 0.07 吨标准煤/万元，为 17 个省份最低，说明其传统产业绿色化改造取得明显成效，经济发展与绿色发展具有较好的协调性。虽然海南的单位地区生产总值能耗在东南沿海五省市

7 "一带一路"沿线重点省份交通基础设施对绿色经济的影响研究

中相对较高,但是从全国水平来看,海南单位地区生产总值能耗较低。具体如图7-8所示。

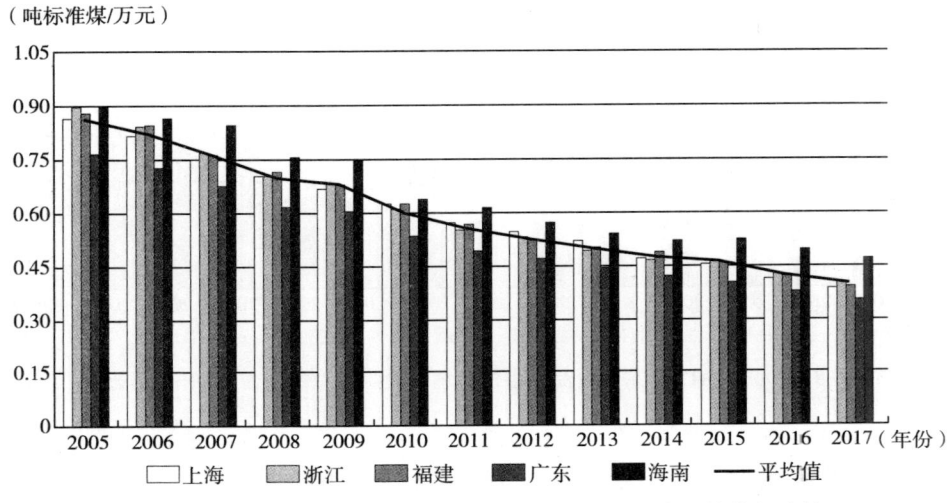

图 7-8　2005~2017 年东南沿海五省市单位地区生产总值能耗比较

(2)东南沿海五省市环境污染治理总投资占 GDP 比重指标分析。东南沿海五省市环境污染治理总投资占 GDP 比重总体呈现在上下起伏波动中逐渐降低、波动幅度逐渐平缓的趋势。广东的占比基本处于较低水平,环境污染治理水平相对较高。2010 年广东主办第 16 届亚运会,为全力保障亚运会期间的空气质量,广东全面推进珠三角大气污染整治,目标是使所有国控监测点和主要亚运场馆监测点的二氧化氮和可吸入颗粒物日均值达到国家Ⅱ级标准,因此 2010 年广东占比突增至 3%以上,远远高于其他年份的 0.8%以下。浙江 2008 年环境污染治理总投资占 GDP 比重较其他年份高很多,主要原因是浙江启动"811"环境保护新三年行动,大力实施"千村示范万村整治"等工程,并启动了循环经济试点省建设。海南经济发展水平相对较低,环境治理投资占比相对较高。具体如图 7-9 所示。

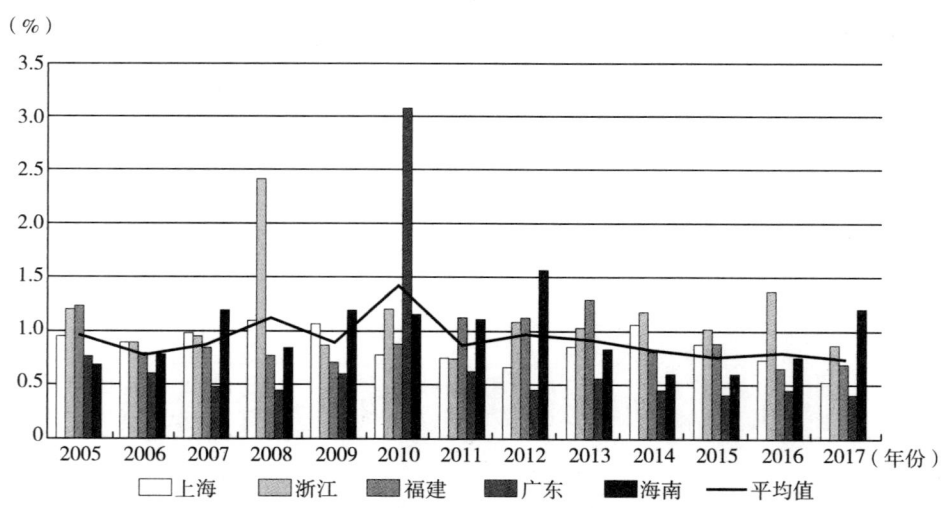

图 7-9　2005~2017 年东南沿海五省市环境污染治理总投资占 GDP 比重比较

（3）东南沿海五省市相对绿色 GDP 指标分析。东南沿海五省市的相对绿色 GDP 总体上呈上升趋势，其中 2016~2017 年增幅较大。2016 年，海南发布《海南省大气污染防治实施方案》，加大对重点领域、重点区域大气污染的防治力度，着力整治大气污染的突出问题，成效较显著，海南的相对绿色 GDP 在 2016 年和 2017 年实现显著增长。2016 年，为推进生态文明建设，促进绿色发展和绿色生活，上海市印发《2016 年上海市污染防治工作计划》和修订通过《上海市环境保护条例》，二氧化硫排放总量和烟（粉）尘排放总量显著下降，使环境污染指数显著减小，2016 年和 2017 年上海相对绿色 GDP 实现跳跃式增长。具体如图 7-10 所示。

7.1.5　西南三省区市绿色经济发展现状比较

西南三省区市区域内蕴藏着丰富的水资源、生物资源、矿产资源，具有极大的经济潜能和开发价值，绿色经济、旅游文化是本地区的特色。西南三省区市在发展绿色经济方面进行了积极的探索，取得了明显的成效。

（1）西南三省区市单位地区生产总值能耗指标分析。西南三省区市的单

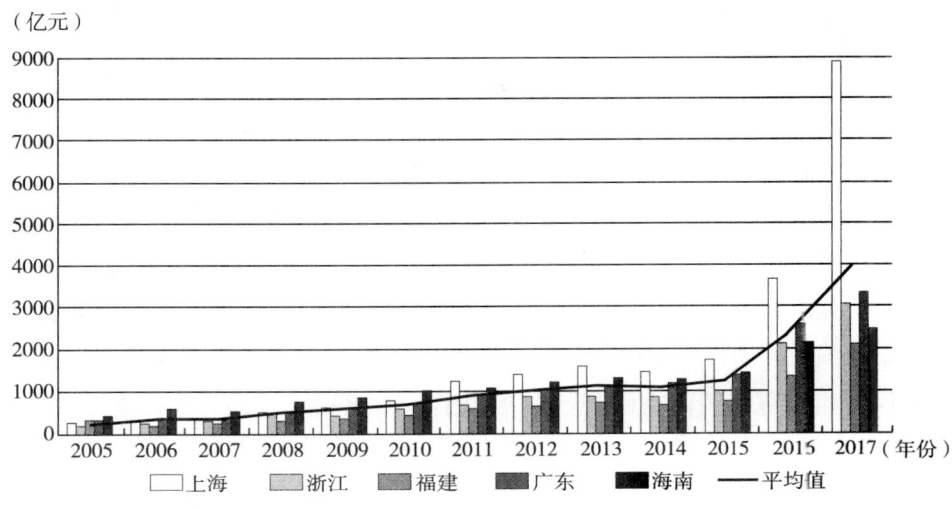

图 7-10　2005~2017 年东南沿海五省市相对绿色 GDP 比较

位地区生产总值能耗均呈现逐年下降趋势，说明其节能降耗的技术水平逐渐得到提升。云南的单位地区生产总值能耗相对较高，超过了西南三省区市的平均水平，主要原因是云南的能源消耗总量相对较高，但其 GDP 相对较低，说明云南的经济发展水平相对较落后。具体如图 7-11 所示。

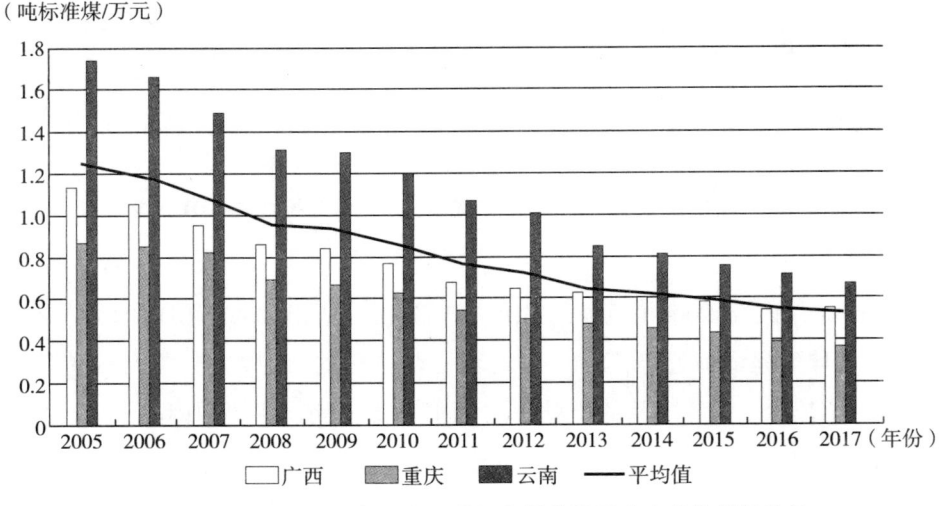

图 7-11　2005~2017 年西南三省区市单位地区生产总值能耗比较

（2）西南三省区市环境污染治理总投资占 GDP 比重指标分析。西南三省区市的环境污染治理总投资占 GDP 比重总体上呈现先上升后下降的趋势，在"十一五"与"十二五"的过渡期占比较高。重庆 2010 年和 2011 年的占比出现跨越式增长，究其原因，主要是重庆自 2009 年开始建设国家环境保护模范城市，从而加大了环境治理总投资。再者，重庆的环境治理总投资尽管呈增长趋势，但相对于 GDP 的增长速度而言，其仍然无法满足经济发展对环境治理和保护所提出的客观要求[107]。广西和云南的环境污染治理总投资占 GDP 比重在一定范围内波动，分别在 0.87%~1.71% 和 0.63%~1.67%。广西和云南的环境保护相对更好，但由于经济发展滞后，占比相对较高。具体如图 7-12 所示。

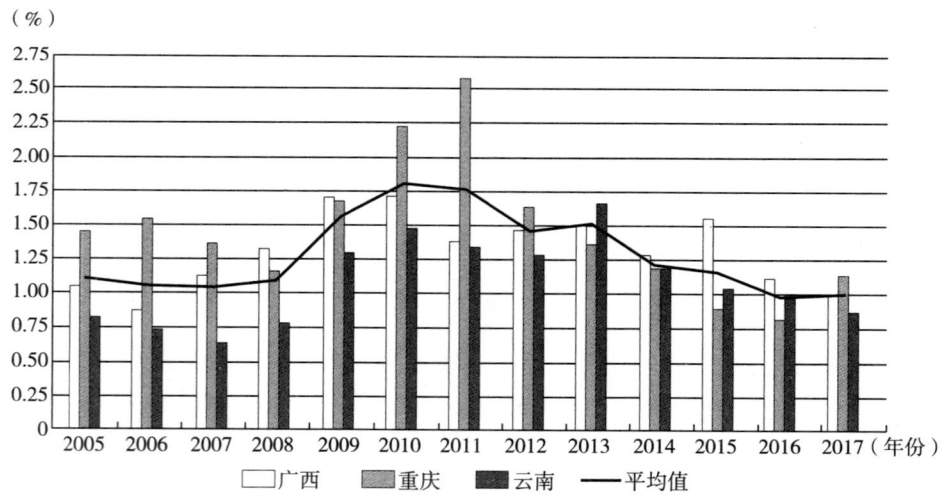

图 7-12 2005~2017 年西南三省区市环境污染治理总投资占 GDP 比重比较

（3）西南三省区市相对绿色 GDP 指标分析。从相对绿色 GDP 来看，西南三省区总体上呈增加趋势，2011 年之前三个省份的相对绿色 GDP 相差不多，从 2011 年开始重庆和广西的相对绿色 GDP 超过云南，主要原因是重庆、广西的经济发展速度较快，GDP 增长超过云南较多。从 2015 年之后广西与重庆的相对绿色 GDP 增长迅速，这主要是因为广西与重庆的污染防治和生态修复取得了明显成效。广西牢固树立绿色发展理念,坚持把节约优先、保护优先、自然恢复作为基本方针,努力探索走出一条以生态优先、绿色发展为导向的高质量发展新路子。重庆作为长江上游流域的重要生态屏障区,成为了长江经济带绿色发展的示范区。具体如图7-13所示。

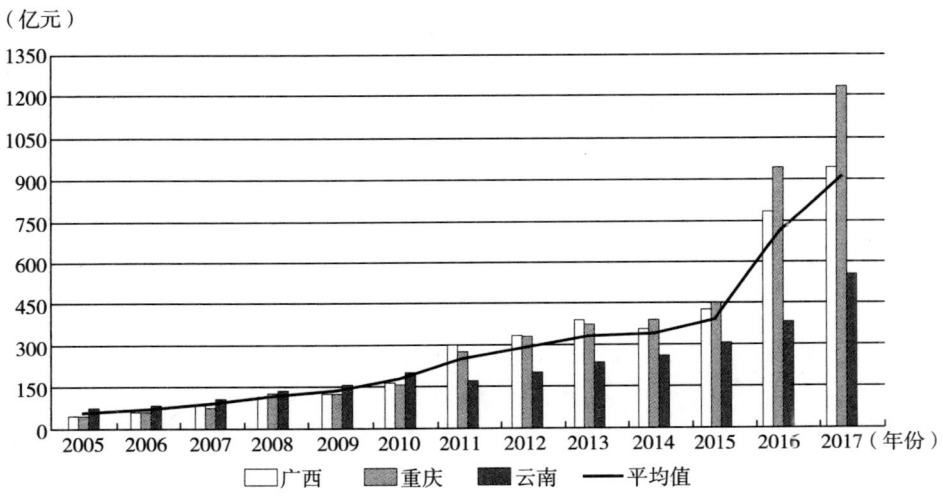

图7-13　2005~2017年西南三省区市相对绿色GDP比较

7.1.6　四个分区绿色经济发展现状比较

《中国经济绿色发展报告2018》认为绿色发展水平呈从东南沿海向西向北逐渐递减的态势,东部沿海地区绿色发展优势明显,绿色发展水平较高的省份和城市主要分布在沿海地区,绿色发展水平较低的省份和城市大多分布在北方内陆地区。由于各分区内省份数量不一,为了使分区指标变量具有可比性,本节设置单位地区生产总值能耗为各分区能源消耗总量与GDP总量的比值,环境污染治理总投资占GDP比重为各分区环境污染治理投资总额与GDP总量的比值,相对绿色GDP为各分区的平均值,以此来对比分析四个分区的绿色经济发展现状。

(1) 四个分区单位地区生产总值能耗指标分析。"一带一路"重点省份四个分区单位地区生产总值能耗均呈下降趋势,平均值在 0.7~1.47 吨标准煤/万元。其中,东南沿海五省市作为经济发展水平较高区域,其生产技术处于领先水平,单位地区生产总值能耗最低,2017 年下降到 0.38 吨标准煤/万元。西南三省区市、西北五省区和向北开放四省区的经济发展水平明显低于东南沿海五省市,但三个分区的单位地区生产总值能耗指标值差别较大。西南三省区市作为可持续发展较好地区,能源消耗量的增加速度比地区生产总值的增加速度慢很多,从而使其表现出单位地区生产总值能耗较小的特征。西北五省区和向北开放四省区都属于高能耗地区,其经济发展和可持续发展均处于中等水平,且经济发展主要依靠高能耗产业的推动,因此其单位地区生产总值能耗值均较大。具体如图 7-14 所示。

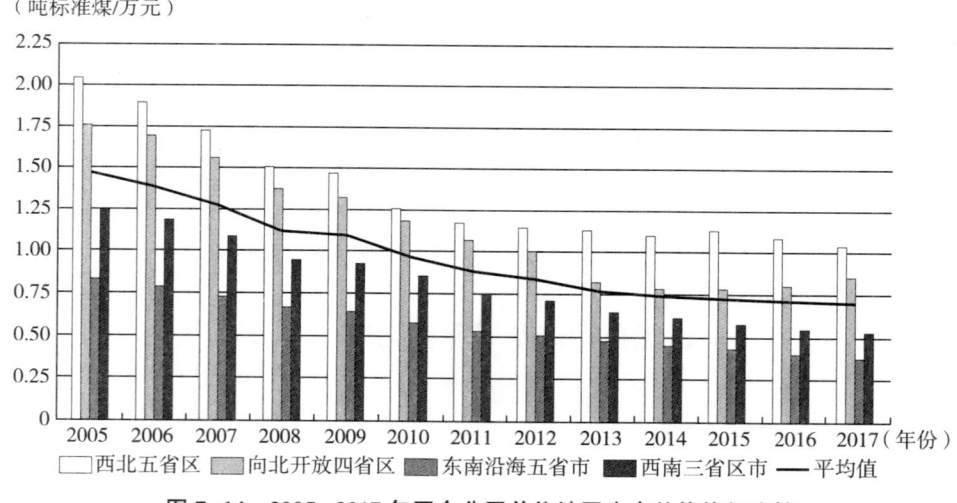

图 7-14 2005~2017 年四个分区单位地区生产总值能耗比较

(2) 四个分区环境污染治理总投资占 GDP 比重指标分析。环境污染治理总投资占 GDP 比重指标均值在一定范围内波动,"十二五"期间环境污染治理总投资占 GDP 比重整体上明显高于其他年份,各分区均出台生态环境发展治理政策用以治理环境污染,因此占比相对较高。而"十三五"期间环境污染治理初见成效,在污染排放和生产能耗逐渐减少的情况下,环境污染治理总投资占 GDP 比重逐渐下降。西北五省区属于高能耗地区,环境污染治理总投资占 GDP 比重在"十二五"和"十三五"期间明显高于其他分区。具体如图 7-15 所示。

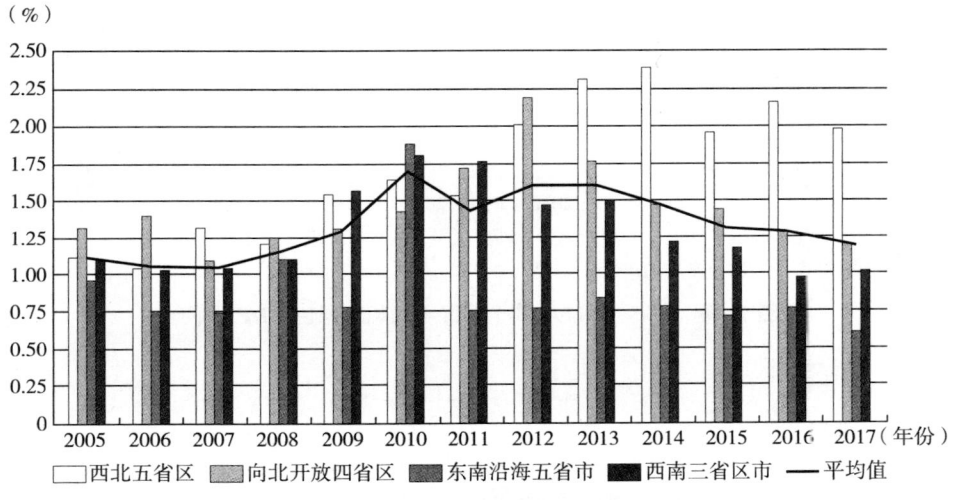

图 7-15　2005~2017 年四个分区环境污染治理总投资占 GDP 比重比较

(3) 四个分区平均相对绿色 GDP 指标分析。四个分区的相对绿色 GDP 均值整体呈上升趋势,且在"十三五"期间相对绿色 GDP 增幅较大。从图 7-16 可以看出,东南沿海五省市相对绿色 GDP 均值具有较高水平,远远超过其他三个分区的均值,主要是因为东南沿海五省市的绿色经济发展水平相对较高,可以同时兼顾可持续发展和经济发展并重的协调发展要求。西北五省区和向北开放四省区相对绿色 GDP 均值相对较低,其经济主要依靠大量消耗资源、能源的第二产业拉动,因此需要通过经济结构优化、产业结构调整等措施实现生态健康改善。

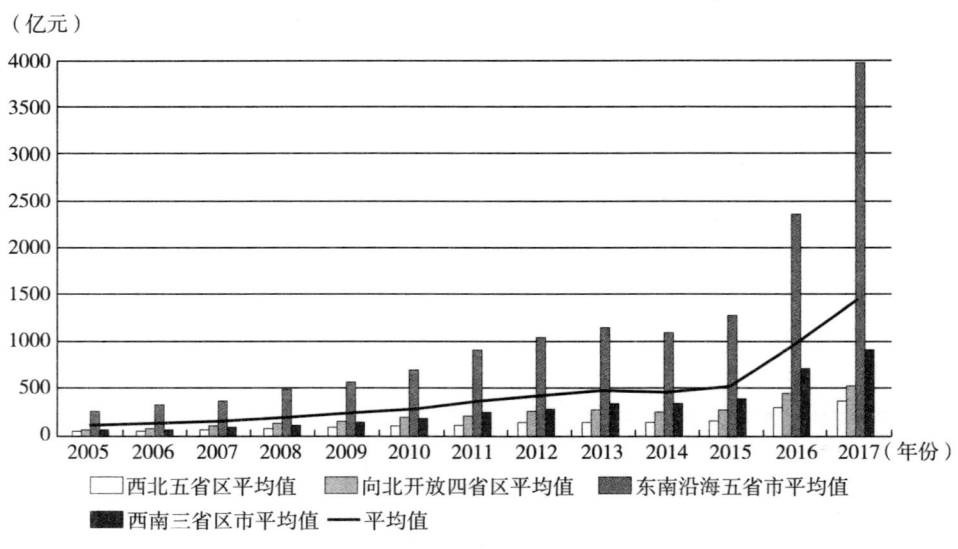

图 7-16　2005~2017 年四个分区平均相对绿色 GDP 比较

7.2　变量选取与描述性统计

7.2.1　数据说明

由于相对绿色 GDP 的相关基础数据更新至 2017 年，因此本章选取 2005~2017 年"一带一路"沿线重点省份的指标数据进行研究。基础数据来源为国家统计局和《中国环境统计年鉴》，部分缺失数据通过各省份历年统计年鉴进行补全。

7.2.2　变量选取

（1）被解释变量。相对绿色 GDP（Y）。现阶段，我国经济已由高速增长

7 "一带一路"沿线重点省份交通基础设施对绿色经济的影响研究

阶段转向高质量发展阶段，绿色发展理念越来越受到重视，因此对于绿色经济的研究是十分有必要且有意义的。以相对绿色 GDP 作为绿色经济发展的指代变量，将其作为被解释变量对"一带一路"沿线重点省份交通基础设施对绿色经济发展的影响进行研究。

（2）主要解释变量。本章的主要解释变量与第 6 章相同，分别设置资本投入（K）、劳动力投入（L）、交通基础设施建设情况（T_1）和交通客、货运情况（T_2）等指标，进行交通基础设施对外贸经济增长的影响研究。

其具体变量沿用第 6 章变量设置。资本投入的指标变量为资本存量，具体计算方法在前文已说明；劳动投入的指标变量为年末就业人数；交通基础设施建设情况的指标变量为等级公路密度、铁路密度和航空起降架次，密度相关计算在前文已说明；交通运输情况的指标变量为公路旅客周转量、公路货运周转量、铁路旅客周转量、铁路货运周转量、航空旅客吞吐量和航空货邮吞吐量。

（3）控制变量。本章选取代表人力资本的平均受教育年限和代表城市化水平的城市化率两个控制变量，具体计算方法在第 6 章已说明。由于我国在经济发展过程中，传统经济与现代经济并存，第一产业的现代化程度有待提高，第二产业在大力拉动经济发展的同时对环境的破坏程度相对也更高，因此产业结构需要不断进行调整和升级。基于此，将产业结构指数加入到控制变量中，借鉴高聪聪（2018）的做法[108]，通过将第一、二、三产业分别赋值 1、2、3 的权重，再乘以三大产业的占比后加总得到产业结构指数。具体如表 7-1 所示。

表 7-1 指标变量表

变量类别	指标名	变量名	单位	符号表示
被解释变量	绿色经济水平（Y）	相对绿色 GDP	亿元	ggdp
解释变量	资本投入（K）	资本存量	亿元	cs
	劳动投入（L）	年末就业人数	万人	en
	交通基础设施建设情况（T_1）	公路密度	千米/万人	hd
		铁路密度	千米/万人	rd
		航空起降架次	万架次	als

续表

变量类别	指标名	变量名	单位	符号表示
解释变量	交通客、货情况（T_2）	公路旅客周转量	亿人千米	hpt
		公路货运周转量	亿吨千米	hct
		铁路旅客周转量	亿人千米	rpt
		铁路货运周转量	亿吨千米	rct
		航空旅客吞吐量	万人	apt
		航空货邮吞吐量	万吨	act
控制变量	人力资本（X_1）	平均受教育年限	年	aey
	城市化水平（X_2）	城镇化率	%	ur
	产业结构（X_3）	产业结构指数	—	isi

7.2.3 数据说明及描述性统计

选取17个重点省份2005~2017年数据进行分析，对各指标变量的描述性统计结果如表7-2所示。

表7-2 相关变量的描述性统计

变量	样本数	平均值	标准差	最小值	最大值
ggdp	221	475.50	805.08	21.40	8857.80
cs	221	2972.26	2517.77	438.81	14981.74
en	221	1918.74	1333.50	291.04	6340.79
hd	221	31.41	19.96	4.29	118.04
rd	221	1.24	1.01	0.14	5.02
als	221	21.05	19.20	0.71	96.70
hpt	221	338.89	343.93	24.66	2470.11
hct	221	939.58	836.99	10.08	3636.89
rpt	221	237.24	181.52	0.84	872.08
rct	221	634.30	567.21	3.20	2684.72
apt	221	2333.35	2476.87	18.86	12900.43

7 "一带一路"沿线重点省份交通基础设施对绿色经济的影响研究

续表

变量	样本数	平均值	标准差	最小值	最大值
act	221	49.40	102.08	0.26	794.22
aey	221	8.74	0.62	7.58	10.48
ur	221	53.63	12.86	29.51	89.61
isi	221	2.31	0.11	2.08	2.69

在本指标体系中，有效观测样本数均为 221 个。通过分析数据描述指标，可以发现"一带一路"沿线 17 个重点省份的变量值都没有异常。除铁路密度和产业结构指数指标外，其余变量的组内数据值较大且差异也都比较大，在后续分析和计量过程中有必要对除铁路密度和产业结构指数外的变量取自然对数。

7.3 "一带一路"沿线重点省份绿色经济发展空间相关性研究

7.3.1 全局空间相关性度量结果分析

运用 Stata15.1 软件对"一带一路"沿线重点省份 2005~2017 年的相对绿色 GDP 进行全局莫兰指数检验。为了更全面地分析相对绿色 GDP 的空间相关关系，本章分别以第 6 章构建的邻接矩阵、地理距离矩阵和经济距离矩阵 3 个空间权重矩阵进行分析，其结果如表 7-3 所示。

表 7-3　2005~2017 年"一带一路"沿线重点省份相对绿色 GDP 的全局莫兰指数

变量 年份	W_1		W_2		W_3	
	莫兰指数	P 值	莫兰指数	P 值	莫兰指数	P 值
2005	0.637***	0.001	0.610***	0.001	0.666***	0.001
2006	0.687***	0.000	0.669***	0.000	0.704***	0.001
2007	0.740***	0.000	0.729***	0.000	0.765***	0.000
2008	0.726***	0.000	0.714***	0.000	0.744***	0.001
2009	0.740***	0.000	0.730***	0.000	0.749***	0.001
2010	0.705***	0.000	0.682***	0.000	0.713***	0.001
2011	0.784***	0.000	0.771***	0.000	0.748***	0.001
2012	0.759***	0.000	0.757***	0.000	0.731***	0.001
2013	0.754***	0.000	0.753***	0.000	0.720***	0.001
2014	0.792***	0.000	0.787***	0.000	0.760***	0.000
2015	0.805***	0.000	0.792***	0.000	0.768***	0.000
2016	0.714***	0.000	0.714***	0.000	0.690***	0.001
2017	0.722***	0.000	0.719***	0.000	0.697***	0.001

注：*、**、***分别表示在 10%、5%、1%的显著性水平下显著。

从表 7-3 可以看出，2005~2017 年"一带一路"沿线重点省份相对绿色 GDP 的全局莫兰指数均为正。邻接矩阵（W_1）、地理距离矩阵（W_2）和经济距离矩阵（W_3）下，全局莫兰指数均在 1%显著性水平下显著，说明"一带一路"沿线重点省份的相对绿色 GDP 总体上呈现出极强的空间相关性。显著性检验结果表明研究"一带一路"沿线重点省份交通基础设施建设对绿色经济增长的影响时，需要考虑空间相关性，这也是本章后续研究的重要基础。

总体来看，在三种不同空间权重矩阵下，莫兰指数值基本呈现在浮动中不断上升的变化趋势，各省份相对绿色 GDP 的空间相关性以 2013 年为转折点呈现先逐渐增强后逐渐减弱的态势，整体变化区间为 [0.610, 0.805]，各矩阵下 13 年中的莫兰指数的最高值均在 2015 年，这可能与 2015 年国家发布《中共中央　国务院关于加快推进生态文明建设的意见》将生态文明建设写入国家五年规划中有关。三种空间权重矩阵中，邻接矩阵的莫兰指数值相对更高，说明绿色经济发展的空间相关性受相邻地区影响较大。

7.3.2 局部空间相关性度量结果分析

全局空间相关性检验验证了"一带一路"沿线重点省份的相对绿色 GDP 在 13 年中都存在着正向的空间相关性,本小节进一步使用局部空间相关性检验的莫兰散点图分析"一带一路"沿线重点省份的绿色经济空间集聚模式。受基础数据影响,本章研究年限跨度为 2005~2017 年,考虑到 2012 年国家做出"大力推进生态文明建设"的战略决策,2013 年提出"一带一路"倡议,因此,本小节样本取自起始年 2005 年和 2017 年以及"生态文明建设"战略决策及"一带一路"倡议提出的后一年 2014 年,对这三年的相对绿色 GDP 数据进行局部空间相关性检验,并对三年的莫兰散点图进行结果分析,见图 7-17。

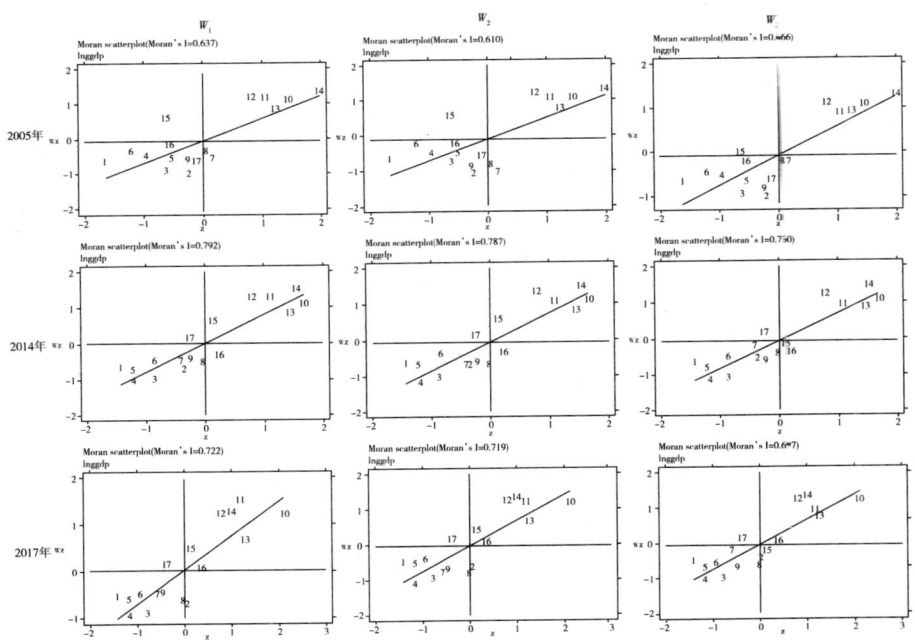

图 7-17　主要年份"一带一路"沿线重点省份相对绿色 GDP 莫兰散点图

注:为了图形显示清晰,在图形中使用数字代表 17 个省份:宁夏=1、陕西=2、甘肃=3、青海=4、新疆=5、内蒙古=6、黑龙江=7、吉林=8、辽宁=9、上海=10、浙江=11、福建=12、广东=13、海南=14、广西=15、重庆=16、云南=17。

在2005年、2014年和2017年三种矩阵下的莫兰散点图中,散点图回归线的斜率均为正数,且同一矩阵下随年份增加散点图的斜率有所增大,说明"一带一路"沿线重点省份整体的相对绿色GDP正向空间相关性不断增强。根据莫兰散点图分析"一带一路"沿线重点省份相对绿色GDP的集聚性,2005年集聚程度相对较弱,2017年集聚程度相对较强。虽然邻接矩阵(W_1)下整体的莫兰指数值相对较高,但散点图表现出的集聚性在经济距离矩阵(W_3)下相对更明显,因此接下来将重点基于经济距离矩阵下散点图进行详细分析。

东南沿海五省市3个主要年份均在"高—高"集聚的第一象限,且集聚性逐年变强,说明东南沿海各省份的绿色经济发展水平无论与17个省份整体比较还是与周边地区比较都处于较高水平,且绿色经济发展的集聚性越来越强,主要原因是东南沿海五省市除海南外的省份经济高度发达,产业结构相对处于高水平,生态治理水平较高。海南虽然经济发展水平相对较弱,但由于第一、三产业占比相对较高,污染相对较小,生态环境治理水平较高。

西北五省区和向北开放四省区3个主要年份基本在"低—低"集聚的第三象限,其中,黑龙江和吉林2005年位于"高—低"区,陕西2017年移至"高—低"集聚的第四象限。说明西北地区和向北开放地区各省份的绿色经济发展水平无论与沿线省份整体比较还是与周边地区比较都偏低,主要原因是西北和向北地区属于高能耗地区,经济发展水平和可持续发展水平均处于中等水平,结合绿色经济发展现状,其经济主要依靠大量消耗资源、能源的第二产业拉动,致使其相对绿色GDP偏低。其中陕西2017年的集聚移动说明其绿色经济在西北五个省份中处于较高水平,这与陕西经济发展水平在西北五省区中相对较高,同时注重环境治理是分不开的。

西南三省区市情况较为复杂,广西2005位于"低—高"区,2014年和2017年位于"高—低"区;重庆由"低—低"区经过"高—低"区最终移至"高—高"区;云南2005年位于"低—低"区,2014年和2017年位于"高—低"区。说明西南地区各省份绿色经济发展情况与周边相比水平均较高,但与整体相比,重庆水平较高而广西和云南水平较低。与绿色经济发展现状结合来看,重庆经济发展水平相对较高,2009年开始建设国家环境保护模范城市后生态环境保护得到进一步重视,环境污染情况相对较轻。广西和云南地处内

7 "一带一路"沿线重点省份交通基础设施对绿色经济的影响研究

陆,生态环境情况和可持续发展情况相对较好,但受到经济发展相对落后的影响,其绿色经济发展水平相对较弱。

总体来看,随着时间的推移,大部分省份的纵坐标都有向上移动的趋势,说明其绿色经济水平与整体相比逐渐得到提升,第三象限大部分省份的横坐标都有向右移动的趋势,说明其绿色经济水平与周边省份相比逐渐得到提升。"一带一路"沿线重点省份绿色经济发展的集聚态势比较显著,随着时间推移集聚性不断增强,基于此,为了进一步量化在空间视角下交通基础设施对绿色经济影响的空间溢出效应,本章后续将运用空间计量模型从实证角度进一步分析论证。

7.4 交通基础设施对绿色经济空间溢出效应的实证研究

7.4.1 多重共线性检验

本节参照第 5 章检验方法,运用斯皮尔曼相关系数、方差膨胀系数(Variance Inflation Factor,VIF)检验和处理解释变量间存在的精确相关关系或高度相关关系。

(1)斯皮尔曼相关系数。通过计算斯皮尔曼相关系数,发现航空起降架次、航空旅客吞吐量和航空货邮吞吐量之间的相关系数均在 0.9 左右,说明三者之间有较大的共线性问题,具体结果见表 7-4。

表 7-4 斯皮尔曼相关系数

变量	lnggdp	lncs	lnen	lnhd	rd	lnals	lnhpt	lnhct	lnrpt	lnrct	lnapt	lnact	lnaey	lnur	isi
lnggdp	1														
lncs	0.0800	1													
lnen	0.3855	0.4418	1												

· 143 ·

续表

变量	lnggdp	lncs	lnen	lnhd	rd	lnals	lnhpt	lnhct	lnrpt	lnrct	lnapt	lnact	lnaey	lnur	isi
lnhd	-0.3009	-0.5508	-0.3928	1											
rd	-0.4885	-0.4464	-0.5121	0.8144	1										
lnals	0.7583	0.2446	0.5668	-0.3068	-0.5778	1									
lnhpt	0.2928	0.3600	0.8539	-0.2867	-0.4372	0.5064	1								
lnhct	0.2436	-0.0163	0.5668	0.2737	0.1835	0.3872	0.6334	1							
lnrpt	0.1857	0.2809	0.6064	-0.0072	0.0097	0.3478	0.6528	0.7524	1						
lnrct	-0.3061	0.1317	0.2127	0.2734	0.4258	-0.1318	0.2130	0.5150	0.5702	1					
lnapt	0.8022	0.2645	0.5552	-0.3414	-0.6125	0.9746	0.4919	0.3265	0.3201	-0.1922	1				
lnact	0.7116	0.4528	0.5889	-0.5206	-0.7401	0.8990	0.5302	0.2018	0.2989	-0.2678	0.9380	1			
lnaey	0.4304	0.4139	0.1021	-0.0654	-0.0154	0.3150	0.0218	0.2198	0.2985	0.2706	0.3421	0.3248	1		
lnur	0.6630	0.2736	0.2523	-0.3079	-0.2820	0.6057	0.1539	0.2432	0.2604	-0.1460	0.6166	0.6048	0.6777	1	
isi	0.5202	0.0848	0.2115	-0.1486	-0.3167	0.6034	0.0521	0.1392	0.1507	-0.2346	0.5839	0.5439	0.4373	0.7310	1

（2）方差膨胀系数。在斯皮尔曼相关系数检验的基础上，本节使用方差膨胀系数确定需要剔除的变量，计算方法如第 5 章所示。通过对指标体系进行方差膨胀系数检验，Mean VIF 值为 8.03，虽然小于 10，但由于上述三个变量相关系数过高，需要剔除 VIF 值最高的变量，从表中可以看出，航空货邮吞吐量的 VIF 值最高为 13.41。将该变量从指标体系中剔除，剩余变量进行第二次方差膨胀因子检验，结果显示 Mean VIF 值为 7.08，该检验结果可以接受。最终指标体系包含相对绿色 GDP、资本投入、劳动投入、等级公路密度、铁路密度、航空起降架次、公路旅客周转量、公路货运周转量、铁路旅客周转量、铁路货运周转量、航空旅客吞吐量、人力资本、城镇化率和产业结构指数。方差膨胀系数检验结果见表 7-5。

表 7-5 方差膨胀因子（VIF）检验

变量	VIF	
	第 1 次	第 2 次
lnact	13.41	—
lnapt	12.01	6.47

续表

变量	VIF	
	第1次	第2次
lnen	10.7	10.59
lnhpt	10.35	10.16
lnur	9.62	9.45
lnhd	8.29	8.11
lnals	8.07	7.81
rd	6.71	6.59
lnhct	6.5	6.22
lnrct	6.45	6.45
isi	5.92	5.92
lnrpt	5.86	5.72
lnaey	5.27	5.24
lncs	3.29	3.2
Mean VIF	8.03	7.08

7.4.2 空间计量模型的选择

豪斯曼（Hausman）检验结合 LR 统计量的联合显著性检验结果在邻接矩阵（W_1）、（W_2）和（W_3）下均在1%水平显著，因此在三种矩阵下均选择时空双固定效应。由于 SDM 模型与 SAR 模型和 SEM 模型的 LR 检验结果均在1%显著性水平下显著，SDM 模型不会退化为 SAR、SEM 模型，因此选择空间杜宾模型进行后续效应分析，相关检验结果如表 7-6 所示。

表 7-6 模型检验结果

	W_1	W_2	W_3
Hausman test	36.56***	170.9***	260.63***
LR test（SAR）	96.88***	104.70***	121.66***
LR test（SEM）	133.48***	140.47***	167.56***

续表

联合显著性	W_1	W_2	W_3
	LR 统计量		
时间固定	−160.72***	−204.89***	−158.58***
空间固定	−116.83***	−133.12***	−91.72***

注：***、**、*分别表示在1%、5%和10%的显著性水平下显著。

同时，关于 SAR 模型和 SEM 模型在三种空间权重矩阵下的效应结果已在附录中给出，这里不再进行分析和赘述。

7.4.3 基于 SDM 模型的实证结果分析

本部分的分析步骤与第 6 章类似，以不考虑空间相关性和考虑空间相关性两种方法进行实证分析。首先，在未考虑空间相关性前提下，使用极大似然函数 MLE 进行估计；其次，构建邻接矩阵（W_1）、地理距离矩阵（W_2）和经济距离矩阵（W_3），建立多因素的时空双固定效应空间杜宾模型，分析交通基础设施建设对绿色经济增长空间溢出效应的影响程度；最后，通过效应分解的方法进行进一步分析。

7.4.3.1 空间杜宾模型效应系数估计

在邻接矩阵、地理距离矩阵和经济距离矩阵下，SDM 模型实证结果如表 7-7 所示。

表 7-7 空间杜宾模型（SDM）系数估计

变量	MLE	W_1	W_2	W_3
lncs	0.319***	0.390***	0.276**	0.146
lnen	−0.348	−0.832***	−1.318***	−0.145
lnhd	−0.034	−0.092	−0.131	0.029
rd	−0.253***	−0.413***	−0.523***	−0.198***

7 "一带一路"沿线重点省份交通基础设施对绿色经济的影响研究

续表

变量	MLE	W_1	W_2	W_3
lnals	-0.060	0.050	0.082	-0.116
lnhpt	-0.009	0.041	0.018	-0.033
lnhct	0.007	0.021	0.074*	0.022
lnrpt	0.009	-0.028	-0.010	0.039
lnrct	0.060	0.177**	0.156**	0.158**
lnapt	0.047	0.074**	0.061*	0.043
lnaey	-4.015***	-2.432**	-2.164**	-2.207*
lnur	0.573	0.059	-0.638	-0.532
isi	-0.622	-1.008*	-0.979*	-1.342**
W^*lncs	—	-0.668***	-0.793***	-0.617***
W^*lnen	—	-0.189	-0.472	0.719*
W^*lnhd	—	-0.565***	-0.498***	-0.368**
W^*rd	—	-0.704***	-0.532***	-0.267**
W^*lnals	—	-0.365**	-0.466***	-0.454***
W^*lnhpt	—	-0.034	-0.099	-0.302**
W^*lnhct	—	-0.021	0.022	-0.037
W^*lnrpt	—	-0.205*	-0.295**	-0.171
W^*lnrct	—	0.106	0.088	0.137
W^*lnapt	—	0.129*	0.265***	0.129**
W^*lnaey	—	8.868***	10.275***	6.916***
W^*lnur	—	-0.962	-2.644***	1.553**
W^*isi	—	-2.542***	-2.240***	-2.346***
R^2	—	0.7298	0.7438	0.4647
Log-L	82.62	149.10	161.20	138.84

注：*、**、***分别表示在10%、5%、1%的显著性水平下显著。

在不考虑空间相关性时，资本投入、铁路密度和人力资本对绿色经济发展均产生显著影响。资本投入的正向影响达到0.319，说明投资增加可以促进绿色经济的发展，尤其是环境治理投资的增加会有效降低环境污染。劳动力素质水平的负向影响高达-4.015，说明现阶段劳动力素质水平与绿色经济发展对

· 147 ·

其需求之间还存在较大的脱节现象。铁路密度的负向影响为-0.253，这与铁路在建设过程中对生态环境的破坏性和运营过程中产生的对土地、水源等的污染有一定关系。

在考虑空间相关性时，资本投入在邻接矩阵和地理距离矩阵下满足至少5%显著性水平的正向影响，说明投资增加可以同时通过提高国内生产总值和降低环境污染程度来提高相对绿色GDP。劳动投入在邻接矩阵和地理距离矩阵下满足至少5%显著性水平的负向影响，说明"一带一路"沿线部分省份劳动密集型产业比重较大，不利于经济的持续健康高效发展。

在交通基础设施建设方面，铁路密度、等级公路密度和航空起降架次在三种矩阵下具有1%显著的负向影响，其中等级公路密度和航空起降架次的负向影响具有滞后性。"一带一路"沿线省份应积极引进先进技术，提升交通基础设施建设的效率和水平，从而降低其对环境的污染和破坏程度。

在交通客、货运方面，公路货运和公路客运分别在地理距离矩阵和经济距离矩阵下具有10%显著的正向影响和滞后的5%负向影响；铁路客运在地理距离矩阵下具有滞后的1%负向影响，而铁路货运在地理距离矩阵和经济距离矩阵下均具有5%显著的正向影响；航空客运在地理距离矩阵下具有10%显著的正向影响，而具有滞后性的正向影响则在三种矩阵下均显著。Wagner（2009）认为公路运输的能耗强度和污染水平相对更严重[109]，铁路和航空运输所带来的污染相对较少，因此，相比公路运输，铁路和航空运输对绿色经济的促进作用明显，"一带一路"重点省份应积极进行运输结构的调整，鼓励提升铁路和航空的运输比重。

从控制变量看，人力资本在三种矩阵下均具有显著负向影响，但在考虑滞后性后全部转为显著正向影响，这主要由现有的劳动力质量与产业绿色转型的实际需求之间具有非匹配性问题所导致的。近年来随着"用工荒"问题的出现，人口红利逐渐丧失，这就要求在劳动力培养上要改变以往千篇一律的教育模式，逐步向"知识型"劳动力演化。"一带一路"沿线各省市的绿色经济发展应重视人才培养和人才引进，从而稳定绿色经济增长的基本人才动力。产业结构指数在三种矩阵下均具有显著负向影响，"一带一路"重点省份大多产业结构转型升级仍处于过渡期，产业结构水平仍然不高，这可能是产业结构指数

7 "一带一路"沿线重点省份交通基础设施对绿色经济的影响研究

对绿色经济发展产生负向影响的原因所在。城镇化率在地理距离矩阵和经济距离矩阵下均具有显著的滞后影响，前者为负向影响，后者为正向影响，说明城镇化率的增长会增加能源需求和环境压力，会加剧不利于绿色经济发展的能源消耗和环境污染问题。

总体来看，不考虑滞后项时，地理距离矩阵和邻接矩阵下的结果显著性更强，两者相比产出弹性在地理距离矩阵下有所减小，说明各变量对绿色经济发展的影响会随着距离的增加而减弱，这与地理学第一定律相吻合，即任何事物都是与其他事物相关的，只不过相近的事物关联更紧密[110]。当考虑滞后项时，地理距离矩阵和经济距离矩阵下的结果显著性比邻接矩阵下的结果相对更强，说明在地理差距和经济差距下各解释变量对绿色经济的影响更易产生滞后性。为了更详细地说明这种影响关系，本章将对模型进行效应分解，从而更加清晰地对此影响进行解释。

7.4.3.2 空间杜宾模型效应分解

（1）主要解释变量效应分解。本节运用 Stata15.1 软件，对 2005~2017 年的交通基础设施建设对相对绿色 GDP 的总效应进行分解，研究"一带一路"沿线重点省份交通基础设施建设对绿色经济增长的直接效应和间接效应影响，效应分解结果如表 7-8 所示。

表 7-8 空间杜宾模型（SDM）主要解释变量效应分解

变量	W_1			W_2			W_3		
	直接效应	间接效应	总效应	直接效应	间接效应	总效应	直接效应	间接效应	总效应
lncs	0.369***	-0.667***	-0.298	0.264**	-0.801***	-0.538***	0.103	-0.648***	-0.546**
lnen	-0.861***	-0.367	-1.228	-1.344***	-0.611	-1.955***	-0.102	0.748*	0.646
lnhd	-0.107	-0.620***	-0.727***	-0.132	-0.525***	-0.657***	0.012	-0.401**	-0.388*
rd	-0.447***	-0.794***	-1.241***	-0.536***	-0.575***	-1.111***	-0.221***	-0.315***	-0.536***
lnals	0.034	-0.408**	-0.374*	0.072	-0.499***	-0.427**	-0.155*	-0.542***	-0.697***
lnhpt	0.045	-0.024	0.020	0.021	-0.097	-0.076	-0.053	-0.339***	-0.392**
lnhct	0.018	-0.028	-0.009	0.074	0.022	0.096	0.018	-0.040	-0.022

续表

变量	W_1			W_2			W_3		
	直接效应	间接效应	总效应	直接效应	间接效应	总效应	直接效应	间接效应	总效应
lnrpt	-0.041	-0.227*	-0.268**	-0.020	-0.310***	-0.330***	0.021	-0.183	-0.163
lnrct	0.189***	0.139	0.328*	0.163**	0.106	0.269	0.174**	0.173	0.347*
lnapt	0.082**	0.149*	0.231*	0.069*	0.281***	0.350***	0.056	0.151**	0.207**

注：*、**、***分别表示在10%、5%、1%的显著性水平下显著。

综合分析三种矩阵下的空间溢出效应，资本投入的间接效应在三种权重矩阵下具有1%显著性水平的负向影响，说明资本投入的增加会使中心省份比距离较近、经济发展差距较小的周边省份绿色经济发展更具有优势，从而产生的集聚效应不利于周边省份绿色经济的快速发展。劳动投入的直接效应在邻接矩阵和地理距离矩阵下具有1%显著水平的负向影响，这可能与就业结构失衡抑制绿色经济快速增长有关，主要表现在：一是区域间的供求不平衡，二是产业间供求不平衡，三是整个劳动力供给结构和需求结构不平衡。该劳动投入的负向影响可能与城镇化过程中，城镇就业人数增加导致工作和消费模式的变化所伴生的巨大能源消耗和环境污染有关。

在交通基础设施建设方面，公路、铁路和航空建设均具有显著的负向溢出效应，说明交通基础设施快速发展加剧了环境污染向周边地区扩散，不利于周边地区绿色经济的发展。目前公路和航空仍以消耗燃油为主，而铁路所消耗的能源以电力为主，铁路在能源结构消耗、能效水平和污染物排放方面有明显优势，但实证结果显示，铁路密度的直接效应具有显著负向影响，说明从环境保护角度来说，铁路建设速度偏缓，不能适应本地区绿色经济的发展速度。针对这种情况，可以通过提升铁路市场份额、提高铁路自身环保节能水平来减轻负向影响的程度。

在交通客、货运方面，铁路货运周转量在三种矩阵下的直接效应具有较为显著的正向影响，航空客运的直接效应和间接效应对相对绿色GDP均产生显著正向影响，说明铁路货运和航空客运对绿色经济发展具有明显的贡献性。因此，运输结构的调整是有必要的，由此可以看出我国2018年提出的"2018~2020年主要工作任务"中调整运输结构、打好污染防范攻坚战是极具前瞻性的。

（2）控制变量效应分解。为了全面地分析促进相对绿色 GDP 提升的影响因素，本节对 SDM 模型的控制变量进行效应分解，如表 7-9 所示。

表 7-9 空间杜宾模型（SDM）控制变量效应分解

变量	W_1			W_2			W_3		
	直接效应	间接效应	总效应	直接效应	间接效应	总效应	直接效应	间接效应	总效应
lnaey	-2.081**	9.268***	7.187***	-1.987**	10.521***	8.534***	-1.740	7.256***	5.525***
lnur	0.022	-1.102	-1.080	-0.694	-2.835***	-3.528***	-0.407	1.623**	1.217**
isi	-1.153*	-2.870***	-4.022***	-1.047*	-2.396***	-3.443***	-1.575**	-2.848***	-4.423***

注：*、**、***分别表示在10%、5%、1%的显著性水平下显著。

人力资本在三种矩阵下的间接效应具有1%显著水平的正向影响，说明提升劳动力素质水平产生的溢出效应为周边省份带来了大量具有高素质、高创新力和高技术水平的人才，从而推动周边省份绿色经济可持续发展。因此"一带一路"沿线重点省份应从长期着眼，加大本省劳动力素质培育和人才引进政策扶持，从而在提升本省劳动力素质水平的同时借助周边省份的溢出效应，使高素质人才得以流入。

城镇化率的间接效应在地理距离矩阵下产生显著负向影响，在经济距离矩阵下产生显著正向影响，表明城市化加速发展的过程中，人口会聚和大规模基础设施建设增加了能源消耗和污染排放，其产生的扩散效应对距离较近的周边省份绿色经济发展形成压力。但由于经济差距较小的地区间经济联系相对更加紧密，本省人口城市化扩大产生的市场需求能够对经济差距较小的周边省份产生有效辐射并加剧创新要素的流动，从而带动周边省份经济发展效率的提升，推动周边省份绿色经济发展。

在三种矩阵下，产业结构指数的直接效应和间接效应均产生显著的负向影响。"一带一路"沿线大部分省份的产业结构指数仍然偏低，东南沿海地区产业结构水平相对较高；西北地区、西南地区和向北开放地区产业结构水平相对较低，高能耗产业、重工业等污染和能耗较大产业比重仍然较高，对本省造成污染的同时对周边地区造成污染扩散，不利于绿色经济发展。

8 "一带一路"沿线重点省份交通基础设施对外贸经济的影响研究

交通基础设施在外贸经济发展中扮演着重要角色,交通基础设施的互联互通是外贸经济发展的基本支撑条件,也是国际间经贸合作的重要保证。交通基础设施的建设对外贸经济的发展有着重要的影响,一是外贸经济发展需求促使交通基础设施的建设,而交通基础设施的建设会推动相关建筑设备、材料和技术的进口;二是交通基础设施的建设可以通过降低运输成本来降低贸易过程的成本,进而推动外贸经济的发展。因此,分析"一带一路"沿线重点省份交通基础设施建设对外贸经济增长的影响是十分重要的,这对于促进"一带一路"沿线重点省份外贸经济发展具有重要的指导意义。

8.1 "一带一路"沿线重点省份外贸经济发展现状分析

一个地区的经济对外开放程度体现了其融入国际经济环境的程度以及与其他国家经济往来的程度[111]。"一带一路"沿线重点省份涉及17个省、自治区和直辖市,其分布由北到南、由东向西都十分广阔,经济发展水平各不相同,因此外贸经济的发展水平也有较大差距。本部分选取衡量外贸经济状况的对外贸易值、反映外贸对整体经济拉动作用的对外贸易依存度、反映地区国际旅游

8 "一带一路"沿线重点省份交通基础设施对外贸经济的影响研究

活动活跃程度的旅游服务贸易和反映区域与国际市场投资往来程度的外资依存度指标,对"一带一路"沿线重点省份的外贸经济现状进行对比分析。

8.1.1 外贸经济指标

本部分选取对外贸易值、对外贸易依存度、旅游服务贸易和外资依存度等指标,具体情况如下:

(1) 对外贸易值。对外贸易值是反映一个国家(地区)对外贸易规模的重要指标,通常用进出口贸易总额来表示。

(2) 对外贸易依存度。对外贸易依存度可以反映对外贸易对整体经济的拉动作用,是经济对外开放程度的重要指标,通常用一个地区进出口贸易总额在该地区国内生产总值中所占的比重来表示。

(3) 旅游服务贸易。旅游服务贸易是指一个地区为国际旅游活动的旅游者提供相应服务的交易过程,它是经济发展的新增长点,也是外贸经济的重要内容,通常用旅游外汇收入情况来表示。

(4) 外资依存度。外资依存度可以从量的角度反映本地与国外投资往来的水平,表示了该区域与国际市场投资往来的程度,通常用全社会固定资产投资中利用外资占该地区国内生产总值的比重来表示。

8.1.2 西北五省区外贸经济发展现状比较分析

自国家"西部大开发"战略提出以来,西北五省区经济和社会发展都取得了显著的增长,人民的生活水平有了明显提高。随着"一带一路"倡议的提出和实施,西北五省区迎来新的发展机遇,加强与中亚、欧洲的交流合作,进一步扩大对外开放水平,有助于西北五省区实现经济的新增长和长期可持续发展[112]。

(1) 西北五省区对外贸易值及对外贸易依存度分析。从 2005~2018 年西北五省区的对外贸易值数据可以看出(见图 8-1),各省进出口贸易总额存在显著的差异。陕西和新疆的年进出口贸易总额占西北五省区总量的比重较大,陕西年进出口贸易总额占西北五省区的比重最低为 2008 年的 21.19%,最高为

2018年的63.51%，超过五省区总量的半数。新疆年进出口贸易总额占西北五省区的比重最低为2018年的23.99%，最高为2008年的56.54%，该数值与陕西2018年的数值相当。但陕西和新疆的年进出口贸易总额存在较大差异，陕西的年进出口贸易总额逐年增加，新疆的年进出口贸易总额逐年减少。在西北五省区中，陕西逐步取代新疆成为西北五省区的对外贸易大省；宁夏对外贸易值在西北五省区中占比在5%~8%之间浮动，增长缓慢；青海对外贸易值在西北五省区中占比最少，在1%~4%之间浮动。从整体趋势上分析，五省区的进出口总额在2005~2018年基本都呈现增长趋势，2009年的年进出口贸易总额各省区都有所下降，其原因主要是受到2008年国际金融危机的影响，随后各省市年进出口贸易总额整体都回升。随着2013年"一带一路"倡议的提出和实施，五省份的年进出口贸易总额从2015年开始急剧增长，特别是陕西省增长效果最为显著，年均增长率达到20%以上，其原因主要是陕西省是中国西北地区的重要省份，也是古代丝绸之路的起点，随着"一带一路"建设的深入推进，作为欧亚大陆桥的重要交通枢纽，陕西省区位、交通等优势不断凸显，通过加快国际运输走廊和国际航空枢纽的建设，陕西已经成为中国向西开放的窗口和前沿。

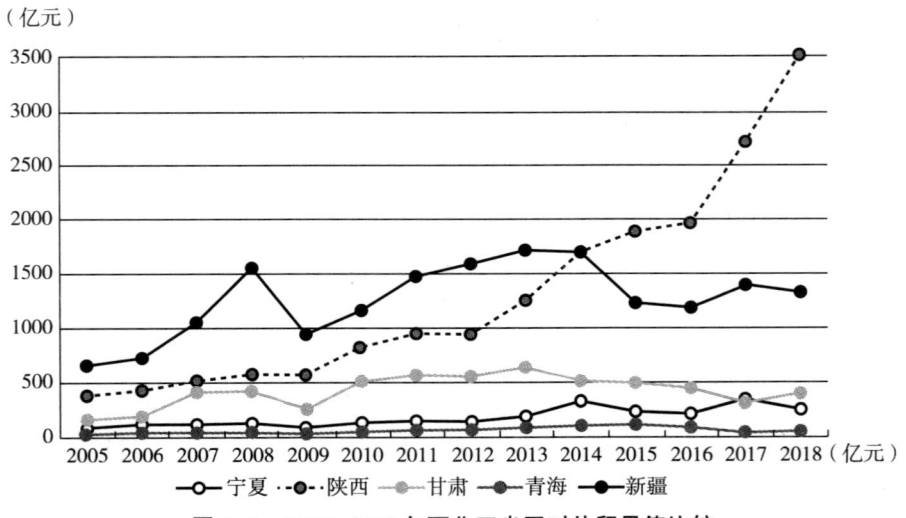

图8-1 2005~2018年西北五省区对外贸易值比较

由于新疆的地理位置优势，其对外贸易依存度在五个省份中最高，最高值达到36.89%，最低值也在10%以上，新疆经济体量在五个省中最大，且其与八个国家相邻，整体上对外贸易依存度远高于其他四个省；青海省的对外贸易依存度最低，在1.7%~8%之间浮动；宁夏、陕西和甘肃的对外贸易依存度相差不大，均在4%~16%之间浮动。从西北五省区2005~2018年对外贸易依存度的长期趋势来看，陕西呈现上升趋势，宁夏、甘肃、青海和新疆基本呈现下降趋势，新疆下降趋势最明显。具体如图8-2所示。

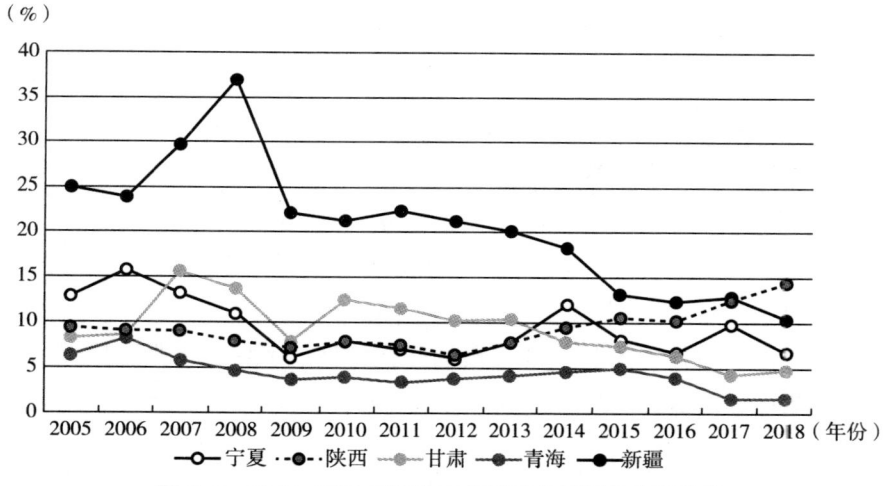

图8-2 2005~2018年西北五省区对外贸易依存度比较

（2）西北五省区旅游服务贸易分析。在旅游业对外开放的环境下，旅游服务贸易的发展可以吸引国际闲置资金的投入，还可以吸引国外的旅游者从而增加外汇收入。本章选取旅游外汇收入指标对旅游服务贸易情况进行分析。

陕西的旅游外汇收入在2005~2018年一直处于领先位置，由36.56亿元增长到206.89亿元，增长了近4.8倍，特别是近四年来增长势头较为迅猛。新疆的旅游外汇收入由8.2亿元增长到62.63亿元，增长了近6.6倍，在2005~2018年呈平稳增长态势。宁夏的旅游外汇收入由0.19亿元增长到3.78亿元，虽然基数较小，但增长势头强劲，增长了近18.9倍。青海的旅游外汇收入由0.9亿元增长至2.39亿元，增长了近1.7倍，变化趋势相对平稳。甘肃的旅游外汇收入呈下降趋势，由 4.81 亿元减少至 1.87 亿元，减少了近 1.6 倍，下降的趋势相对平稳。具体如图 8-3 所示。

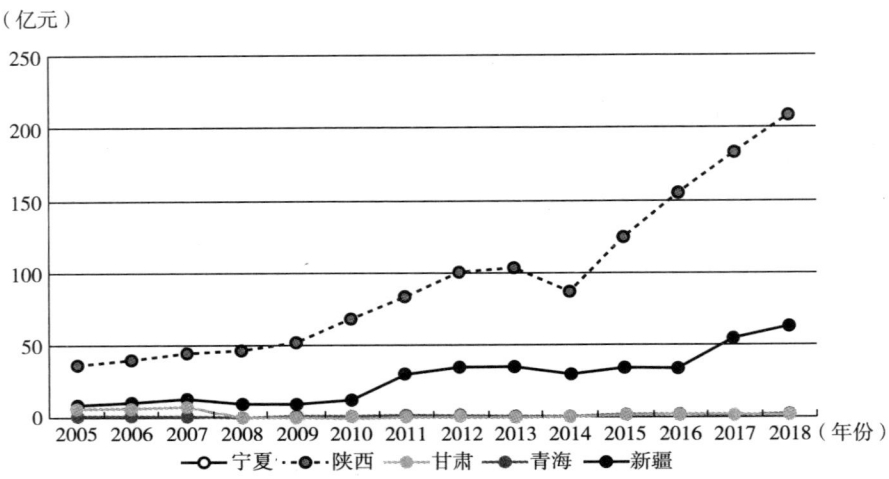

图 8-3　2005~2018 年西北五省区旅游外汇收入情况比较

（3）西北五省区引进外资及外资依存度分析。宁夏、陕西、甘肃三个省份的外资依存度在 2005~2018 年在 0.01%~1.5% 之间浮动，新疆、青海两个

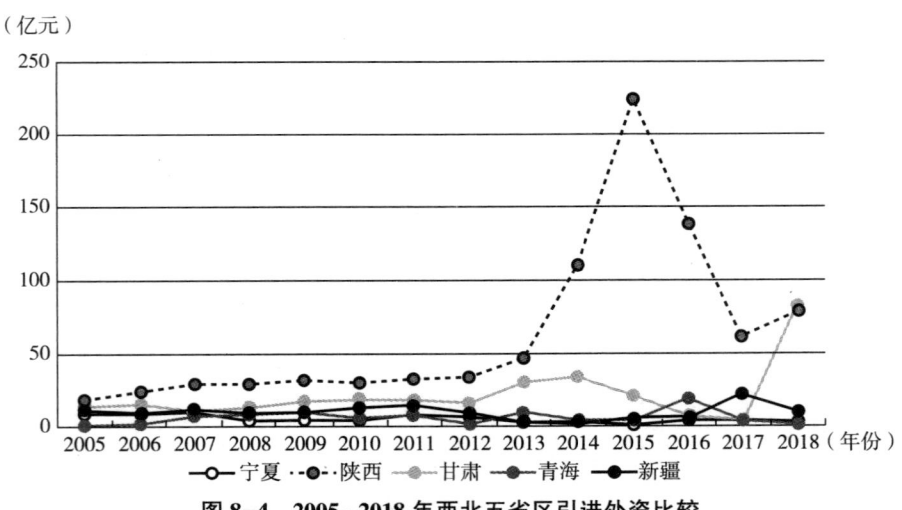

图 8-4　2005~2018 年西北五省区引进外资比较

省份的外资依存度在1%以下，整体虽有所起伏，但长期来看都呈下降态势，主要是因为西北五省地处内陆地区，对外贸易增长乏力。2005~2018年陕西、甘肃、青海引进外资整体呈增长态势，但增长幅度较小，新疆和宁夏的引进外资呈下降状态。具体如图8-4和图8-5所示。

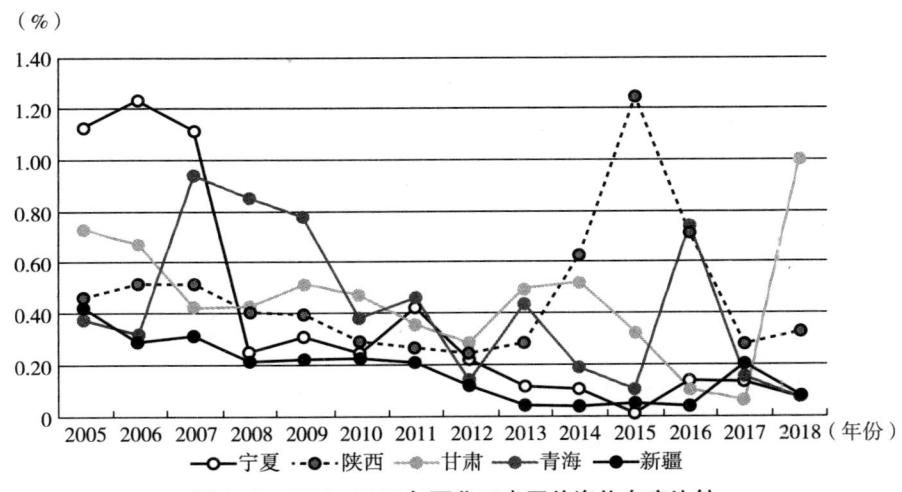

图8-5 2005~2018年西北五省区外资依存度比较

8.1.3 向北开放四省区外贸经济发展现状比较

在开放经济的条件下，对外贸易的发展对向北开放四省区经济的发展极为重要。目前，向北开放四省区仍存在着对外开放程度低、出口贸易下降、服务贸易发展相对滞后等问题，各省份对外贸易经济发展水平也不尽相同。

（1）向北开放四省区对外贸易值及对外贸易依存度分析。黑龙江、吉林、辽宁、内蒙古四省区对外贸易值总体都呈现上升趋势。四省区2005~2018年的外贸依存度变化趋势与对外贸易值的变化趋势趋同，辽宁和黑龙江起伏较大，吉林和内蒙古相对平缓。辽宁从2006年开始外贸依存度出现下降趋势，其外贸经济占整体经济的比重在下降，说明辽宁对外贸易的发展对于外部市场需求依赖过高，自身内生动力严重不足。黑龙江、吉林外贸依存度整体在

15%和9%上下浮动,较为平稳。相比全国平均水平和东部沿海地区,向北开放四省区对外开放应当说是相对滞后的。开放度低,是向北开放四省区经济发展的最大短板。具体如图8-6和图8-7所示。

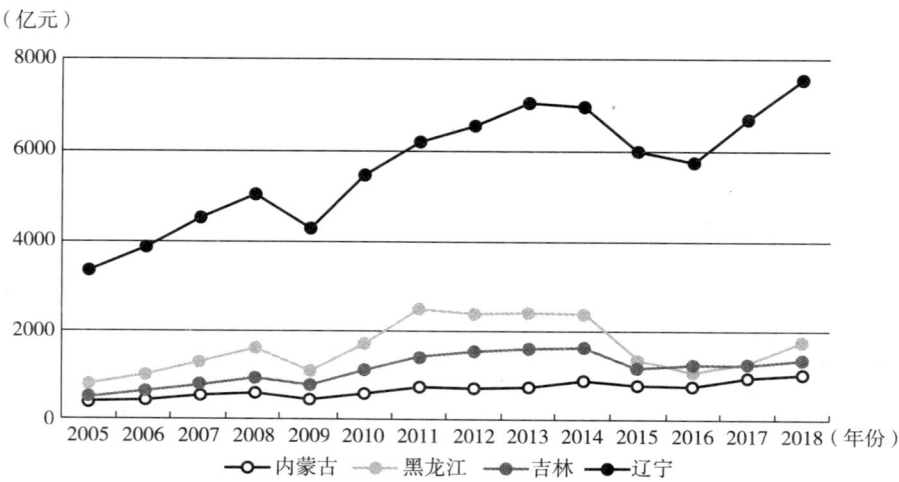

图8-6 2005~2018年向北开放四省区对外贸易值比较

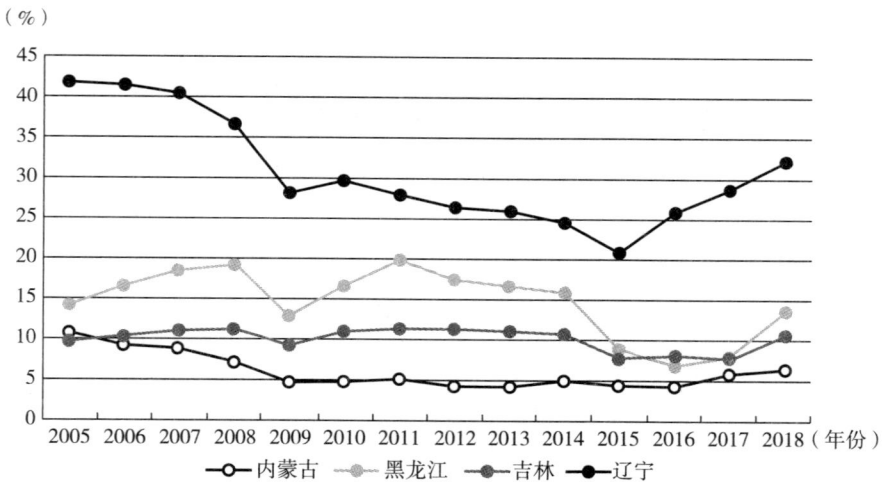

图8-7 2005~2018年向北开放四省区对外贸易依存度比较

(2)向北开放四省区旅游服务贸易分析。向北开放四省份中,辽宁旅游外汇收入远高于其他三个省份,2005~2013年年均增长幅度较大,2014年旅游外汇收入有较大幅度下降,之后又缓慢平稳增长,2013年的旅游外汇收入最高为215.35亿元。内蒙古旅游外汇收入相对平稳且呈上升趋势,2005~2018年由28.84亿元增加至84.18亿元,增加了近1.9倍。吉林旅游外汇收入呈平稳增长趋势,2016~2018年略有减少,2005~2018年由9.79亿元增加至45.39亿元,增加了近3.6倍。黑龙江的旅游外汇收入是向北开放四省份中唯一下降的省份,2005~2008年、2012~2014年和2015~2018年有较为明显的下降趋势,整体来看从2005~2018年由43.99亿元减少到22.53亿元,减少了近95%。具体如图8-8所示。

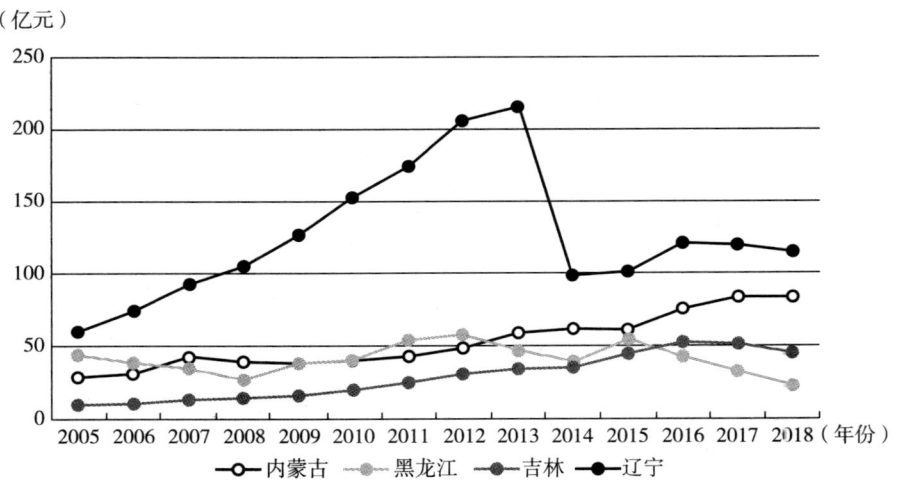

图8-8 2005~2018年向北开放四省区旅游外汇收入情况比较

(3)向北开放四省区引进外资及外资依存度分析。辽宁省在向北开放四省区中引进外资情况较好,远高于黑龙江、内蒙古和吉林三省份,但是在研究年份内引进外资情况曲线整体呈现"M"形,有较大的波动,如在2006~2010年增长明显,但是受国际环境和金融危机影响,2013~2015年引进外资明显下降。2016年8月,党中央、国务院决定,在辽宁省设立自贸试验区,打造振兴东北新引擎。随着深化体制机制改革和制度创新,扎实推进自贸区各项工作,2016~2018年辽宁引进外资情况增长较为明显,增加至254.88亿元。黑龙江、吉林引进外资情况整体较为平稳,虽有小的起伏但相对不明显,外资依存度都在0.1%~1%之间浮动。内蒙古引进外资情况整体呈现下降趋势,由15.4亿元减少至3.6亿元,减少了近3.3倍。具体如图8-9和图8-10所示。

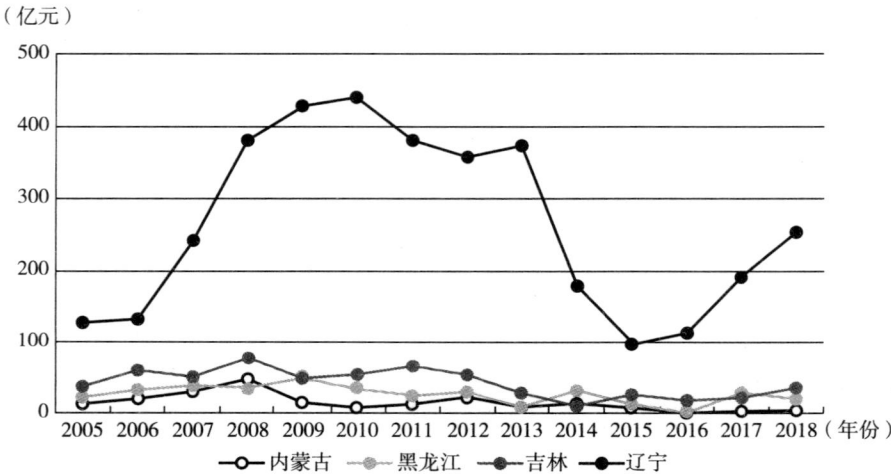

图8-9 2005~2018年向北开放四省区引进外资比较

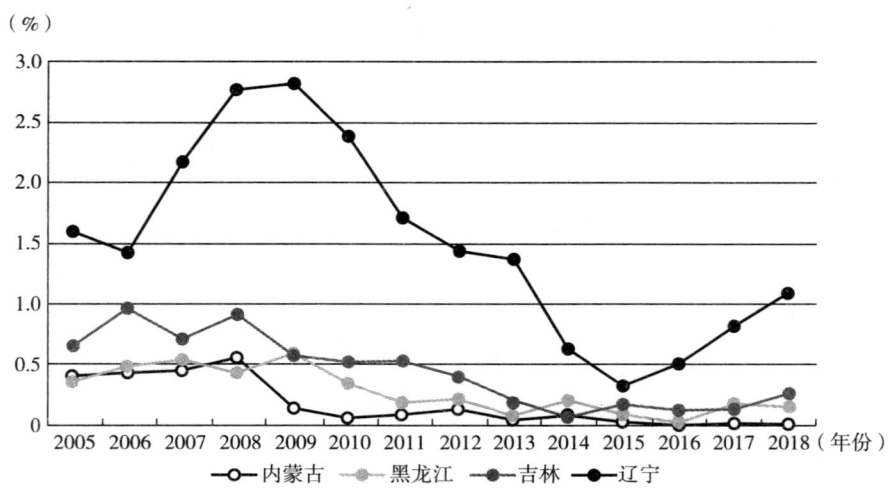

图8-10 2005~2018年向北开放四省区外资依存度比较

8.1.4 东南沿海五省市外贸经济发展现状比较

东部沿海地区受到历史因素和改革开放的影响,其对外开放程度和外贸经济发展都要领先于北部和西部地区,"一带一路"倡议的实施,使我国的贸易伙伴由欧盟、美国、日本等发达国家扩充到中亚、西亚的新兴经济体和发展中国家,推动东部沿海地区率先进行外贸经济的转型升级。以长三角和珠三角为核心的东南沿海地区大力推动"一带一路"沿线地区港口和自由贸易园(港)区的发展,实现外贸经济的转型升级。

(1)东南沿海五省市对外贸易值及对外贸易依存度分析。东南沿海五省市的对外贸易相差较大,由于区位优势作用明显,整体都呈现上升趋势。广东是传统的外贸大省,进出口总值连续33年全国第一,对外贸易值除2007~2009年和2013~2016年有轻微下降外,其余年份均保持较高增长态势,特别是2005~2007年每年均保持不低于20%的增速,研究期限内由35121.8亿元增长到71645.73亿元,增加了近1倍。从外贸依存度指标看,广东外贸依存度呈现下降走势,表明其经济对对外贸易的依赖程度在降低。上海市对外贸易受2008年全球金融危机影响,2009年有所下降,其余年份呈上升趋势,由15266.46亿元增长到34122.56亿元,增加了近1.2倍。上海市外贸依存度基本保持不变,说明在经济结构中的外贸占比基本稳定。2015年之后,浙江、海南的对外贸易呈快速上升趋势,研究年限内增长近20倍,其外贸依存度也呈现上升趋势,说明经济依赖外贸的程度在加重。福建外贸依存度呈现下降走势,占比在30%~70%之间浮动,说明经济依赖外贸的程度在减轻。具体如图8-11和图8-12所示。

(2)东南沿海五省市旅游服务贸易分析。广东旅游外汇收入整体呈上升态势,总量在东南沿海五省市居首位,2018年旅游外汇收入达1357.34亿元,较2015年增加了近1.6倍,位居全国第一。广东省是一个不靠边、旅游不出名的省份,旅游强项不在于景区也不在于边境旅游,而在于广东发达的交通体系,尤其是发达的机场设施和辐射全球的航空网络。上海旅游外汇收入除个别年份有轻微的波动,整体呈上升趋势,由2015年的291.29亿元增长到2018年的480.52亿元,增加了近65%。上海是全球第三大金融中心、中国最大经

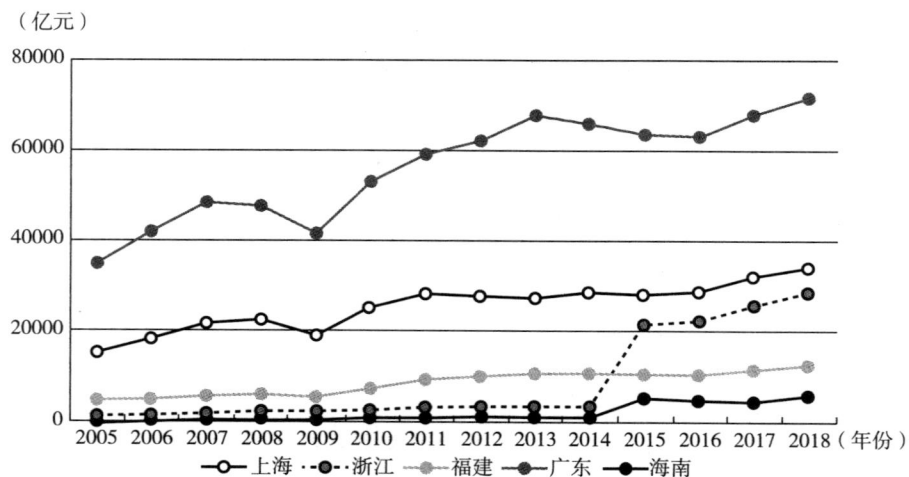

图 8-11　2005~2018 年东南沿海五省市对外贸易值比较

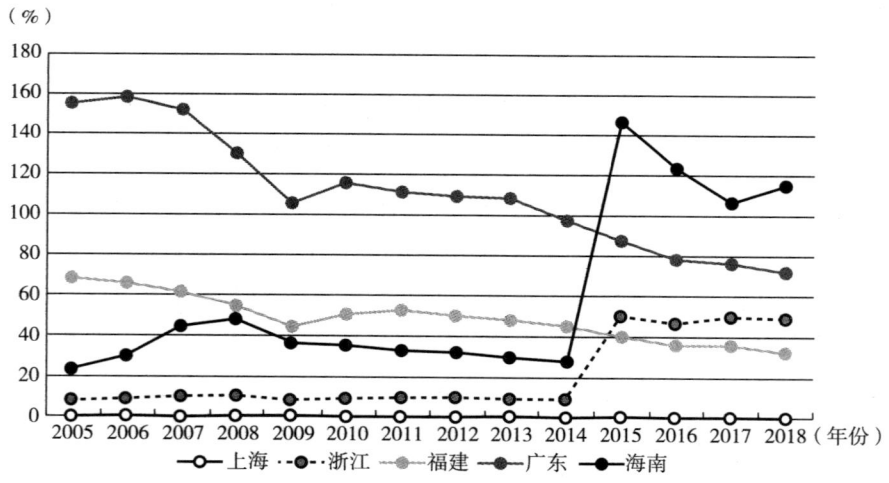

图 8-12　2005~2018 年东南五省市对外贸易依存度比较

济中心，旅游虽然不是上海主打品牌，但是上海旅游实力非常强大，现代和近代建筑非常壮观，同时上海陆空交通世界一流，推动上海旅游市场繁荣。浙江 2005~2015 年旅游外汇收入平缓上升，2015 年之后有所下降，最高旅游外汇收入值为 422.81 亿元。浙江省依托其优质的旅游资源，结合自身特色打造精品旅游线路、产品，不断丰富业态、创新发展，推动浙江旅游的"大发展""大繁荣"。福建、海南旅游外汇收入研究期限内都呈现平缓上升趋势，2018年福建旅游外汇收入达601.63亿元，较2005年增加了近4.6倍，海南旅游外汇收入达50.99亿元，增加了近3.8倍。具体如图8-13所示。

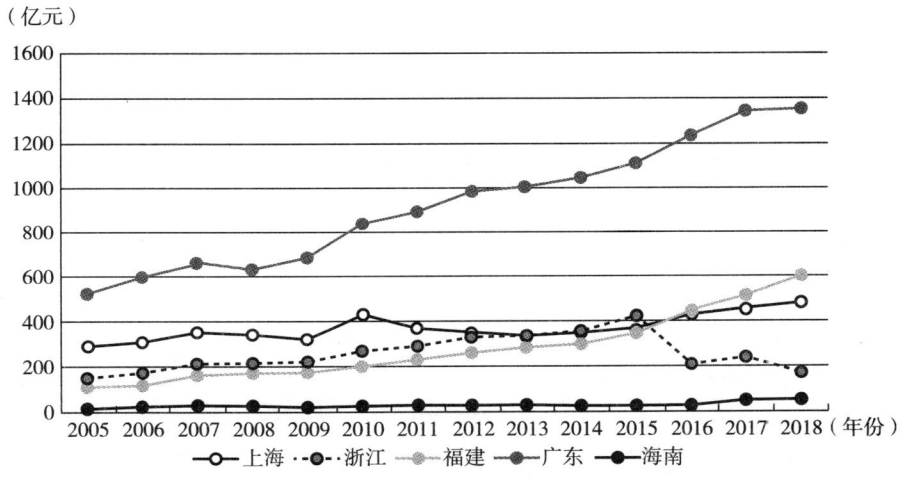

图8-13 2005~2018年东南沿海五省市旅游外汇收入情况比较

（3）东南沿海五省市引进外资及外资依存度分析。东南沿海五省区的引进外资额在曲折中呈下降趋势，外资依存度整体上也都呈现下降趋势。上海引进外资额由235.61亿元减少到12.28亿元，减少了近18.2倍。广东引进外资额由842.99亿元减少到264.10亿元，减少了近2.2倍。2017年国家出台了《国务院关于扩大对外开放积极利用外资若干措施的通知》（国发〔2017〕5号），文件要求各地、各部门进一步积极利用外资，营造优良营商环境，继续深化简政放权、放管结合、优化服务改革，降低制度性交易成本，实现互利共赢。2017年广东省政府出台了《广东省进一步扩大对外开放积极利用外资若干政策措施》，重点围绕基层和外商在市场准入、财税、用地等方面的核心关切点，进一步加大政策支持力度，对广东积极有效利用外资起到了推动作用，2018年引进外资额较2017年略有增加。2018年浙江省政府出台了《浙江省人民政府关于扩大对外开放积极利用外资的实施意见》，全面落实进一步扩大对外开放举措、创新利用外资支持政策、发挥利用外资主平台作用、优化外商投资管理服务、强化外资工作保障。2017年,福建省政府制定出台《关于印发贯彻落实国务院促进外资增长若干措施实施方案的通知》,该通知旨在进一步构筑法治化、国际化、便利化营商环境,促进福建省利用外资稳定增长,提高利用外资质量。具体如图8-14和图8-15所示。

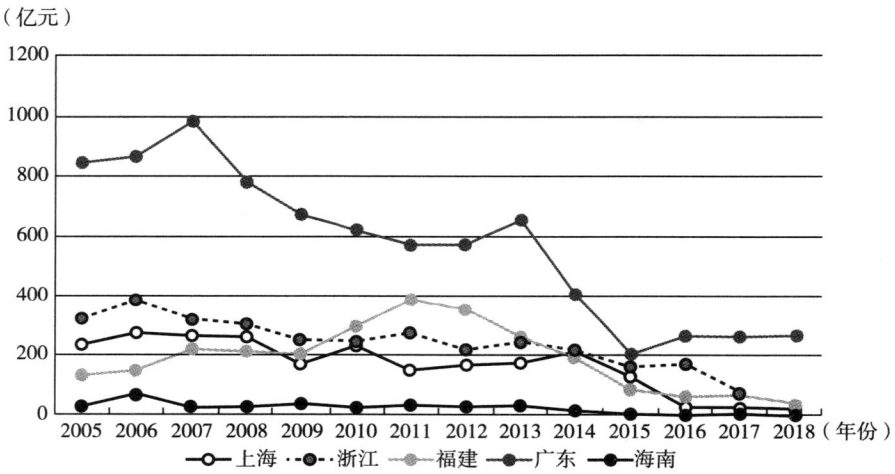

图8-14 2005~2018年东南沿海五省市引进外资比较

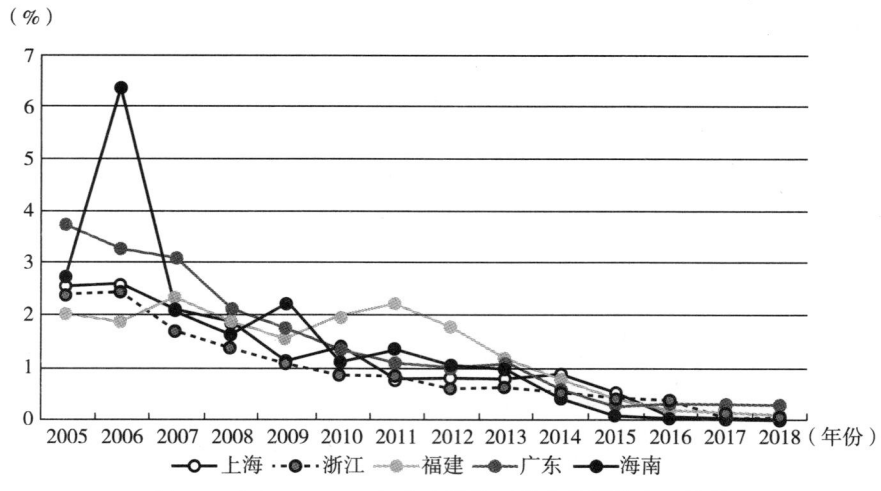

图8-15 2005~2018年东南沿海五省市外资依存度比较

8.1.5 西南三省区市外贸经济发展现状比较

自国家实施"西部大开发"战略以来,西南地区外贸经济发展水平逐步上升,对西南地区整体经济水平的提升起到了推动作用。而"一带一路"倡议的实施又为西南地区的外贸经济带来了新的发展机遇,在"一带一路"倡议规划中,广西是西南和中南地区开放发展的战略支点、是"一带"与"一路"有机衔接的重要门户,重庆是西部地区开发、开放的重要支撑,云南是西南地区面向南亚和东南亚进行交流合作的辐射中心[113]。

(1) 西南三省区市对外贸易值及对外贸易依存度分析。重庆对外贸易值呈现上升趋势,2011~2014年对外贸易值大幅增加,主要原因是2011年重庆至欧洲的国际铁路大通道"渝新欧铁路"顺利通车,为重庆的外贸发展提供了一条有竞争力的物流通道。广西、云南对外贸易值呈缓慢增长趋势,在2016年略有下降。在整个研究期限内,广西对外贸易值从418.27亿元增加到4106.71亿元,增加了近8.8倍;云南对外贸易值从388.12亿元增加到1978.27亿元,增加了近4.1倍。从对外依存度指标看,重庆外贸依存度变化幅度较大,2014年达到最高值41.11,2015年和2016年急剧下降,2017年和2018年恢复增长趋势。从长期趋势看,广西、云南对外依存度平稳变化,广西在10.5%~20.9%之间浮动,2013年以后逐渐增加,总体来说,经济发展对对外贸易的依赖程度逐渐增大。云南在8.9%~14.2%之间波动,其经济发展对对外贸易的依赖程度基本保持稳定。具体如图8-16和图8-17所示。

(2) 西南三省区市旅游服务贸易分析。西南三省区市的入境旅游保持了良好的增长势头,旅游外汇收入逐年递增。在研究期限内,云南由43.25亿元增加到292.36亿元,广西由29.40亿元增加到183.81亿元,重庆由21.66亿元增加到144.91亿元,这与西南三省区市都作为我国的旅游大省、自然环境特殊、社会人文多样和旅游业发展具有明显的区域特色有直接的关系。云南省2010年出台《云南省人民政府关于加快全省旅游公共服务建设的意见》,提出进一步改善云南省旅游接待服务条件和水平,提升旅游业整体素质,增强市场竞争力。2013年云南出台《关于建设旅游强省的意见》,提出把旅游产业建设

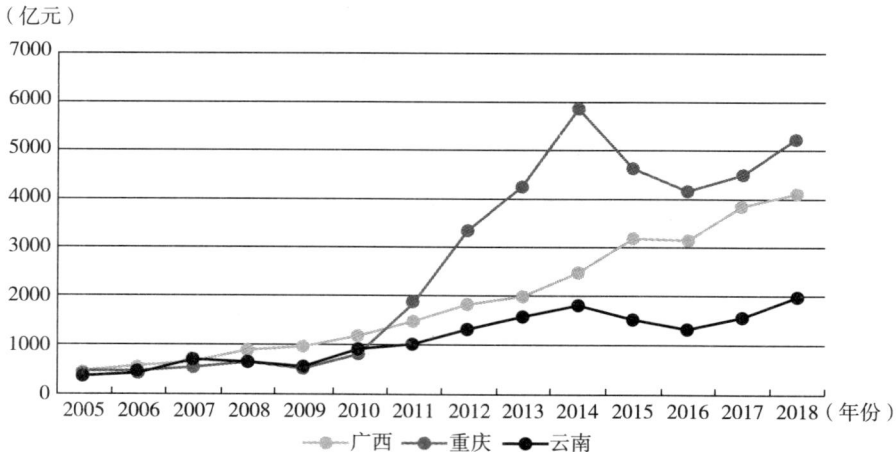

图 8-16　2005~2018 年西南三省区市对外贸易值比较

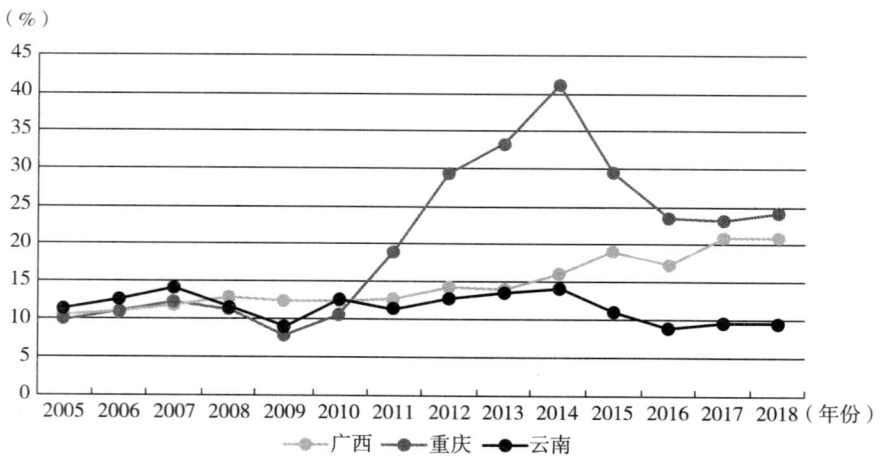

图 8-17　2005~2018 年西南三省区市对外贸易依存度比较

成为全省国民经济的战略性支柱产业和人民群众更加满意的现代服务业，同时把云南省建设成为国内一流、国际著名旅游目的地和面向西南开放的国际性区域旅游集散地。广西于 2013 年颁布《关于加快旅游业跨越式发展的决定》，对广西旅游发展规划目标进行了明确规定，2015 年出台《关于促进旅游业改革发展的实施意见》，有效地促进了广西旅游业快速发展。重庆 2011 年批复实施《重庆市旅游业发展"十二五"规划》,明确提出把重庆建设成为世界知名旅游目的地和中国西部地区旅游高地。随着这些意见的出台,西南三省区市的旅游外汇收入逐年显著增加,旅游业在国民经济发展过程中的地位越来越突出。随着"一带一路"倡议实施,西南三省区市的旅游资源得到前所未有的开发,旅游业打开了新的发展局面,旅游外汇收入稳步增加,成为拉动西南三省区市经济增长的全新手段之一。具体如图8-18所示。

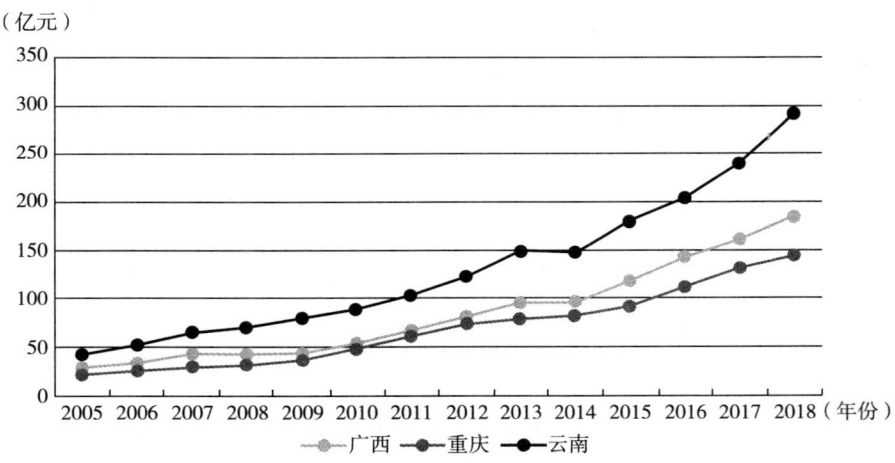

图8-18 2005~2018年西南三省区市旅游外汇收入情况比较

(3) 西南三省区市引进外资及外资依存度分析。在研究期限内,重庆引进外资水平波动较大,最低值为2006年的28.15亿元,最高值为2014年的282.44亿元,总体上处于西南三省区市的引进外资情况领先位置,这归功于重庆不断优化的投资环境和完善的软件和硬件条件。在硬件上,重庆市先后获批了西永和两路寸滩两个保税港区,创建了国家级开发区——两江新区,打通"渝新欧"国际铁路大通道。在"软件"上,重庆市创建了海关跨关区便捷通关模式、离岸金融、电子商务国际结算、海外私募基金、云计算处理中心,以及重大外商投资项目并联审批、限时办结制度。硬件设施和软件条件的完善,使得重庆变身为改革开放的前沿阵地,成为亚洲乃至全球关注的焦点城市之一,参与国际分工能力大幅提升,极大地增强了对国际资本的吸引力。广西对外资的利用总体上呈逐年下降趋势，研究期限内由 66.42 亿元减少到 2017 年的 17.54 亿元，减少了近 2.8 倍。2018 年广西的利用外资逆势上扬增长到 59.54 亿元，利用外资情况稳步向好，特别在 2019 年以来，广西先后出台《关于切实加强我区利用外资工作的通知》和《广西招商引资激励办法》，围绕"深化港澳台，扩大东盟，拓展欧美日韩"工作思路，加快构建面向东盟的国际大通道和金融开放门户，打造国际西部陆海新通道，建立完善境外招商引资网络。具体如图 8-19 所示。

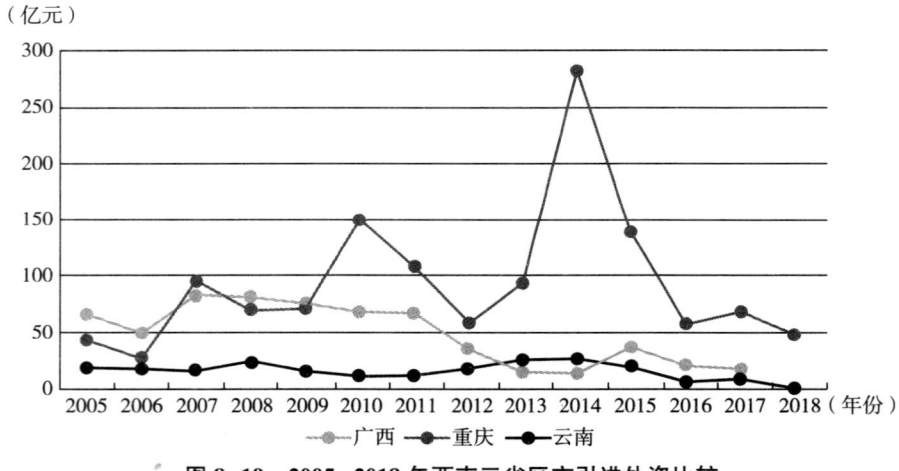

图 8-19　2005~2018 年西南三省区市引进外资比较

云南研究期限内利用外资情况整体较为平稳，由于大部分州市受到经济社会发展水平、区位条件、产业配套能力、基础设施条件、交通物流成本等诸多因素的影响，引进外资或多或少地存在不同程度的困难，一定程度上也制约了云南省利用外资规模的扩大。"十二五"时期，云南省主动服务和融入国家"一带一路"、长江经济带等重大发展战略，积极建设孟、中、印、缅和中国—中南半岛经济走廊，开展了多层次的多边、双边对外交流合作，引进和利用外资取得较大的成效。2016 年云南省先后出台了《云南省加强重点产业招商引资工作若干措施的意见》《云南省招商引资工作委员会关于切实加强世界 500 强企业引进工作的通知》，2018 年出台《云南省人民政府关于积极有效利用外资促进外资增长推动经济高质量发展的实施意见》等，深化外资管理体制改革，简政放权，优化服务，进一步扩大开放领域，加大科技创新、制度创新和人才支撑等比重，提升主动为外资企业服务的意识和水平。从外资依存度角度看，研究期限内西南三省区市波动幅度较大，说明对国外资本的开放程度、吸纳外国生产要素的能力受到政策影响较大。具体情况如图 8-20 所示。

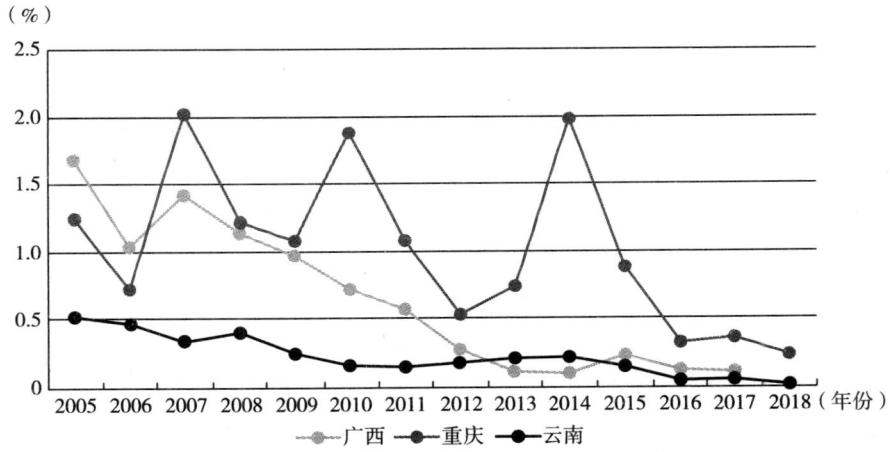

图 8-20　2005~2018 年西南三省区市外资依存度比较

8.1.6　四个分区外贸经济发展现状比较

西北五省区、向北开放四省区、东南沿海五省市和西南三省区市四个分区之间受到传统地理位置、交通设施发展水平、"西部大开发"政策等因素的影响，整体之间的外贸经济发展情况差距较大，因此有必要对四个分区之间的外贸经济发展现状进行比较。由于各分区内省份数量不一，对外贸易值、旅游外汇收入和引进外资以平均数代表各分区的情况，对外贸易依存度和外资依存度则用各区平均进出口总额和平均社会固定资产投资中的利用外资部分分别占各区平均生产总值的比重来进行分析。

(1) 四个分区对外贸易值及对外贸易依存度分析。本章分析西北五省区、向北开放四省区、东南沿海五省市和西南三省区市四个分区对外贸易整体状况，发现东南五省市利用交通发达、出口便利等优势，大力发展对外贸易，平均对外贸易值在四个分区中占有绝对优势地位。从图8-21和图8-22可以看出，平均对外贸易值呈逐年上升趋势，最低值为2005年的11226.338亿元，最高值为2018年的30461.04亿元，增加了近1.7倍，对外贸易依存度逐年下降且下降趋势明显，说明该地区经济发展对国际贸易的依赖程度减弱较明显。西北五省区地处内陆地区，远离沿海，口岸建设相对滞后，这严重制约了其外向型经济的发展，导致其平均对外贸易值最小。西北五省区平均对外贸易值整体平稳但有上升趋势，最低值为2005年的260.178亿元，最高值为2018年的1106.28亿元，增加了近3.3倍。西北五省区借助并深度融入国际陆海贸易新通道，积极搭建全方位开放平台，完善综保区、口岸综合服务体系，其对外贸易值增长速度明显高于东南沿海五省市。从经济发展对国际贸易依赖程度来看，西北五省区对外贸易依存度保持稳定，上下波动不大。

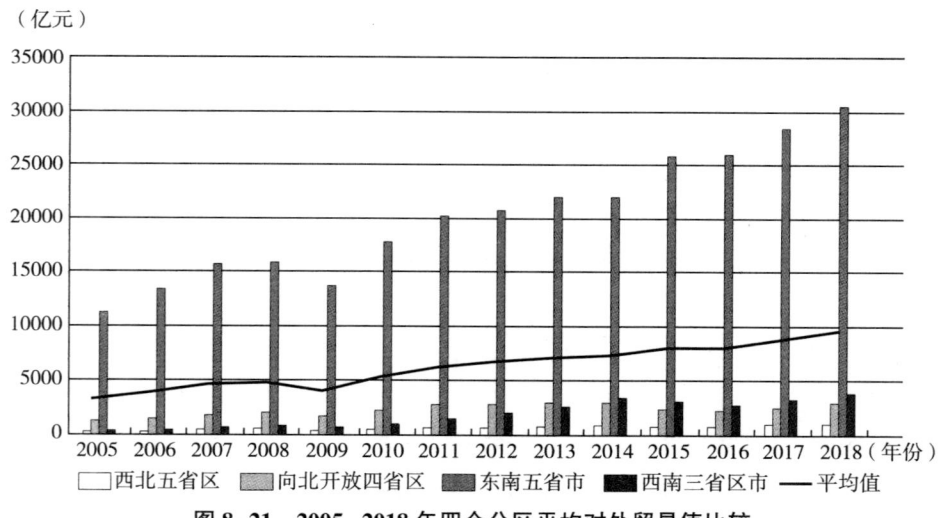

图8-21　2005~2018年四个分区平均对外贸易值比较

8 "一带一路"沿线重点省份交通基础设施对外贸经济的影响研究

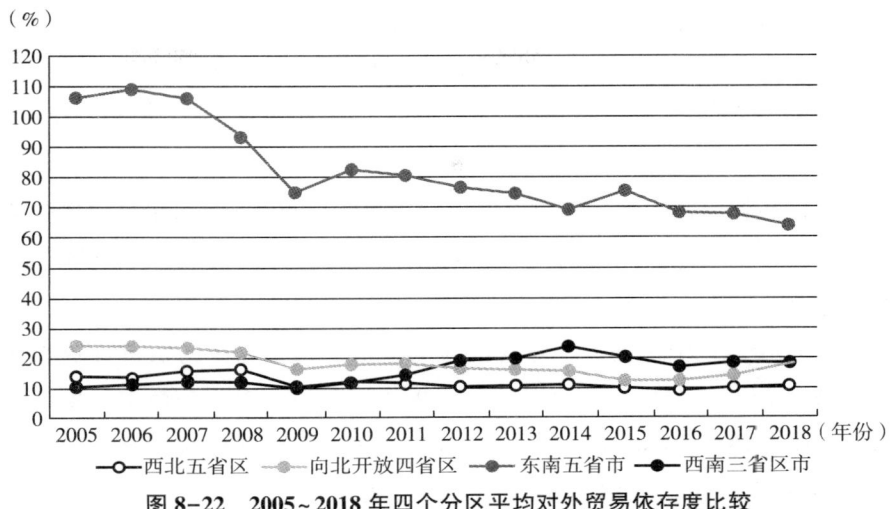

图 8-22 2005~2018 年四个分区平均对外贸易依存度比较

（2）四个分区旅游服务贸易分析。从图 8-23 可以看出，四个分区的旅游外汇收入都呈现上升趋势，东南五省区总体规模明显高于其余三个分区。东南五省市平均旅游外汇收入整体呈逐年上升趋势，最低值为 2005 年的 214.52 亿元，最高值为 2018 年的 532.45 亿元，增加了 2.5 倍。从增长速度看，西南三省区市最低值为 2005 年的 31.44 亿元，最高值为 2018 年的 207.03 亿元，增

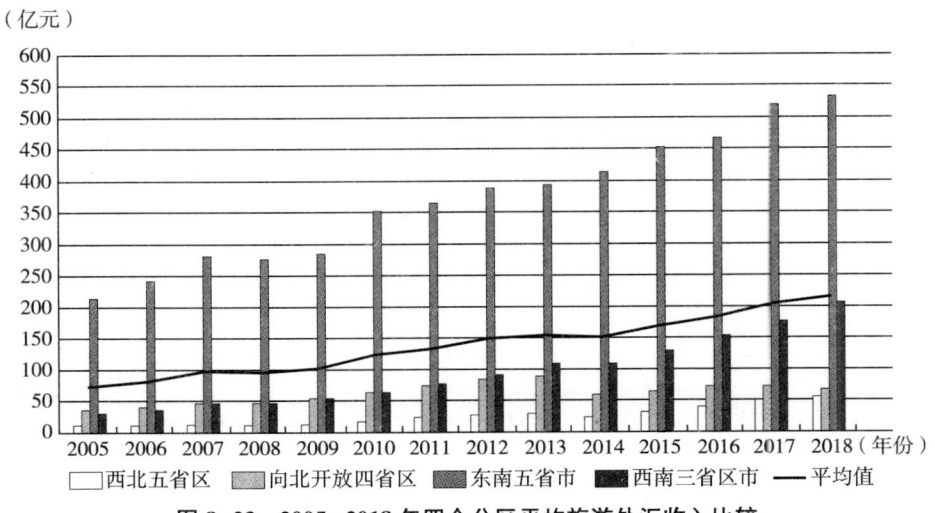

图 8-23 2005~2018 年四个分区平均旅游外汇收入比较

长了近 5.6 倍,西北五省区最低值为 2005 年的 10.13 亿元,最高值为 2018 年的 55.51 亿元,增加了近 4.5 倍,西南三省区市和西北五省区的平均旅游外汇收入虽然总量较小但增长速度较快。向北开放四省区最低值为 2005 年的 35.77 亿元,最高值为 2013 年的 89.10 亿元,增加了近 1.5 倍,总量较低的同时增长速度较慢。从以上数据可以看出,我国旅游经济地区发展不平衡,以东南部沿海地区为主体,北部地区相对薄弱,西部地区虽然旅游资源丰富但由于受各种条件的限制,发展较慢、起点低。

(3) 四个分区引进外资及外资依存度分析。四个分区的引进外资在研究期限内波动变化,从图 8-24 和图 8-25 来看,东南五省市和西南三省区市呈现逐年下降趋势,其中东南五省市最高值为 2007 年的 361.38 亿元,最低值为 2017 年的 85.44 亿元(2018 年数据缺失),减少了近 3.2 倍,东南五省市开放较早,经济基础和经济结构较好,引进外资基数比其他分区大,随着生产要素成本上升、政策调整和人民币升值压力,引进外资规模在逐年下降。西南三省区市由 42.45 亿元减少到 31.63 亿元,减少了近 34%。向北开放四省区和西北五省区略有上升,其中向北开放四省区由 49.7925 亿元增加到 78.025 亿元,增加了近 57%;西北五省区由 10.41 亿元增加到 35.272 亿元,增加了近 2.4

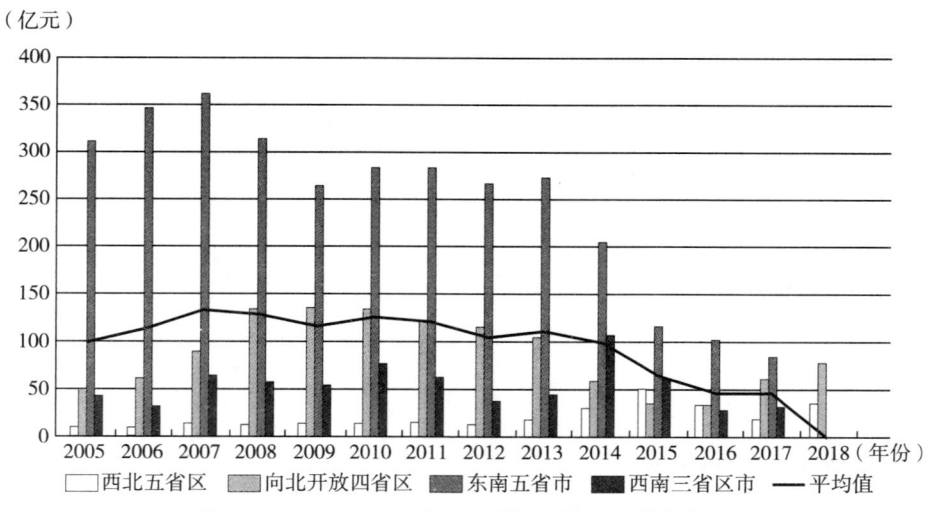

图 8-24　2005~2018 年四个分区平均引进外资比较

倍，在区域协调发展的机遇之下，西北五省区和向北开放四省区开发开放迎来窗口期，中西部地区正在抓住政策利好，全方位发力构建良好的外商投资环境。另外，即将出台的新版鼓励外商投资产业目录也将进一步向中西部倾斜，鼓励外资更多地投向中西部地区。从外资依存度指标来看，东南五省市外资依存度最高，西北五省区外资依存度最低，表明东南五省市经济发展对国际贸易的依赖程度较高，西北五省区经济发展对国际贸易的依赖程度较低，四个分区的外资依存度整体呈现下降趋势，这主要受贸易保护主义以及世界经济危机造成的全球贸易萎缩的影响。

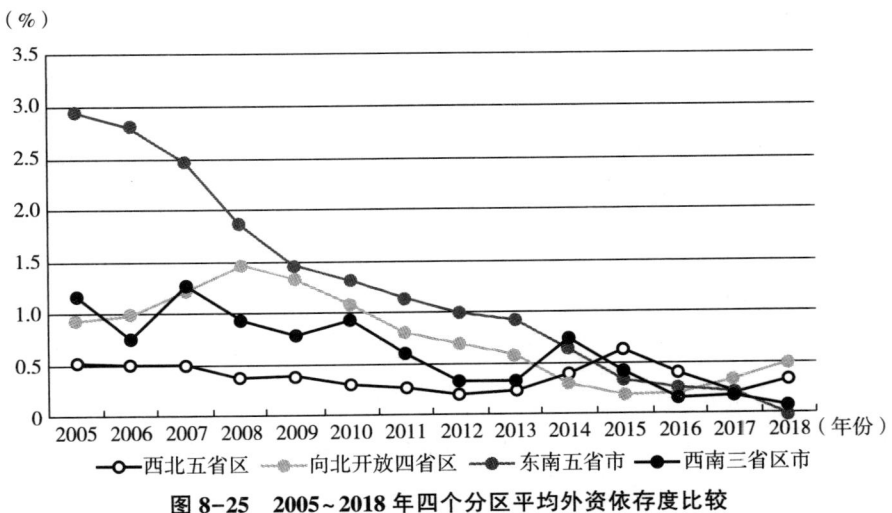

图 8-25 2005~2018 年四个分区平均外资依存度比较

8.2 指标变量选择与描述性统计

8.2.1 数据说明

本章选取"一带一路"沿线的 17 个省份进行分析，数据均从国家统计局网站获取，部分缺失数据从各省市自治区的历年统计年鉴进行补全。文章测算时段选择从2005年开始（即2005~2018年）。鉴于我国各区域的外贸和交通发展水平等存在明显差异，本章依旧将研究样本划分为四个分区，以此反映空间溢出效应。

8.2.2 变量选择

选取的被解释变量、主要解释变量和控制变量如下：

（1）被解释变量。本章选取外贸经济水平指标来作为被解释变量，反映外贸经济增长水平；选用外贸进出口总额对外贸经济水平进行衡量。

（2）解释变量。本章的主要解释变量与第6章相同，分别为资本投入、劳动力投入、交通基础设施建设规模和交通客、货运情况等指标。资本投入的指标变量为资本存量，具体测度方法在第6章中已说明；劳动力投入指标由年末就业人数测度；交通基础设施建设规模指标由等级公路密度、铁路密度和航空起降架次进行测度，其密度相关计算方法也在第6章进行了说明；交通运输量的指标变量为公路旅客周转量、公路货运周转量、铁路旅客周转量、铁路货运周转量、航空旅客吞吐量和航空货邮吞吐量。

（3）控制变量。①人力资本。经济增长的关键还在人力资本。与前文相同，选取平均受教育年限作为人力资本的指代变量，衡量劳动力素质水平。②地区国民经济发展。本章以地区生产总值作为区域经济发展水平的衡量指标。外贸经济是国民经济的组成部分之一，国民经济的良好发展趋势会对外贸经济的发展产生促进和激励作用。③对外开放度。对外开放度代表一个地区的对外开放程度，其不仅与区域发展战略有关，也与区域交通基础设施的发展水平紧密关联。交通基础设施越完善，区域可达性就越高，越有利于各要素在区域间流动和吸引外资，进而促进经济的进一步开放。"一带一路"沿线重点省份由于地理位置、资源禀赋、政策等差异，各地经济水平发展各异，对外开放程度的差异也比较大。本部分选取对外贸易依存度作为对外开放程度的衡量指标。地区的对外贸易依存度的提高，表明该国经济开放度的提高与国际市场联系的密切程度的提高，以及国内经济受国际市场影响的加大。指标变量如表8-1所示。

8 "一带一路"沿线重点省份交通基础设施对外贸经济的影响研究

表 8-1 指标变量

变量类别	指标名	变量名	单位	符号表示
被解释变量	外贸经济水平（Y）	外贸进出口总额	亿元	ief
解释变量	资本投入（K）	资本存量	亿元	cs
	劳动投入（L）	年末就业人数	万人	en
	交通基础设施建设情况（T_1）	公路密度	千米/万人	hd
		铁路密度	千米/万人	rd
		航空起降架次	万架次	als
	交通客、货运情况（T_2）	公路旅客周转量	亿人千米	hpt
		公路货运周转量	亿吨千米	hct
		铁路旅客周转量	亿人千米	rpt
		铁路货运周转量	亿吨千米	rct
		航空旅客吞吐量	万人	apt
		航空货邮吞吐量	万吨	act
控制变量	人力资本（X_1）	平均受教育年限	年	aey
	地区国民经济发展（X_2）	地区生产总值	亿元	gdp
	对外开放程度（X_3）	对外贸易依存度	%	ftdr

8.2.3 描述性统计

分析选取了 17 个重点省份 2005～2018 年（14 年）的数据，对指标变量进行描述性统计，结果如表 8-2 所示。

表 8-2 相关变量的描述性统计

变量	样本数	平均值	标准差	最小值	最大值
ief	238	7009.02	14334.42	33.86	71645.73
cs	238	2906.72	2460.49	436.64	14981.74
en	238	1930.18	1341.90	291.04	6508.65
hd	238	32.17	20.55	4.29	118.04
rd	238	1.26	1.03	0.14	5.05

续表

变量	样本数	平均值	标准差	最小值	最大值
als	238	21.96	20.00	0.70	101.91
hpt	238	333.27	338.06	24.66	2470.11
hct	238	986.32	876.56	9.77	3890.32
rpt	238	245.10	188.74	0.84	953.75
rct	238	640.08	575.95	3.2	2684.72
apt	238	2484.08	2628.57	18.86	14133.24
act	238	50.56	103.05	0.26	794.22
aey	238	8.75	0.62	7.58	10.48
gdp	238	14593.66	15281.35	543.32	99945.22
ftdr	238	0.31	0.39	0.02	1.70

本指标体系中的研究样本数均为238个。通过分析数据描述指标，可以发现"一带一路"沿线17个重点省份的变量值都没有异常。除铁路密度和对外贸易依存度指标外，其余变量的组内数据值较大且差异也比较大，在后续分析和计量过程中有必要对除铁路密度和对外贸易依存度外的变量取自然对数。

8.3 "一带一路"沿线重点省份外贸经济发展空间相关性研究

前文已经对空间权重矩阵的构建、全局空间相关性和局部空间相关性的定义和计算以及空间计量模型的选取等进行了论述，本部分不再进行阐述，主要对实证结果进行详细分析。

8.3.1 全局空间相关性度量及结果分析

根据上文构建的空间权重矩阵，运用Stata15.1软件对"一带一路"沿线

8 "一带一路"沿线重点省份交通基础设施对外贸经济的影响研究

重点省份 2005~2018 年的外贸进出口总额进行全局莫兰指数检验,其结果如表 8-3 所示。

表 8-3 2005~2018 年"一带一路"沿线重点省份外贸进出口总额的全局莫兰指数

变量 年份	W_1 莫兰指数	P 值	W_2 莫兰指数	P 值	W_3 莫兰指数	P 值
2005	0.165	0.140	0.137	0.177	0.200	0.135
2006	0.200	0.105	0.173	0.136	0.233	0.107
2007	0.194	0.109	0.176	0.131	0.224	0.112
2008	0.213*	0.094	0.175	0.133	0.222	0.114
2009	0.282**	0.050	0.239*	0.080	0.276*	0.077
2010	0.242*	0.073	0.215*	0.097	0.251*	0.092
2011	0.234*	0.078	0.200	0.110	0.243*	0.099
2012	0.244*	0.073	0.205	0.107	0.239	0.103
2013	0.222*	0.089	0.187	0.122	0.218	0.119
2014	0.240*	0.076	0.198	0.113	0.230	0.110
2015	0.642***	0.001	0.595***	0.001	0.609***	0.003
2016	0.637***	0.001	0.586***	0.002	0.602***	0.003
2017	0.597***	0.001	0.523***	0.003	0.561***	0.005
2018	0.589***	0.001	0.522***	0.003	0.560***	0.005

注:*、**、***分别表示在 10%、5%、1%的显著性水平下显著。

从表 8-3 可以看出,在研究期限内的外贸经济增长总体上呈现一定的空间相关性,基于邻接矩阵、地理距离矩阵和经济距离矩阵三种空间权重矩阵计算的全局莫兰指数值基本呈增长趋势,表明"一带一路"沿线重点省份外贸经济增长的空间正相关性逐渐加强,外贸经济增长的空间集聚特征较为明显。在整个研究期限内,全局莫兰指数值的增长大致可以分为两个阶段:第一阶段是 2005~2014 年,全局莫兰指数值较小,不具有明显的显著性,说明各省份之间外贸经济联系还相对较弱;第二阶段是 2015~2018 年,全局莫兰指数值较大,均通过了 1%的显著性检验,说明"一带一路"沿线重点省份近几年的外贸经济增长具有较明显的空间相关性，主要与国家"一带一路"倡议提出后，各省积极开展对外贸易合作，发展外贸经济以及区域外贸经济结构升级转型等因素相关。

"一带一路"沿线重点省份外贸经济增长总体上呈现一定的空间相关性，研究"一带一路"沿线重点省份外贸经济增长则需要考虑空间相关性，这也是后续部分构建空间计量模型进行分析的重要依据。

8.3.2 局部空间相关性度量及结果分析

根据第 6 章公式分别计算邻接矩阵、地理距离矩阵和经济距离矩阵三种空间权重矩阵的局部 Moran's I 值，并绘制莫兰散点图，如图 8-26 所示，通过对

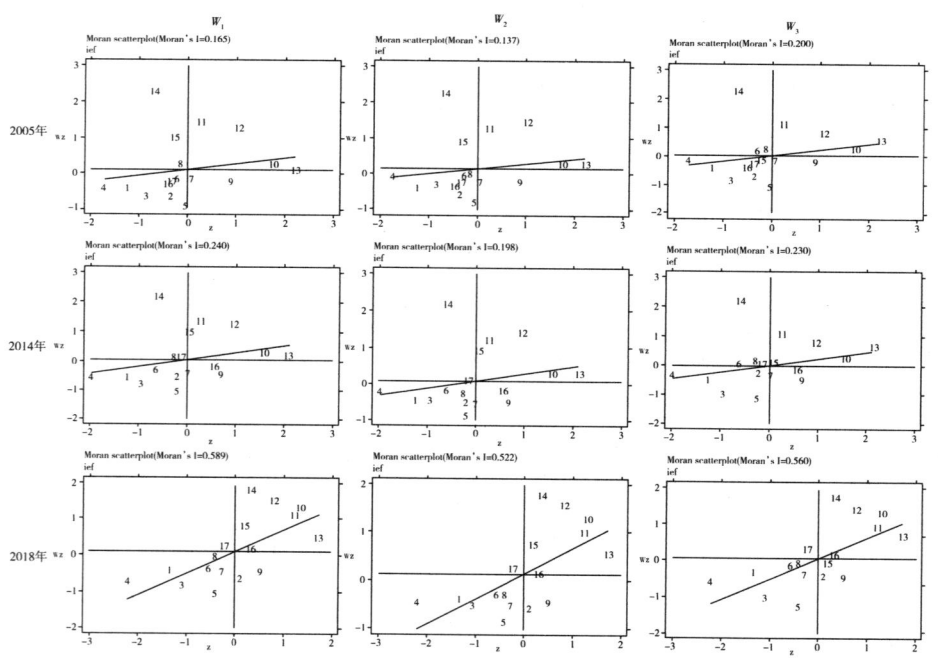

图 8-26 主要年份"一带一路"沿线重点省份相对绿色 GDP 莫兰散点图

注：为了图形显示清晰，在图形中使用数字代表 17 个省份：宁夏=1、陕西=2、甘肃=3、青海=4、新疆=5、内蒙古=6、黑龙江=7、吉林=8、辽宁=9、上海=10、浙江=11、福建=12、广东=13、海南=14、广西=15、重庆=16、云南=17。

比分析可知，基于经济距离矩阵的局部莫兰指数值更高，说明基于经济距离矩阵的空间聚集效应更强。下面分别研究 2005 年、2014 年和 2018 年的空间聚集性。

从"一带一路"沿线重点省份外贸进出口总额的莫兰散点图可以看出，散点图回归线的斜率均为正数，且 2018 年的散点图回归线斜率远大于 2005 年和 2014 年的斜率，说明"一带一路"沿线重点省份整体的外贸经济呈现正向空间相关性，同时 2018 年的相关性远大于前两个年度。整体来看，2018 年，各省份的散点分布较 2005 年和 2014 年集中趋势明显，说明 17 个省份的外贸进出口总额呈现出更强的空间集聚性。由于基于经济距离（W_3）矩阵的莫兰散点图聚集性更好，以下部分主要以该散点图进行详细分析。

东南沿海五省市的上海、浙江、福建和广东在 3 年里均位于"高—高"集聚区，海南 2005 年和 2014 年位于"低—高"集聚区，2018 年移至"高—高"集聚区，说明东南沿海五省市外贸经济发展无论与周边地区相比还是与 17 个重点省份整体相比水平都较高。结合外贸经济发展现状来看，东南沿海五省市交通发达、出口便利，主要与传统欧美发达国家和东亚国家及地区进行经贸合作，外贸经济发展相对较好。

西北五省区大部分省份在 3 年里均位于"低—低"集聚区，说明西北五省区整体外贸经济发展水平较弱。陕西 2018 年移至"高—低"区，说明陕西在整体外贸发展中处于较高水平，但其周边地区外贸经济发展水平较弱。西北五省区地处内陆地区，远离沿海，口岸建设相对滞后，严重制约了外向型经济的发展。

西南三省区市 2005 年位于"低—低"集聚区，但 2014 年移出，说明在我国外贸经济转型升级及相关政策推动下，一些外贸经济落后地区的外贸经济水平有了较明显的增长。2018 年重庆移至"高—高"区，云南移至"低—高"区，广西移至"高—低"区，说明重庆外贸经济达到较高水平，而云南外贸经济发展水平在西南三省区市中相对较低。

向北开放四省区 2005 年内蒙古和吉林位于"低—高"集聚区，黑龙江和辽宁位于"高—低"集聚区，至 2018 年，内蒙古、黑龙江、吉林移至"低—低"区。说明向北开放四省区外贸经济发展水平整体偏低，辽宁发展相对较好，但受到周边地区影响处于"高—低"集聚区。

综上所述，"一带一路"沿线重点省份外贸经济整体的空间分布不是完全随机的，而是具有比较明显的空间集聚特征的。从三个主要年份的情况来看，四个分区的外贸经济发展的差距仍然很大，表现为东南沿海五省市多聚集在一个象限，而西北五省区和西南三省区市多聚集在一个象限，说明"一带一路"沿线重点省份外贸经济存在空间依赖性，即一个地区外贸经济发展水平与相邻地区外贸经济发展水平紧密相关。因此，研究交通基础设施对外贸经济的影响需要考虑到空间自相关，这也是研究交通基础设施对外贸经济增长空间溢出效应的理论基础。

8.4 交通基础设施对外贸经济空间溢出效应的实证研究

8.4.1 多重共线性

在进行空间计量分析前，首先要对初步确定的解释变量进行共线性检验。

（1）斯皮尔曼相关系数。通过计算斯皮尔曼相关系数，发现航空起降架次、航空旅客吞吐量和航空货邮吞吐量之间的检验数均超过0.9，说明三者之间有较大的共线性问题。具体如表8-4所示。

表8-4 斯皮尔曼相关系数

变量	lnief	lncs	lnen	lnhd	rd	lnals	lnhpt	lnhct	lnrpt	lnrct	lnapt	lnact	lnaey	lngdp	ftdr
lnief	1														
lncs	0.44	1													
lnen	0.59	0.45	1												
lnhd	−0.49	−0.57	−0.40	1											
rd	−0.56	−0.46	−0.52	0.82	1										
lnals	0.80	0.23	0.55	−0.29	−0.55	1									
lnhpt	0.54	0.38	0.85	0.30	−0.44	0.47	1								

续表

变量	lnief	lncs	lnen	lnhd	rd	lnals	lnhpt	lnhct	lnrpt	lnrct	lnapt	lnact	lnaey	lngdp	ftdr
lnhct	0.35	-0.01	0.57	0.26	0.18	0.39	0.62	1							
lnrpt	0.47	0.28	0.61	-0.02	0.00	0.36	0.65	0.76	1						
lnrct	-0.10	0.12	0.20	0.27	0.43	-0.13	0.21	0.51	0.55	1					
lnapt	0.83	0.25	0.55	-0.32	-0.59	0.98	0.46	0.34	0.33	-0.19	1				
lnact	0.85	0.45	0.59	-0.51	-0.74	0.90	0.52	0.21	0.31	-0.27	0.93	1			
lnaey	0.46	0.40	0.10	-0.07	-0.01	0.30	0.01	0.21	0.29	0.27	0.34	0.32	1		
lngdp	0.84	0.40	0.73	-0.28	-0.39	0.79	0.62	0.64	0.64	0.17	0.78	0.74	0.53	1	
ftdr	0.78	0.31	0.27	-0.64	-0.63	0.55	0.29	-0.09	0.14	-0.35	0.59	0.67	0.13	0.38	1

（2）方差膨胀系数。在斯皮尔曼相关系数检验的基础上，使用方差膨胀系数确定需要剔除的变量，计算方法如第 5 章所示。对指标变量进行方差膨胀因子检验，Mean VIF 值为 11.53（大于 10），需要剔除 VIF 值最高变量，从表 8-5 可以看出，航空旅客吞吐量的 VIF 值最高为 29.34。将该变量从解释变量中剔除，剩余变量再进行方差膨胀因子检验，结果显示 Mean VIF 值为 8.67，该检验结果可以接受。因此，后续的研究分析中均剔除航空旅客吞吐量，最终指标体系包含外贸进出口总额、资本投入、劳动投入、等级公路密度、铁路密度、航空起降架次、公路旅客周转量、公路货运周转量、铁路旅客周转量、铁路货运周转量、航空货邮吞吐量、人力资本、地区生产总值和对外开放程度。方差膨胀系数检验具体结果见表 8-5。

表 8-5 方差膨胀因子（VIF）检验

变量	VIF	
	第 1 次	第 2 次
lnapt	29.34	—
lnals	27.53	10.85
lngdp	21.01	21.1
lnen	15.14	14.39
lnact	14.86	13.96
lnhd	8.63	8.28

续表

变量	VIF	
	第1次	第2次
lnhpt	8.19	8.17
lnhct	7.04	6.87
lnrpt	6.93	6.92
rd	5.91	5.89
lnrct	5.18	4.89
ftdr	4.36	4.35
lnaey	3.6	3.44
lncs	3.53	3.52
Mean VIF	11.53	8.67

8.4.2 空间计量模型的选择

在邻接矩阵（W_1）、地理距离矩阵（W_2）和经济距离矩阵（W_3）下，豪斯曼（Hausman）检验结合 LR 统计量的联合显著性检验结果均在 1% 水平下显著，因此在三种矩阵下均选择时空双固定效应。由于 SDM 模型与 SAR 模型和 SEM 模型的 LR 检验结果均在 1% 显著性水平下显著，SDM 模型不会退化为 SAR、SEM 模型，因此选择空间杜宾模型进行后续效应分析，相关检验结果如表 8-6 所示。

表 8-6 模型检验结果

	W_1	W_2	W_3
Hausman test	57.5***	50.47***	251.03***
LR test（SAR）	118.64***	117.49***	90.64***
LR test（SEM）	127.07***	125.10***	97.74***
联合显著性	LR 统计量		
时间固定	-109.26***	-104.04***	-133.84***
空间固定	-23.96***	-15.83***	-13.34***

注：***、**、*分别表示在 1%、5% 和 10% 的显著性水平下显著。

8 "一带一路"沿线重点省份交通基础设施对外贸经济的影响研究

关于 SAR 模型和 SEM 模型在三种空间权重矩阵下的效应结果在附录中已经给出,在这里不再进行分析和赘述。

8.4.3 基于 SDM 模型的实证分析

本部分的分析步骤与第 6 章类似,以不考虑空间相关性和考虑空间相关性两种方法进行实证分析。首先,在未考虑空间相关性前提下,使用极大似然函数 MLE 进行估计;其次,构建邻接矩阵(W_1)、地理距离矩阵(W_2)和经济距离矩阵(W_3),建立多因素的时空双固定效应空间杜宾模型,分析交通基础设施建设对外贸经济增长空间溢出效应的影响程度,并通过效应分解的方法进行进一步分析。

8.4.3.1 空间杜宾模型效应系数估计

在邻接矩阵、地理距离矩阵和经济距离矩阵三种矩阵下的 SDM 模型实证结果如表 8-7 所示。

表 8-7 空间杜宾模型(SDM)系数估计

变量	MLE	W_1	W_2	W_3
lncs	0.520***	0.434***	0.356***	0.382***
lnen	-0.988***	-1.184***	-1.383***	-0.804***
lnhd	-0.015	-0.151	-0.113	-0.113
rd	-0.253***	-0.379***	-0.396***	-0.206***
lnals	-0.152*	-0.076	-0.088	-0.105
lnhpt	-0.155	-0.135*	-0.129	-0.141
lnhct	-0.250***	-0.173***	-0.171***	-0.236***
lnrpt	-0.068	0.122**	0.133**	0.178***
lnrct	-0.141	-0.077	-0.1	-0.094
lnact	-0.003	-0.02	0.006	0.005
lnaey	-3.162***	-3.496***	-3.836***	-1.559
lngdp	1.415***	0.584***	0.646***	0.810***

续表

变量	MLE	W_1	W_2	W_3
ftdr	2.153***	2.148***	2.141***	2.239***
W^*lncs	—	-0.708***	-0.836***	-0.923***
W^*lnen	—	-1.556***	-1.401***	-1.482***
W^*lnhd	—	-0.492**	-0.416*	-0.096
W^*rd	—	-0.136	-0.071	0.189
W^*lnals	—	-0.298**	-0.167	-0.228*
W^*lnhpt	—	0.271*	0.196	-0.014
W^*lnhct	—	-0.319***	-0.199**	-0.285***
W^*lnrpt	—	-0.086	0.009	0.14
W^*lnrct	—	0.044	0.026	0.15
W^*lnact	—	-0.049	-0.017	-0.034
W^*lnaey	—	7.712***	7.210***	1.517
W^*lngdp	—	1.470***	0.996***	1.012***
W^*ftdr	—	-0.327	-0.514	-0.551
R2		0.723	0.729	0.889
Log-L	52.99142	117.124	112.311	95.89

注：*、**、***分别表示在10%、5%、1%的显著性水平下显著。

在不考虑空间相关性时，主要解释变量资本投入、劳动投入、铁路密度、公路货运周转量均具有1%的显著性水平，航空起降架次具有10%的显著性水平，说明资本投入、劳动力投入、铁路和航空建设以及公路货运对外贸经济发展均产生了显著的影响。控制变量人力资本、地区经济发展水平和对外开放程度均具有1%的显著性水平，其中对外开放程度对外贸经济发展的影响达到2.153，充分说明"一带一路"沿线重点省份的对外开放程度对外贸经济发展十分重要，各省份应在"一带一路"倡议稳步推进的同时积极制定相关政策加大对外开放程度，鼓励外贸合作。考虑空间相关性时，主要解释变量资本投入和劳动投入在三种矩阵下的影响趋势与区域经济类似。外贸经济作为我国经济的一个重要组成部分，资本投入增加对其发展具有促进作用，符合经济增长效应理论。

从交通基础设施建设情况看，铁路密度在三种矩阵下具有1%显著的负向影响，说明与外贸经济发展速度相比，铁路交通基础设施建设相对滞后，影响到外贸经济的快速发展。等级公路密度在邻接矩阵下具有带滞后性的负弹性系数，显著性水平为5%，说明等级公路密度的增加对本省和相邻省份的外贸经济发展具有负向影响，且该影响具有滞后性。航空起降架次对外贸经济的影响与对区域经济的影响相反，在邻接矩阵和经济距离矩阵下具有较为显著的滞后性负向影响，说明对外贸经济而言，航空业的发展相对滞后，不能与快速发展的外贸经济相适应。

从交通客、货运情况看，铁路客运对外贸经济的影响与对区域经济的影响类似。公路货运在三种矩阵下具有显著的负向影响，与对区域经济的影响相反，说明公路货运在外贸发展方面不具有优势。公路客运在邻接矩阵下具有较为显著的滞后性正向影响。

在控制变量方面，人力资本在邻接矩阵和地理距离矩阵下具有显著的负向影响，但滞后性为正向影响，说明人力资源投资收效相对较慢，但其收益效果大、收益期限长，近期对外贸经济的推动作用不明显，但长期来看具有极大的促进作用。进出口贸易是地区生产总值中一个重要的组成部分，要增加一个地区的进出口总额，根本在于发展该地区的经济，增强经济实力[114]，这与地区生产总值在三种矩阵下均具有显著正向影响的实证结果一致。在外贸经济的现状分析中，东南沿海地区整体经济水平较高，其外贸经济水平同时也较高，同样说明"一带一路"重点省份地区经济的发展可以对外贸经济产生带动作用。对外开放程度在三种矩阵下均具有显著正向影响，说明提高对外开放程度是促使我国外贸转向高质量发展的重要路径之一[115]。

8.4.3.2 空间杜宾模型效应分解

（1）主要解释变量效应分解。本部分运用Stata15.1软件，对2005~2018年14年间的交通基础设施建设对外贸进出口总额的总效应进行分解，研究"一带一路"沿线重点省份交通基础设施建设对外贸经济增长的直接效应和溢出效应，效应分解结果如表8-8所示。

表 8-8　空间杜宾模型（SDM）主要解释变量效应分解

变量	W_1			W_2			W_3		
	直接效应	间接效应	总效应	直接效应	间接效应	总效应	直接效应	间接效应	总效应
lncs	0.413***	-0.705***	-0.292	0.341***	-0.843***	-0.502**	0.328***	-0.939***	-0.611**
lnen	-1.264***	-1.836***	-3.10***	-1.435***	-1.611***	-3.046***	-0.927***	-1.766***	-2.693***
lnhd	-0.160	-0.545**	-0.705**	-0.111	-0.442*	-0.552**	-0.107	-0.121	-0.228
rd	-0.385***	-0.164	-0.549***	-0.399***	-0.086	-0.484***	-0.194**	0.194	0.000
lnals	-0.088	-0.337**	-0.425**	-0.092	-0.193	-0.285	-0.121	-0.273**	-0.394**
lnhpt	-0.120	0.281*	0.161	-0.120	0.198	0.078	-0.138	-0.033	-0.171
lnhct	-0.187***	-0.364**	-0.551***	-0.178***	-0.226**	-0.404***	-0.259***	-0.346***	-0.605***
lnrpt	0.116**	-0.081	0.034	0.130**	0.016	0.146	0.185***	0.176	0.361**
lnrct	-0.072	0.033	-0.039	-0.097	0.015	-0.082	-0.083	0.133	0.050
lnact	-0.020	-0.056	-0.076	0.007	-0.018	-0.011	0.004	-0.037	-0.033

注：*、**、***分别表示在 10%、5%、1%的显著性水平下显著。

综合分析三种矩阵下的效应分解结果，直接效应在邻接矩阵下显著性强，而间接效应和总效应在经济距离矩阵下显著性更强，表明交通基础设施的空间溢出效应更加能够通过经济联系而产生作用，若仅考虑空间相邻和地理距离则会低估其溢出效应。

资本投入直接效应和间接效应都具有 1%显著性，直接影响为正向影响，说明资本投入对外贸经济的直接影响符合经济增长的直接效应理论，外贸投资的增加直接带动外贸经济的增长。资本投入的间接效应为负向影响，说明本省投资增加更易吸引周边地区和经济差距较小的周边省份经济要素向本省流动，从而对周边省份外贸经济发展产生一定的抑制作用。劳动投入对外贸经济的直接效应和间接效应的影响与总效应的影响趋势类似，均为负向显著影响，说明本省就业结构仍然有待优化。如从直接效应看，西北、西南和向北开放地区的劳动密集型产业仍然比重较大，不利于产业结构的优化升级，抑制了外贸经济发展。从间接效应看，本省份会吸引地理距离较近或经济差距较小的周边省份劳动力流入，造成周边地区劳动力流失，不利于外贸经济发展。

从交通基础设施建设情况来看，等级公路密度对外贸经济的间接效应在邻接矩阵和地理距离矩阵下,具有较为显著的负向影响,主要是因为公路交通运输对区域内进出口贸易的作用大于国际进出口贸易[116]。铁路密度的直接效应在三种矩阵下满足至少5%显著的负向影响,与陈丽丽(2014)的铁路发展的滞后和运输瓶颈使铁路对外贸经济贡献不大的观点相一致[117]。

从交通客、货运情况来看,公路客运在邻接矩阵下具有10%显著的正向溢出效应,说明公路客运可以为相邻地区外贸经济发展产生一定的贡献。虽然铁路货运周转量和航空货邮吞吐量分别具有正向的溢出效应和直接效应,说明铁路货运和航空货运对外贸经济会产生正向推动作用,但该影响不具有显著性,为了加快外贸经济的发展,应该提升承担着大量对外贸易的铁路和航空货运的水平。铁路客运在三种矩阵下均满足至少5%显著的正向直接效应,说明铁路客运对本地外贸经济发展具有非常显著的贡献性,提升铁路客运水平可以提高交通出行便捷性。

从以上分析可以看出,交通基础设施水平的提升与外贸运输成本和时间的降低直接相关,能够提升外贸便利化程度,应将其作为"一带一路"基础设施建设的优先方向。交通基础设施对于外贸经济发展过程中调节国际分工、提高贸易效率、优化贸易环境都具有显著的促进作用[118]。

(2)控制变量效应分解。为了全面地分析促进外贸发展水平提高的影响因素,对SDM模型的控制变量也进行了效应分解,如表8-9所示。

表8-9 空间杜宾模型(SDM)控制变量效应分解

变量	W_1			W_2			W_3		
	直接效应	间接效应	总效应	直接效应	间接效应	总效应	直接效应	间接效应	总效应
lnaey	-3.281***	7.772***	4.491***	-3.751***	7.193***	3.442*	-1.557	1.396	-0.161
lngdp	0.652***	1.637***	2.289***	0.682***	1.100***	1.782***	0.895***	1.228***	2.123***
ftdr	2.135***	-0.142	1.994***	2.124***	-0.401	1.723***	2.214***	-0.283	1.930***

注:*、**、***分别表示在10%、5%、1%的显著性水平下显著。

在邻接矩阵和地理距离矩阵下,人力资本的直接效应和间接效应具有1%显著性,直接效应为负向影响,间接效应为正向影响,且间接效应的弹性系数远大于直接效应的弹性系数,与总效应的影响效果相似。经济规模是经济贸易的重要引力来源[118],GDP 作为经济规模的常规衡量指标,其直接效应和间接效应在三个矩阵下都具有 1% 显著性的正向影响,该指标的增加意味着需求的增加,会促进进口贸易的增长;而经济规模较高地区的外溢效应也会带动周边地区经济发展,从而促进其外贸经济发展。对外开放程度的直接效应在三种权重矩阵下都具有 1% 显著的正向影响,这与余长婧(2019)的研究结果相一致。对外开放程度的提升会推动外贸规模的扩大,从而有利于技术引进、贸易值增加等诸多方面的提高,进而促进本省份外贸经济的发展[119]。

9 研究结论和对策建议

9.1 研究结论

本研究以"一带一路"沿线重点省份为研究对象,从统计学和空间计量经济学双重维度,梳理了其区域经济、绿色经济和外贸经济的发展水平,分析了交通基础设施对社会经济的影响机理,研究了交通基础设施对区域经济、绿色经济和外贸经济发展的重要影响因素,具有较强的实践意义。本书通过分析2005~2018年"一带一路"沿线重点省份区域经济、绿色经济和外贸经济空间分布及交通基础设施对其影响的差异,得出以下结论:

(1)"一带一路"沿线重点省份交通基础设施建设和经济发展取得重大成就,但仍面临空间分布不均衡、发展差距大等突出问题。东南沿海五省市公路、铁路和航空基础设施相对完善,GDP和人均GDP明显超过其他分区,经济发展处于较高水平,经济发展对国际贸易的依赖程度较高;绿色经济水平持续增长,尤其随着生态文明建设的持续推进,近年来相对绿色GDP实现跳跃式增长。西北五省区和向北开放四省区公路、铁路建设处于中等水平,航空发展水平较低,公路、铁路和航空基础设施仍然是将来建设的重点,重工业、能源消耗型工业和资源拉动型工业仍是其经济发展的重头,绿色经济发展水平相对较低。西北五省区地处内陆地区、远离沿海,口岸建设相对滞后,严重制约了外向型经济的发展，经济发展对国际贸易的依赖程度较低。西南三省区市地处内陆，且地形、地貌较为复杂，公路、铁路建设水平相对较低但航空发展水平较高，其区域经济和外贸经济发展水平相对较弱，这与交通基础设施相对不完善有很大关系，但由于西南三省区市具有绿色天然资源优势，绿色经济发展相对较好。从外资依存度指标来看，沿线省份的外资依存度整体上呈现下降趋势，这主要是受到了贸易保护主义以及世界经济危机造成全球的贸易萎缩的影响。

（2）"一带一路"沿线重点省份交通基础设施与经济增长存在长期的相关性，空间因素存在于交通基础设施与经济增长的关系中。分析"一带一路"沿线重点省份相关统计数据发现，区域经济、绿色经济均具有较强的空间相关性。自"一带一路"倡议提出后，各省份积极开展对外贸易合作，2015年之后的外贸经济数据具有较明显的空间相关性。从"一带一路"沿线重点省份有关年份的莫兰指数散点图可以看出，四个分区均呈现出较大的空间集聚差异性，东南沿海五省市区域经济、绿色经济和外贸经济发展水平均较高，呈现"高—高"集聚状态；向北开放四省区、西北五省区、西南三省区市中的大部分省份区域经济和外贸经济发展水平相对较低，相对较高的污染和能耗导致绿色经济发展水平也较低，呈现出"低—低"集聚状态。

（3）"一带一路"沿线重点省份公路、铁路和航空基础设施均对区域经济发展具有显著影响。在未考虑空间溢出效应的情况下，完善公路、铁路和航空交通网络可以提升运输水平，从而对区域经济发展产生促进作用。从空间溢出效应来看，发展区域经济不仅要重视本省份的各因素的影响，还要重视相邻省份和经济差距较小的周边省份对本省份区域经济发展所产生的影响。航空架次、铁路货运、城镇化因素会产生正向溢出效应，说明周边省份可以受益于本省份加强航空网络建设、提升铁路货运水平所带来的降低运输成本和增加经贸往来以及受益于本省份不断推进城镇化进程所带来的内需扩大，从而促进区域经济增长。铁路密度因素会产生负向溢出效应，说明铁路发展速度相对滞后于经济发展速度，抑制了经济的快速增长，应该加大铁路投资建设，不断完善铁路交通网络。公路密度在地理距离矩阵下具有带滞后性的负弹性系数，说明随着铁路和航空交通基础设施的完善，公路交通基础设施对经济发展的推动作用不再具有明显优势，但是公路货运仍然是17个省份货物运输的主要方式之一，

9 研究结论和对策建议

能够对区域经济发展起到推动作用。

(4) "一带一路"沿线重点省份交通基础设施对绿色经济发展产生显著影响。在不考虑空间相关性时，资本投入、铁路密度和人力资本均具有1%显著性，说明三个因素对绿色经济发展均产生显著影响。从空间溢出效应来看，地理距离和经济距离空间权重矩阵的计算结果在考虑滞后项时，其显著性更强，说明各解释变量对绿色经济的影响更易产生滞后性，使各变量带来的影响容易被忽视。相比公路运输，铁路和航空运输对绿色经济的促进作用更加明显，"一带一路"重点省份应积极进行运输结构的调整，鼓励提升铁路和航空的运输比重。资本投入在三种权重矩阵下的间接效应均具有1%显著性水平，说明资本投入的增加会直接带动本地绿色经济增长。通过控制变量的效应分解可知，产业结构指数在三种矩阵下的直接效应和间接效应均具有显著负向影响，这主要是由于"一带一路"重点省份大多产业结构转型升级仍处于过渡期，产业结构水平仍然不高所造成的，该负向影响会对绿色经济发展产生抑制作用，不利于其绿色经济发展。

(5) "一带一路"沿线重点省份交通基础设施对外贸经济发展产生显著影响。在不考虑空间相关性的情况下，资本投入、劳动力投入、铁路和航空建设以及公路货运对外贸经济发展均产生显著的影响。"一带一路"沿线重点省份的对外开放程度对外贸经济发展十分重要，各省份应在"一带一路"倡议稳步推进的同时积极制定相关政策加大对外开放程度，鼓励外贸合作。从空间溢出效应来看，资本投入、劳动投入、地区经济发展和对外开放程度对外贸经济的发展具有促进作用。国内生产总值在三个矩阵下的直接效应和间接效应都具有1%显著性的正向影响，说明经济规模与外贸经济紧密关联，经济规模扩大能够促进外贸经济增长。铁路货运周转量和航空货邮吞吐量分别具有正向的溢出效应和直接效应，说明铁路货运和航空货运对外贸经济会产生正向推动作用，但该影响不具有显著性，为了加快外贸经济的发展，应该提升承担着大量对外贸易的铁路和航空货运水平。公路密度、铁路密度和航空起降架次均具有显著的负向影响，说明相对于外贸经济的发展来说，交通基础设施的发展速度相对滞后，不能与外贸经济的发展速度相适应。公路货运的显著负向影响说明其在外贸发展方面不具有优势。

9.2 政策建议

实证研究表明,"一带一路"沿线重点省份交通基础设施对区域经济、绿色经济和外贸经济增长存在显著的空间溢出效应。随着"一带一路"倡议不断推进,"一带一路"沿线重点省份交通基础设施建设与区域经济、绿色经济和外贸经济增长存在的相关关系,本书提出以下对策和建议:

9.2.1 正确看待交通基础设施建设与经济增长之间的关系,因地施策、持续发力确保政策的有效性

由于区域经济发展水平不平衡,交通基础设施建设各有差异,导致基础设施建设和经济增长之间的关系错综复杂,需要特别重视基础设施建设的特殊地位和作用。从实证结果看,交通基础设施相关因素对区域经济、绿色经济和外贸经济发展影响的方向和程度不尽相同。部分影响因素效应分解后,直接效应、间接效应和总效应之间的影响存在较大差异,甚至不同效应对经济增长存在截然相反的作用关系。正是因为各省份交通基础设施建设对经济增长具有错综复杂的影响效果,因此对"一带一路"沿线省份的交通基础设施建设的投资要避免出现"一刀切"的现象,应结合本地区区域经济、绿色经济和外贸经济发展的实际水平和所处的阶段,全面规划,有侧重点地安排交通基础设施建设,避免出现无谓的投资,造成产能过剩、资源严重浪费现象。

9.2.2 实施交通基础设施适度超前发展策略,加大交通基础设施的投资力度

"一带一路"倡议是国家对外开放顶层战略,互联互通的交通基础设施是"一带一路"倡议稳步推进的基础条件。当前,"一带一路"沿线重点省份交

通基础设施发展水平存在较大差距，要加大交通基础设施补短板力度，在交通基础设施的空间布局上，要规划好互联互通大通道。同时，要注重交通基础设施投资的适度性，避免盲目和过度投资以确保资源配置效率最大化。

（1）加大对西部地区交通基础设施投资力度，继续完善区域交通基础设施网络。西部地区受地理区位、资源禀赋、经济发展模式等因素制约，大部分省份对外开放程度较低，其交通基础设施建设发展速度与东南部省份差距较大。以"一带一路"倡议推进为契机，加大西部地区交通基础设施的投资和建设。从国家层面看，在交通基础设施路网规划中要加大西部地区内部与外部的互联互通大通道建设，加大对其交通发展的资金投入和政策支持；从区域层面看，应充分利用"西部大开发"等政策优势，加快既有交通基础设施的质量提升，继续完善区域交通运输网络，为"一带一路"倡议打造向西开放新引擎提供良好的支撑。

（2）加快完善东部地区交通基础设施，着力推进交通基础设施高质量发展。经济发达的东部地区交通网络体系趋于完善，交通基础设施质量的提升、区域综合交通一体化发展的加快推进将是未来建设的重点。积极推进"低耗能、低排放、低污染、高效能、高效率、高效益"的绿色交通体系建设，坚持把创新摆在更加突出的位置，在更大范围、更高层次、更宽领域推进交通运输创新发展，有效减轻城市交通拥堵，促进经济持续健康高效发展。

9.2.3 实施交通基础设施区域协调发展策略，加快补齐交通基础设施短板

交通基础设施作为先导性、战略性的基础设施，要充分认识交通建设是助推"一带一路"倡议稳步推进的基础条件。目前交通基础设施在"一带一路"沿线重点省份的空间分布是不均衡的，中西部地区的交通设施发展速度明显低于东部发达地区，不同省份的各种交通方式发展速度也不相同，应制定交通基础设施区域协调发展策略，加大对交通设施薄弱地区的资金投入，使其空间分布趋于合理。

（1）加快向北开放和西部地区航空运输业的发展，助推内陆地区由对外

开放的边缘迈向前沿。由实证分析可知,航空起降架次增加、客货运水平提升可以推动区域经济、绿色经济和外贸经济的发展。"一带一路"沿线重点省份航空运输业发展具有明显的不平衡特征,向北开放地区和西部地区的航空发展水平相对较低,应加快该地区航空运输业的发展,使机场充当区域往来与发展中的重要角色,助推内陆地区由对外开放的边缘迈向前沿。向北开放地区和西部地区应加快门户机场的建设,发展干线航空运输网络,对区域经济、外贸经济和绿色经济均产生推动作用。

(2)完善公路、铁路和航空网的"无缝衔接",构建"一带一路"国际贸易新通道。虽然公路、铁路、航空等枢纽基础设施日益完善,但公路、铁路、航空等交通方式的无缝衔接还是当前的短板。既要注重多种交通方式的协调发展,形成合理的运输分担,又要注重各种设施的互联互通,提升系统运行的整体效率。加强公路、铁路和航空网的无缝衔接,完善公铁、海铁、空铁联运通道建设,构筑内陆地区效率高、成本低、服务优的国际贸易通道,实现跨运输方式的无缝衔接和快速转运。积极推进面向"一带一路"沿线国家的新通道建设,促进贸易便利化。

9.2.4 强化交通基础设施的正向空间溢出效应,推动经济持续快速协调健康发展

(1)重视公路运输和航空运输的正向溢出效应,推动区域间经济协同发展。公路和航空运输对于区域经济发展有着至关重要的作用,能够为区域经济发展起到极大的支撑作用。公路和航空运输联通区域的内外部交流,扩大区域对外开放的范围,是一个地区经济的基础性、服务性产业,其发展关系到"一带一路"重点省份的区域经济发展的全局。从实证结果看,航空起降架次和公路货运周转量在三种矩阵下的溢出效应都具有显著的正向影响,对周边省份产生有效辐射并加剧经济要素的流动,从而带动周边省份经济的协同发展。

(2)重视人力资本的正向溢出效应,做强做大绿色经济。资源节约和生态环境保护在我国发展中的地位和作用越来越凸显,要让绿色成为发展最亮的底色,从而推动实现绿色经济繁荣发展。"一带一路"沿线重点省份应从长期

9　研究结论和对策建议

着眼，加大本省劳动力的素质培育和人才引进政策的扶持，为本省带来大量具有高素质、高技术水平和高创新力的人才的同时，也为周边省份带来大量人才，推动周边省份绿色经济可持续发展，做强做大绿色经济。

（3）重视铁路和航空运输的正向溢出效应，扩大外贸经济竞争优势。铁路和航空运输为外贸运输提供有力保障，是外贸经济发展的主要运输方式。从本书实证结果可知，铁路货运和航空货运对外贸经济会产生正向推动作用。在航空运输方面，航空运输通过航线网络将国内与世界各地连接成一个有机的整体，加强国际贸易往来，在我国对外贸易发展进程中，航空运输占据着重要位置。在"一带一路"倡议下，沿线重点省份要依托现有航线网络，进一步发展空中丝绸之路，完善航空基础设施，推进国家物流枢纽建设，提升各城市的国际影响力。尤其是武汉、重庆和西安等重点城市，要结合具体情况，发挥政策优势，推进枢纽机场建设，与"一带一路"重点省份其他机场进行协同发展，提升国内机场的整体效率。在铁路运输方面，随着"一带一路"倡议的推进，国际联运路线成为破局铁路货运困局、发展对外贸易、对接国家战略的最佳载体。铁路部门不仅要不断创新班列的运输方式、服务方式，扩大覆盖范围，与地方紧密合作，不断提高国家班列对外名片的含金量，而且要打造完善的空铁、铁海联运体系，构建完备的多式联运体系，使铁路外贸运输通道更加畅通，降低对外贸易物流成本。

9.2.5　积极制定和实施绿色战略，将推进绿色经济发展作为可持续发展的重要举措

"一带一路"沿线大部分省份的产业结构指数偏低使其对绿色经济产生强烈的负向影响，促进产业结构升级是加快实现绿色经济发展的重要手段。产业结构升级不仅要实现各产业间在生产规模上比例关系的协调、产业间关联程度的提高，而且要根据经济从低级水平向高级水平发展的历史和逻辑序列，形成新的增长动力和竞争优势，这是绿色经济增长的基本保障，"一带一路"沿线各省份应根据实际情况，进一步完善激励措施，积极制定和实施绿色战略，把发展绿色经济作为推动经济结构调整、实现经济复苏和可持续发展的重要举

措,从而实现产业结构升级和绿色经济协同发展。

9.2.6 加快劳动力素质的提升,促进绿色经济和外贸经济高质量发展

"一带一路"沿线大部分省份经济发展水平相对较低,劳动力素质水平不太高,抑制了绿色经济和外贸经济发展。从本书实证分析的结果可知,劳动投入对"一带一路"沿线省份的绿色经济和外贸经济具有负向影响,这主要是因为沿线大部分省份的人才质量不能与绿色经济和外贸经济发展相适应,因此需要提升"一带一路"沿线省份的劳动力素质。

提升"一带一路"沿线省份的劳动力素质,必须注重人才培养,通过不断提高自身发展实力和产业发展水平,创造宽松的发展环境和良好的展示平台,吸引全国各地乃至世界各地的高素质人才。政府层面可以通过适当的政策倾斜、资金支持,解决优秀人才后顾之忧,给予他们充分的发展空间,通过培育和引进优秀人才来提升区域劳动力素质水平,促进区域创新能力和水平的提升,形成适合人才长期可持续发展的环境,进而促进绿色经济和外贸经济的发展。

9.2.7 加强发展战略对接和政策沟通,推进"一带一路"沿线省份的协同联动发展

"一带一路"各省份经济发展水平差异较大,东部地区发展水平最高,西部地区发展相对落后,而北部地区处于中间水平。东部地区具有较高的技术水平和创新能力,但同时资源相对缺乏且竞争较大,西部和北部地区技术水平不够但资源要素丰富,市场竞争相对较小。"一带一路"建设秉持的是共商、共建、共享原则,沿线各省份不论是沿海省份还是内陆省份,都要因地制宜、积极主动参与"一带一路"建设,提升自身开放型经济发展水平。"一带一路"建设给不同省份带来不同机遇和挑战,不同省份在推进"一带一路"建设中也承担着不同的功能和任务,政府应积极制定对接策略,通过实施政策沟通、

9 研究结论和对策建议

设施联通、贸易畅通等推动沿线各省份实现发展战略相互对接、优势互补。其中政策沟通是开展各方面务实合作的基础，也是共建"一带一路"的重要保障。因此，国家层面出台跨区域合作指导性意见后，"一带一路"沿线各省份要加强发展战略对接和政策沟通，以东部地区推动北部地区，带动西部地区，从而推进"一带一路"沿线省份的协同联动发展。

9.3 研究展望

本书利用实证研究方法对"一带一路"沿线重点省份交通基础设施对经济发展的影响进行了研究。针对本书的研究过程和结论，还应该从以下几点进一步深入研究：

（1）本研究基于地理和经济因素构建了3种类型的空间权重矩阵，"一带一路"沿线重点省份实际的经济关系是复杂的，仅考虑以上的地理和经济因素是不够全面的，还需要考虑将会对研究结果产生影响的其他因素。因此，可以考虑时间、产业、技术、人口等因素从而构建多维因素空间权重矩阵，深入分析交通基础设施对经济发展的影响。

（2）首先，本书的研究范围限定在"一带一路"沿线的17个省份，由于数据的可获得性，"一带一路"沿线的西藏自治区未能被包含进来，这可能会影响到分析结果的准确性。其次，本研究忽略了"一带一路"沿线重点省份与国外的经济联系，因此需要进一步深入分析多因素间的促进和抑制作用，这些是今后研究可以继续补充和完善的地方。

（3）在研究变量的选取和测算上，需要采用更加科学、合理的指标和测算方法。本书对区域经济和外贸经济发展水平的衡量采用单一指标，对绿色经济发展水平的衡量采用复合指标，但是本书仅将二氧化硫排放总量和烟（尘）排放总量作为经济发展过程中环境的"附加产物"来计算环境污染综合指数，进而确定相对绿色GDP，未必能科学、全面地衡量区域经济、绿色经济和外贸经济的发展水平，因而需要进一步进行研究确定。

参考文献

[1] 周国光,王一佼,桂嘉伟,白鹏霞. "一带一路"沿线省市交通基础设施投资效应研究——基于私人投资和公共投资的比较分析[J]. 华东经济管理, 2019, 33 (12): 5-12.

[2] Rosenstein-Rodan P. N. The Problems of Industrialization of Eastern and South-Eastern Europe [J]. The Economic Journal, 1943 (53): 202-211.

[3] Adler J. H. The Strategy of Economic Development [J]. Kyklos, 1959, 12 (4): 658-660.

[4] Romer, Paul M. Increasing Returns and Long-Run Growth [J]. Journal of Political Economy, 1986, 94 (5): 1002-1037.

[5] Lucas R. E. On the Mechanics of Economic Development [J]. Quantitative Macroeconomics Working Papers, 1999, 22 (1): 3-42.

[6] Aschauer D. A. Back of the G-7 Pack: Public Investment and Productivity Growth in the Group of Seven [J]. Working Paper, 1989 (8): 13-89.

[7] Christodoulakis N. Public Infrastructure and Private Productivity: A Discussion of Empirical Studies and an Application to Greece [R]. Paper Presented in 1993 in the Summer School of the University of Warwick, 1993.

[8] Sturm J. E., Jacobs J., Groote P. Productivity Impacts of Infrastructure Investment in the Netherlands 1853-1913 [R]. Research Report, 2016.

[9] Pereira A. M., R. Flores. Public Capital and Private-Sector Performance in the United States [J]. Journal of Urban Economics, 1999, 46 (3): 300-322.

[10] Romp W., Haan J. D. Public Capital and Economic Growth: A Critical Survey [J]. B Papers, 2005 (8): 6-52.

[11] Easterly W., Rebelo S. Fiscal Policy and Economic Growth: An Empirical Investigation [J]. Journal of Monetary Economics, 1993 (32): 417-458.

[12] Maudos M. J., et al. Infrastructures and Productibity in the Spanish Regions [J]. Regional Studies, Taylor and Francis Journals, 1996, 30 (7): 641-649.

[13] Démurger S. Infrastructure Development and Economic Growth: An Explanation for Regional Disparities in China? [J]. Journal of Comparative Economics, 2001, 29 (1): 95-117.

[14] Munnell A. H. Why Has Productivity Growth Declined? Productivity and Public Investment [J]. New England Economic Review, 1990, 30 (1): 3-22.

[15] David Canning, David Canning, World Bank, et al. The Contribution of Infrastructure to Aggregate Output [J]. Policy Research Working Paper, 1999 (1): 2246.

[16] Chandra A., Thompsonb E. Does Public Infrastructure Affect Economic Activity? Evidence from the Rural Interstate Highway System [J]. Regional Science & Urban Economics, 2000, 30 (4): 457-490.

[17] Holtz-Eakin D., Schwartz A. E. Spatial Productivity Spillovers from Public Infrastructure: Evidence from State Highways [J]. International Tax & Public Finance, 1995, 2 (3): 459-468.

[18] Boarnet M. G. Spillovers and the Locational Effects of Public Infrastructure [J]. Journal of Regional Science, 1998, 38 (3): 381-400.

[19] Hulten C. R., Bennathan E. Transport Infrastructure, Productivity and Externalities [C]. Working Paper Prepared for the 132nd Round Table of the European Conference of Ministers of Transport, 2004.

[20] Cohen J. P. The Broader Effects of Transportation Infrastructure: Spatial Econometrics and Productivity Approaches [J]. Social Science Electronic Publishing, 2010, 46 (3): 317-326.

[21] 马拴友. 中国公共资本与私人部门经济增长的实证分析 [J]. 经济科学, 2000 (6): 21-26.

[22] 娄洪. 长期经济增长中的公共投资政策——包含一般拥挤性公共基础设施资本存量的动态经济增长模型 [J]. 经济研究, 2004 (3): 10-19.

[23] 张海星. 公共投资与经济增长的相关分析——中国数据的计量检验 [J]. 财贸经济, 2004 (11): 43-49.

[24] 郭庆旺, 贾俊雪. 基础设施投资的经济增长效应 [J]. 经济理论与经济管理, 2006 (3): 36-41.

[25] 踪家峰, 李静. 中国的基础设施发展与经济增长的实证分析 [J]. 统计研究, 2006 (7): 18-21.

[26] 王任飞, 王进杰. 基础设施与中国经济增长: 基于VAR方法的研究 [J]. 世界经济, 2007 (3): 13-21.

[27] 刘生龙, 胡鞍钢. 交通基础设施与经济增长: 中国区域差距的视角 [J]. 中国工业经济, 2010 (4): 14-23.

[28] 刘生龙, 胡鞍钢. 交通基础设施与中国区域经济一体化 [J]. 经济研究, 2011, 46 (3): 72-82.

[29] 徐瑾, 潘俊宇. 交通基础设施促进经济增长的时空差异与机制分析——基于双向固定效应模型的研究 [J]. 经济问题探索, 2019 (12): 29-42.

[30] 陈杰. 交通基础设施建设、环境污染与地区经济增长 [J]. 华东经济管理, 2020, 34 (9): 72-79.

[31] 胡鞍钢, 刘生龙. 交通运输、经济增长及溢出效应——基于中国省际数据空间经济计量的结果 [J]. 中国工业经济, 2009 (5): 5-14.

[32] 刘秉镰, 武鹏, 刘玉海. 交通基础设施与中国全要素生产率增长——基于省域数据的空间面板计量分析 [J]. 中国工业经济, 2010 (3): 54-64.

[33] 张学良. 中国交通基础设施促进了区域经济增长吗——兼论交通基础设施的空间溢出效应 [J]. 中国社会科学, 2012, 195 (3): 60-77, 206.

[34] 叶昌友, 王遐见. 交通基础设施、交通运输业与区域经济增长——

基于省域数据的空间面板模型研究［J］．产业经济研究，2013（2）：40-47.

［35］王雨飞，倪鹏飞．高速铁路影响下的经济增长溢出与区域空间优化［J］．中国工业经济，2016（2）：21-36.

［36］郭晓黎，李红昌．交通基础设施对区域经济增长的空间溢出效应研究［J］．统计与决策，2017（4）：130-133.

［37］刘奇洪，裴雨潇．交通基础设施对区域经济增长的实证分析［J］．统计与决策，2017（21）：131-133.

［38］王磊，翟博文．长江经济带交通基础设施对经济增长的影响［J］．长江流域资源与环境，2018，27（1）：6-12.

［39］马卫，曹小曙，黄晓燕，等．丝绸之路沿线交通基础设施空间经济溢出效应测度［J］．经济地理，2018，38（3）：21-29，71.

［40］大卫·皮尔斯．绿色经济的蓝图［M］．北京：北京师范大学出版社，1997.

［41］Vogtlander J. G., Bijma A., Brezet H. C. Communicating the Eco-efficiency of Products and Services by Means of the Eco-costs/Value Model［J］．Journal of Cleaner Production, 2002, 10（1）：57-67.

［42］Vazquez-Brust D., Smith A. M., Sarkis J. Managing the Transition to Critical Green Growth: The "Green Growth State"［J］．Futures, 2014（10）：5.

［43］Kim S. E., Kim H., Chae Y. A New Approach to Measuring Green Growth: Application to the OECD and Korea［J］．Futures, 2014（63）：37-48.

［44］De Serres A., Murtin F. Your Money or Your Life: Green Growth Policies and Welfare in 2050［J］．Environmental & Resource Economics, 2016, 63（3）：571-590.

［45］Sueyoshi T. Damages to Return with a Possible Occurrence of Eco-technology Innovation Measured by DEA Environmental Assessment［J］．Journal of Economic Structures, 2017, 6（1）.

［46］Soundarrajan P., Vivek N. Green Finance for Sustainable Green Economic Growth in India［J］．Agricultural Economics, 2016, 62（1）：35-44.

［47］方时姣．绿色经济视野下的低碳经济发展新论［J］．中国人口·资

源与环境, 2010, 20 (4): 8-11.

[48] 胡鞍钢, 周绍杰. 绿色发展: 功能界定、机制分析与发展战略 [J]. 中国人口·资源与环境, 2014, 24 (1): 14-20.

[49] 赵领娣, 张磊, 徐乐, 等. 人力资本、产业结构调整与绿色发展效率的作用机制 [J]. 中国人口·资源与环境, 2016, 26 (11): 106-114.

[50] 黄森. 环境约束、国内流通需求与中国交通基础设施 [J]. 中国流通经济, 2014, 28 (5): 27-34.

[51] 孔静静, 张超, 韩传峰. 基础设施系统与自然生态互动增长策略研究 [J]. 中国人口·资源与环境, 2018, 28 (1): 44-53.

[52] 张治栋, 陈竞. 环境规制、产业集聚与绿色经济发展 [J]. 统计与决策, 2020, 36 (15): 114-118.

[53] 曹靖, 张文忠. 不同时期城市创新投入对绿色经济效率的影响——以粤港澳大湾区为例 [J]. 地理研究, 2020, 39 (9): 1987-1999.

[54] 徐海成, 徐思, 张蓓齐. 交通基础设施对绿色全要素生产率的影响研究——基于门槛效应的视角 [J]. 生态经济, 2020, 36 (1): 69-73, 85.

[55] 孟望生, 邵芳琴. 环境规制和产业结构对黄河流域绿色经济增长效率的影响 [EB/OL]. http://kns.cnki.net/kcms/detail/32.1356.TV.20200814.1316.004.html.

[56] 李毅, 胡宗义, 何冰洋. 环境规制影响绿色经济发展的机制与效应分析 [J]. 中国软科学, 2020 (9): 26-38.

[57] 李苏, 尹海涛. 我国各省份绿色经济发展指数测度与时空特征分析——基于包容性绿色增长视角 [J]. 生态经济, 2020, 36 (9): 44-53.

[58] 刘金全, 魏阙. 创新、产业结构升级与绿色经济发展的关联效应研究 [J]. 工业技术经济, 2020, 39 (11): 28-34.

[59] Limão Nuno, Venables A. J. Infrastructure, Geographical Disadvantage, Transport Costs, and Trade [J]. World Bank Economic Review, 2001 (3): 451-479.

[60] Wilson J. S., Mann C. L., Otsuki T. Trade Facilitation and Economic Development: A New Approach to Quantifying the Impact [J]. The World Bank

Economic Review, 2003 (23): 367-389.

[61] Inmaculada Martínez-Zarzoso, Celestino Suárez-Burguet. Transport Costs and Trade: Empirical Evidence for Latin American Imports from the European Union [J]. The Journal of International Trade & Economic Development, 2005 (14): 353-371.

[62] Shepherd B., Wilson J. S. Trade, Infrastructure and Roadways in Europe and Central Asia: New Empirical Evidence [J]. Journal of Economic Integration, 2007, 22 (4): 723-747.

[63] Edwards L., Odendaal M. Infrastructure, Transport Costs and Trade: A New Approach [J]. TIPS Small Grant Scheme Research Paper Series, 2008.

[64] Behrens K. International Integration and Regional Inequalities: How Important is National Infrastructure? [J]. Manchester School, 2011, 79 (5): 952-971.

[65] Bensassi S., Márquez-Ramos, Laura, et al. Relationship Between Logistics Infrastructure and Trade: Evidence from Spanish Regional Exports [J]. Transportation Research Part A, 2015, 72 (72): 47-61.

[66] 何敏，郭宏宇，竺彩华．基础设施互联互通对中国东盟贸易的影响——基于引力模型和边界效应模型的研究 [J]．国际经济合作，2015（9）：56-63．

[67] 杜军，鄢波．港口基础设施建设对中国—东盟贸易的影响路径与作用机理——来自水产品贸易的经验证据 [J]．中国流通经济，2016，30（6）：26-33．

[68] 罗翊烜，扈钟方．贸易便利化与中国"一带一路"建设选择——基于沿线亚洲国家面板数据和引力模型的实证分析 [J]．商业经济研究，2017（23）：131-134．

[69] 崔岩，于津平．"一带一路"国家交通基础设施质量与中国货物出口 [J]．当代财经，2017（11）：100-109．

[70] 刘昭洁，蓝庆新，崔鑫生．贸易便利化对中国出口贸易的影响——基于贸易引力模型的实证分析 [J]．现代经济探讨，2018（5）：54-61．

[71] 张鹏飞．基础设施建设对"一带一路"亚洲国家双边贸易影响研

究：基于引力模型扩展的分析［J］．世界经济研究，2018（6）：70-82，136．

［72］胡再勇，付韶军，张璐超．"一带一路"沿线国家基础设施的国际贸易效应研究［J］．数量经济技术经济研究，2019，36（2）：24-44．

［73］胡晓丹．"一带一路"交通基建项目对提升沿线地区贸易效率的作用［J］．湖南科技大学学报（社会科学版），2019，22（2）：60-67．

［74］汪来喜．基础设施对地区出口优势影响的实证研究——基于省际面板数据分析［J］．经济问题探索，2015（12）：106-111．

［75］白重恩，冀东星．交通基础设施与出口：来自中国国道主干线的证据［J］．世界经济，2018（1）：101-122．

［76］王晓娟，田慧，孙小军．交通基础设施建设对省份进口的影响——来自公路与铁路里程数的证据［J］．宏观经济研究，2019（11）：158-165．

［77］徐俊，李金叶．东道国交通基础设施质量对双边贸易合作的影响——基于"一带一路"沿线国家的实证分析［J］．国际商务研究，2020（5）：5-14．

［78］许娇，陈坤铭，杨书菲，等．"一带一路"交通基础设施建设的国际经贸效应［J］．亚太经济，2016（3）：3-11．

［79］崔琦，杨波，魏玮．中国与东盟国家交通基础设施互联互通的经贸影响——基于GTAP模型的研究［J］．技术经济与管理研究，2020（10）：88-93．

［80］张艳艳，于津平．交通基础设施、相邻效应与双边贸易——基于中国与"一带一路"国家贸易数据的实证研究［J］．当代财经，2018，400（3）：98-109．

［81］郑腾飞，赵玉奇．要素市场扭曲、交通基础设施改善与企业出口［J］．南方经济，2019（4）：23-40．

［82］朱博恩，张伯伟，马骆茹．交通基础设施联通对"丝绸之路经济带"的经济影响研究——基于CGE的模拟分析［J］．国际商务（对外经济贸易大学学报），2019（5）：41-55．

［83］刘晴，胡甜甜，邵智．交通基础设施对企业内外销关系的影响机制分析：基于新经济地理运输成本的视角［J］．世界经济研究，2020（5）：17-

33,135.

[84] 钱家骏,毛立本.要重视国民经济基础结构的研究和改善[J].经济管理,1981(3):12-15.

[85] 刘育红."新丝绸之路"经济带交通基础设施投资与经济增长的动态关系分析[J].统计与信息论坛,2012,27(10):64-70.

[86] 周亚雄.基础设施、区域经济增长和区域差距的关系研究[D].南开大学,2013.

[87] 邓丹萱.交通基础设施的网络效应及溢出效应的实证研究[D].对外经济贸易大学,2014.

[88] 朱瑜珂.交通基础设施对制造业全要素生产率的空间溢出效应研究[D].兰州大学,2017.

[89] 王野啸.辽宁省交通基础设施建设与经济增长关系的实证研究[D].大连海事大学,2011.

[90] 霍旭领.交通基础设施规模对新疆经济增长的空间溢出效应研究——基于TFP分析方法[D].新疆财经大学,2015.

[91] 徐舒.云南省绿色经济效率的研究[D].云南财经大学,2018.

[92] 西蒙·库兹涅茨.各国的经济增长[M].北京:商务印书馆,2009.

[93] 李欣.青海省城市化对经济增长影响研究[D].青海师范大学,2015.

[94] 陈经伟.海南自由贸易区(港)基本内涵与实现路径[J].宏观经济管理,2019(7):79-84,90.

[95] 叶昌友,王遐见.交通基础设施、交通运输业与区域经济增长[J].农业经济研究,2013,63(2):40-47.

[96] 张军,吴桂英,张吉鹏.中国省际物质资本存量估算:1952—2000[J].经济研究,2004(10):35-44.

[97] 徐现祥,舒元.中国省区经济增长分布的演进(1978—1998)[J].经济学(季刊),2004(2):619-638.

[98] 中国经济增长前沿课题组,张平,刘霞辉.城市化、财政扩张与经济增长[J].经济研究,2011(11):4-20.

[99] Arnold M., James Le Sage, Robert K. Pace：Introduction to Spatial Econometrics [J]. Statistical Papers, 2011, 52 (2)：493-494.

[100] 陈强. 高级计量经济学及Stata应用 [M]. 北京：高等教育出版社, 2010.

[101] 武勇杰, 张梅青. 交通基础设施、空间溢出与经济增长关系的实证分析 [J]. 统计与决策, 2017 (11)：118-122.

[102] 王周伟, 崔百胜, 张元庆. 空间计量经济学：现代模型与方法 [M]. 北京：北京大学出版社, 2017.

[103] 赵鹏. 交通基础设施对区域经济增长的影响 [D]. 吉林大学, 2017.

[104] 张治栋, 陈竞. 环境规制、产业集聚与绿色经济发展 [J]. 统计与决策, 2020, 555 (15)：114-118.

[105] 徐为列. 宏观经济学 [M]. 杭州：浙江工商大学出版社, 2015.

[106] 李思遥. 交通基础设施投入的绿色交通经济效应研究 [D]. 重庆交通大学, 2019.

[107] 丁佳佳, 蔡庆. 重庆市环境保护投资现状分析 [C]. 中国环境科学学会学术年会. 中国环境科学学会, 2015.

[108] 高聪聪, 郭丰. 交通基础设施增收的空间溢出效应研究 [J]. 资源开发与市场, 2018, 34 (9)：1204-1211.

[109] Wagner D. V., An F., Wang C. Structure and Impacts of Fuel Economy Standards for Passenger Cars in China [J]. Energy Policy, 2009, 37 (10)：3803-3811.

[110] Tobler W. R. A Computer Movie Simulating Urban Growth in the Detroit Region [J]. Economic Geography, 1970, 46 (1)：234-240.

[111] 曹明贵, 李玲. 中国走绿色经济发展之路的制约因素与对策建议 [J]. 经贸实践, 2017 (1).

[112] 崔越. 西北地区进一步扩大对外开放的研究 [D]. 西安工业大学, 2016.

[113] 程艺, 刘慧, 宋涛, 等. 中国西南地区对外经济发展的时空格局

及驱动因素［J］.世界地理研究,2018,27（4）：77-89.

［114］谢亦欣,曹慧平,张亚东.安徽省对外贸易竞争力及影响因素分析［J］.黑龙江工业学院学报（综合版）,2019,19（7）：82-89.

［115］戴翔,宋婕.我国外贸转向高质量发展的内涵、路径及方略［J］.宏观质量研究,2018,6（3）：22-31.

［116］彭丽琼,任华."丝绸之路经济带"背景下新疆交通运输基础设施建设与进出口贸易的关系分析［J］.新疆社科论坛,2014（3）：60-65.

［117］陈丽丽,逯建,洪占卿.交通基础设施的改善能带来多大的外贸增长？［J］.投资研究,2014,33（9）：53-68.

［118］代宇婷."一带一路"国家基础设施建设对中国出口的影响［D］.东北财经大学,2019.

［119］余长婧."一带一路"沿线国家基础设施建设的贸易效应研究［D］.安徽工程大学,2019.

附 录

附表1-1 区域经济的空间滞后模型（SAR）和空间误差模型（SEM）系数估计值

变量	SAR			SEM		
	W_1	W_2	W_3	W_1	W_2	W_3
lncs	0.011	0.026	0.026	0.051	0.047	0.049
lnen	0.344***	0.347***	0.413***	0.346***	0.335***	0.354***
lnhd	-0.036	-0.03	-0.029	0.000	0.015	0.004
rd	-0.0978***	-0.089***	-0.090***	-0.090***	-0.083***	-0.074***
lnals	0.050*	0.049*	0.050*	0.043	0.038	0.038
lnhpt	0.037	0.042	0.055*	0.054*	0.048*	0.066**
lnhct	0.106***	0.096***	0.104***	0.117***	0.111***	0.107***
lnrpt	0.105***	0.103***	0.101***	0.091***	0.084***	0.091***
lnrct	0.071**	0.077***	0.081***	0.091***	0.090***	0.077***
lnact	0.006	0.006	0.007	0.009	0.009	0.012
lnaey	-1.010***	-1.021***	-0.827**	-0.942***	-0.91***	-0.862***
lnur	1.029***	1.074***	0.959***	1.077***	1.092***	1.062***
lnms	-1.032***	-1.125***	-1.143***	-0.842***	-0.856***	-0.906***
R^2	0.947	0.947	0.944	0.914	0.914	0.913
Log-L	329.779	331.137	329.372	325.178	328.473	326.9
Spatial rho	0.318***	0.331***	0.301***	0.339***	0.386***	0.355***

附表 1-2　2005~2017 年西北五省区和向北开放四省区相对绿色 GDP 值

单位：亿元

年份	西北五省区						向北开放四省区				
	宁夏	陕西	甘肃	青海	新疆	平均值	内蒙古	黑龙江	吉林	辽宁	平均值
2005	21.40	67.97	49.87	37.71	53.56	46.10	30.43	95.15	86.37	66.85	69.70
2006	24.46	60.46	62.77	44.79	60.27	50.55	41.94	105.80	98.45	77.12	80.83
2007	32.48	73.90	80.19	56.18	66.34	61.82	58.47	122.61	131.03	93.09	101.30
2008	46.26	106.72	97.56	70.85	77.55	79.79	81.18	152.21	182.52	128.50	136.10
2009	60.75	141.96	102.76	77.02	78.44	92.19	95.43	167.59	204.10	159.48	156.65
2010	53.78	183.25	120.02	84.48	97.73	107.85	108.71	214.15	280.25	203.62	201.68
2011	70.22	189.18	123.82	114.17	104.45	120.37	139.12	210.62	248.43	249.67	211.96
2012	82.82	233.39	157.88	121.89	101.79	139.55	149.77	219.74	370.86	287.32	256.92
2013	87.18	249.55	173.31	127.33	107.36	148.94	161.83	231.14	375.54	330.67	274.80
2014	92.08	238.69	152.54	114.18	111.55	141.81	154.37	231.24	321.55	268.92	244.02
2015	100.66	270.59	159.37	120.38	136.62	157.52	170.47	271.82	350.50	291.76	271.14
2016	145.13	642.13	320.98	195.15	206.09	301.90	296.29	389.71	729.82	379.17	448.75
2017	175.04	857.74	350.64	231.60	233.94	369.79	297.76	448.14	836.56	494.40	519.21

资料来源：经国家统计局各省份"地区生产总值"和各省份统计年鉴"二氧化硫排放总量""烟（粉）尘排放总量"计算得到。

附表 1-3　2005~2017 年东南沿海五省市和西南三省区市相对绿色 GDP 值

单位：亿元

年份	东南沿海五省市						西南三省区市			
	上海	浙江	福建	广东	海南	平均值	广西	重庆	云南	平均值
2005	272.27	195.43	163.42	228.29	427.19	257.32	49.00	52.61	75.11	58.91
2006	329.38	237.92	190.06	286.48	606.01	329.97	64.44	60.38	86.15	70.32
2007	401.07	306.88	244.20	365.38	546.47	372.80	86.60	76.15	107.15	89.97
2008	500.08	391.72	300.01	449.01	768.26	481.82	113.75	102.25	136.44	117.48
2009	628.98	444.28	355.54	557.02	857.53	568.67	136.69	125.49	158.70	140.30
2010	777.41	597.92	434.47	648.35	1012.76	694.18	171.33	161.81	203.20	178.78
2011	1234.99	685.89	591.52	962.59	1090.55	913.11	300.62	279.49	171.97	250.70
2012	1389.46	851.45	653.48	1092.78	1198.50	1037.14	339.54	335.77	203.50	292.93

续表

年份	东南沿海五省市						西南三省区市			
	上海	浙江	福建	广东	海南	平均值	广西	重庆	云南	平均值
2013	1591.98	870.84	724.98	1193.05	1324.10	1140.99	395.46	376.54	235.80	335.93
2014	1451.50	861.60	663.46	1180.18	1279.68	1087.28	363.39	396.01	263.10	340.83
2015	1738.71	1000.10	764.41	1442.53	1421.35	1273.42	434.31	455.26	308.59	399.39
2016	3661.74	2112.87	1342.96	2556.62	2141.14	2363.07	787.19	942.47	387.77	705.81
2017	8857.80	3052.61	2085.17	3349.82	2476.02	3964.28	948.77	1233.18	556.83	912.93

资料来源：经国家统计局各省份"地区生产总值"和各省份统计年鉴"二氧化硫排放总量""烟（粉）尘排放总量"计算得到。

附表 1-4　2005~2017 年四个分区平均相对绿色 GDP 值

单位：亿元

年份	西北五省区	向北开放四省区	东南沿海五省市	西南三省区市	平均值
2005	46.10	69.70	257.32	58.91	108.01
2006	50.55	80.83	329.97	70.32	132.92
2007	61.82	101.30	372.80	89.97	156.47
2008	79.79	136.10	481.82	117.48	203.80
2009	92.19	156.65	568.67	140.30	239.45
2010	107.85	201.68	694.18	178.78	295.62
2011	120.37	211.96	913.11	250.70	374.03
2012	139.55	256.92	1037.14	292.93	431.64
2013	148.94	274.80	1140.99	335.93	475.17
2014	141.81	244.02	1087.28	340.83	453.49
2015	157.52	271.14	1273.42	399.39	525.37
2016	301.90	448.75	2363.07	705.81	954.88
2017	369.79	519.21	3964.28	912.93	1441.55

资料来源：经国家统计局各省份"地区生产总值"和各省份统计年鉴"二氧化硫排放总量""烟（粉）尘排放总量"计算得到。

附 录

附表1-5 绿色经济的空间滞后模型（SAR）和空间误差模型（SEM）系数估计值

变量	SAR			SEM		
	W_1	W_2	W_3	W_1	W_2	W_3
lncs	0.336***	0.335***	0.326***	0.362***	0.378***	0.381***
lnen	-0.457*	-0.509*	-0.441	-0.373	-0.373	-0.402
lnhd	0.008	0.014	-0.005	0.057	0.069	0.064
rd	-0.220***	-0.212***	-0.229***	-0.206***	-0.188**	-0.208***
lnals	-0.027	-0.027	-0.038	-0.017	-0.016	-0.010
lnhpt	0.011	0.009	0.002	0.024	0.018	0.031
lnhct	0.014	0.009	0.012	0.024	0.021	0.028
lnrpt	-0.008	-0.007	0.002	0.015	0.013	0.022
lnrct	0.076	0.075	0.058	0.054	0.057	0.045
lnact	0.049	0.048	0.045	0.042	0.041	0.038
lnaey	-4.136***	-4.239***	-4.220***	-5.017***	-5.251***	-5.163***
lnur	0.342	0.380	0.432	0.434	0.512	0.278
lnms	-0.559	-0.538	-0.518	-0.281	-0.255	-0.276
R^2	0.702	0.703	0.687	0.629	0.622	0.644
Log-L	85.442	85.644	83.933	83.730	83.730	83.680

附表1-6 外贸经济的空间滞后模型（SAR）和空间误差模型（SEM）系数估计值

变量	SAR			SEM		
	W_1	W_2	W_3	W_1	W_2	W_3
lncs	0.518***	0.533***	0.575***	0.614***	0.542***	0.582***
lnen	-1.046***	-1.073***	-0.974***	-0.780***	-0.940***	-0.824***
lnhd	-0.015	-0.006	-0.022	0.029	-0.008	-0.009
rd	-0.224***	-0.214***	-0.221***	-0.258***	-0.249***	-0.266***
lnals	-0.093	-0.089	-0.098	-0.115	-0.147	-0.124
lnhpt	-0.160*	-0.161*	-0.136	-0.151	-0.156	-0.142

续表

变量	SAR			SEM		
	W_1	W_2	W_3	W_1	W_2	W_3
lnhct	-0.213***	-0.211***	-0.220***	-0.196***	-0.242***	-0.220***
lnrpt	-0.044	-0.038	-0.048	-0.060	-0.069	-0.065
lnrct	-0.153*	-0.159*	-0.143	-0.133	-0.142	-0.143
lnact	-0.004	-0.007	0.000	0.010	-0.002	0.006
lnaey	-2.967***	-3.103***	-2.751***	-3.634***	-3.279***	-3.405***
lnur	1.159***	1.158***	1.120***	1.143***	1.383***	1.242***
lnms	2.289***	2.286***	2.283***	2.220***	2.168***	2.209***
R^2	0.593	0.575	0.624	0.725	0.700	0.725
Log-L	58.878	59.078	58.944	55.074	53.035	54.005